教育質性研究歷程的展現

尋找教室團體互動的節奏與變奏

蔡敏玲　著

感謝上帝同在

謝謝研究裡的永慶國小一年三班和綿羊班

接受我長期凝視、不時提問的老師和孩子們

推薦序

看見、沒看見。看不見？再看見！

　　敏玲來電請我為其大作寫序。既是多年好友，自然義不容辭；但因有時間壓力我表示礙難從命。她立即許我遲交「作業」，並因我曾為本論文寫過一篇比較「正式的」（formal）評論，說我駕輕就熟，將之改寫並非難事。我一時不察就「欣然」同意了。

　　但在截稿前夕重讀舊稿時愕然發現，「轉載」原先評論充數的偷懶想法，並不可行。在那篇評論裡，我先給予總評，再一一舉證說明我肯定本書價值的理由。雖不確知讀者對「序言」的預期為何，但我確知自己不會喜歡全篇都是正經八百「評論」的序言！這樣說並非否定正式評論的價值；我事實上很嚮往百家爭鳴的境界，也樂見研究者各抒所「見」，在學術場域中進行「見」仁「見」智的對話與爭辯。──不過，那種「看見」僅是許多「看見」中的一種；而且，那並不是我唯一想與大家分享的「看見」。

　　那麼，我究竟在本書中「看見」了什麼？某些我自以為已經看見的，別人是「沒看見」還是由於什麼因素而「看不見」？怎樣使大家「再看見」我的那些看見？──姑且濫用敏玲允許

我自由發揮的「特權」，容我把賞讀本書時所「看見」的，以及因之產生的聯想，堆砌成這篇不太一樣的序言。是非成敗，就訴諸公評吧。

第一種「看見」

本書具有四大優點：研究架構妥善完備，報告組織條理井然；理論基礎堅實，研究焦點明確；質性研究方法純熟，現身說法外，特重「集體塑義」歷程，具方法論突破價值；兼顧理論與實務，更有落實教改理想的願景與行動方案。茲將我之所見，換一種說法略述如下。

㈠研究架構完善，並與相關理論遙相呼應

本書「研究架構與主要構念」節（頁 46-54），展示了作者的研究計畫與企圖。她以班級文化為主要脈絡，併採觀察與訪談方式，深究師生在教室內互動的組織與歷程，以及他們賦予該交互行動的意義。但不同層次的脈絡（包括教室、學校，與社區等群體的文化），既如作者所言，「相互交織重疊，盤根錯節，互相構成」（頁 53），她所關注的自不以班級文化為限。圖 19「研究架構圖」（頁 47）顯示了它與更大的社會脈絡（即教育改革風潮）的關係。作者認為「教育改革必須透過觀念與行動的改變來具體實踐」，而她在此研究的實踐方案（或她個人參與教改的「著力點」），則是「尋找討論發生的時刻，創造教室團體互動變奏」。本研究架構之妥善完備，可見一斑。我期待

她將能建構一個既完整又具發展潛力的「個人研究綱領」（「研究綱領」一詞採自 Immre Lakatos）。

本書思考體系完備，從「文獻探討」章開頭說明就可略知一二（參見該章頁 16，圖 17「文獻探討的層次」的說明）。她按照預定計畫，從社會互動、教室互動，至團體互動等層次，逐步展開討論。讀者在其旁徵博引、抽絲剝繭的帶領下，自然進入她所陳設的「研究架構與構念」一節。進而提出實徵研究計畫，再以進入現場探究之所見回饋相關理論。整體看來，研究與理論環環相扣、相輔相成。

㈡質性研究方法運用自如，特重自我省思與多元對話，甚具啟發價值

從意義建構角度觀之，本書有關「教室團體互動歷程」的探究，是一項作者與助理、現場老師等人「集體塑義」的歷程。作者在「研究歷程」（第三章）首先指出，「意義建構本身是一種互動的、脈絡化的文化行動，研究者不但必須從脈絡中詮釋行動者的行動，也必須知覺主觀在這個建構過程中的運作」；因此主張研究者在其報告中「必須清楚地交代自己塑義過程……」（頁 57）。接下來即是她身體力行的紀錄，包括：進入現場前的準備與相關經驗（即過去長程研究所獲理解與短暫參觀經驗印象）的說明（第一節）、如何選擇研究對象與進入研究現場的報告（第二節），與她對自己在本研究中所扮角色的觀照與釐清（第三節）。

特別值得一提的是「多元觀點的並置與互動」（第五節）。

作者提及她在本研究中「運用多種方法、參照不同觀察者的理解，在這個研究文本中呈現各種觀點與理論」，其目的乃是「並置各種觀點以開發現象的複雜本質並開拓後續的詮釋空間」，而非「用來比較或檢證誰的建構才是真的」。──她說「各人從各種情境裡對現象建構的意義是無法檢證的」，並且認定意義建構「是一個不斷開啟的對話歷程」；其次，此一對話「不但存於研究過程中，也將發生在研究報告與讀者間」（頁 86）。她因此給予現場老師發言機會與發表空間，把所謂「三方討論」的結果於「間奏」節中呈現；並提醒讀者「自行決定閱讀策略，隨時插進加入」他們的想法（頁 87 註②）。我欣賞她把自己的描述與詮釋，和相關人士的質疑與意見「並置交錯呈現」的做法，並肯定她強調與讀者對話，並促其省思的嘗試。

　　至於該章「資料的蒐集、處理與分析」一節（頁 72-85），也頗可觀。作者對質性研究某些議題的省思心得，與「研究方法論」之建構有關，頗富開發潛力；而她「現身說法」，把她實際執行研究的經驗公開以與讀者分享，深具啟發後進價值，彌足珍貴。她在本節一開始即先指出，她雖從俗借用「資料蒐集」一詞來說明本研究「資料衍生、被建構的過程」（頁72）；但該詞其實有誤導之嫌，尚待釐清。──我聯想起她對「文獻探討」的意見。她說它「是沒有絕對終點的事件，夾雜在整個研究歷程前、中、後的閱讀都有潛力影響詮釋的方向與深度」（頁 15）。許多質性研究者都知道，質性研究與量化研究的發現邏輯不盡相同，但在其報告中卻仍因循舊制，而令人有「文獻探討」在研究之前即已完成的錯覺。本書處處可見類似的省思與批判，這些由實踐中產生的質疑，我相信會促使同業面對

挑戰、共謀突破。至於經驗分享方面，作者在此節先就觀察（包括現場筆記、錄影與錄音）與訪談的實施經過，做一陳述；再就處理與分析資料的幾個「循環進行」的步驟，巨細靡遺地介紹（頁77-85）。

綜覽全書（包括附錄），作者質性研究取向觀念清楚，相關技術運用自如，本研究報告或可作為協助有志從事質性研究者「入門」的參考書籍。

(三)「創造變奏」的限制之研究發現，發人深省

作者關切「真正的討論」。她以實際觀察與訪談資料指出，徒具形式、儀式般的「討論」是目前教室互動的常態（即所謂「節奏」）。經她和兩位老師分享與討論教室的互動資料後，某些「變奏」出現了（參見第六章第一、二兩節）：一年三班由小老師帶領國語課課文的討論，以及幼稚園老師在日記圖分享時段做了幾個變化。雖然如此，進一步深究「變奏後的問題」（第三節「間奏二」）後，作者發現，實際教學的老師仍然受制於現有的課程組織、學校文化、社會期待……，她們雖想讓孩子發展經驗、自主參與討論，卻仍免不了有許多「擔心」，並常「中斷活動、直接介入」，而她們「耳提面命的還是互動『秩序』的問題」（頁278）！作者接著試探小朋友對「學校、上課和互動的觀察與感受」（頁279-296），結果發現小一生「幾乎全都不喜歡同儕當小老師的時刻」；並且比較喜歡原來的陳老師上課。總之，作者「一心想看到教室互動形式與內涵發生改變」，兩年研究中她雖看到某些「變奏」，卻「也從老師和小朋友的

聲音裡，理解到同步而來的限制與困境」（頁 299）。

在「再看變奏：契機與限制」（第七章第一節），作者分從幾個角度，對相關議題做了深入的剖析（頁 299-322）。我不擬在此贅述，但要提醒特別注意作者的某些陳述。例如，她在「班級文化的重演與再塑」小節提到：上述「變奏」插曲其實僅是「互動形式表面改變」，教室互動的「參與結構與內涵」卻仍僵持不變（頁 304）；她又說：這兩個班級裡的團體互動情境裡，「互動的規則、師生角色，都沒有因為主導互動者的改變而產生明顯的變化」，亦即「由學生帶領討論時，班級文化似乎經歷了一次次的重演」（頁 304）！以上陳述讀來怵目驚心，卻似乎是不爭的事實。其次，她在「學生與老師的關注層面及其脈絡」小節，從班級、學校文化，與其他文獻透露的社會訊息……等脈絡，探討影響討論在教室裡發生的「師生關注」是如何生成的（頁 305-322），因為她認為這些關注部分來自班級文化，也與學校文化有關，而某些層面「似乎是來自間接的脈絡」（頁 310）。作者深入探究「變奏」表像底下所潛存的問題之用心，值得嘉許；其研究發現也甚具啟發性。

㈣「形塑教室互動文化」的建議，兼顧理想與現實

作者在「統整、建議與再思」（第七章第二節），首先重提前言一的故事，並說「那一堂錯失記錄機會的課並不是一種幻境」，在一堂課或一段團體活動時間裡，「討論的精神雖只是偶而展現，卻顯示教室裡的互動文化仍然有著重塑與協商的契機」（頁 324）。她接著對幼稚園及小學教師提出促進「教室團

體互動」的三項建議（頁 327-347），以便「創造討論，使師生體會到學習是一種共同進行的事」，並使「以兒童個人經驗為基點的討論不致成為一種『意外』」（頁 324）。

這三項建議兼顧理論與實務，也具理想指標特質，都甚有價值。她先從社會文化系統角度指出，「在進行任何改變之時，必須同步進行班級文化的變革，乃至學校文化的更新」（頁 331）；再根據杜威有關科目、課程，與教學的洞見，提醒大家「積極看待學生的個人經驗在課程中的位置」（頁 338-342）；最後用前言二「看牙醫的經驗」為例，說明她「將分享式的團討看成經驗與課程之間的仲介活動」之建議（頁 342-347）。我特別讚賞「積極看待學生個人經驗」的建議，特別欣賞。時下風行的「統整課程」實例彙編，雖有實用價值，但我在瀏覽作者群的課程設計或教學計畫時，常有「孩子在哪裡」的質疑與遺憾。

作者在「再思」一節，轉述陳老師對小學老師改變意願的觀察後指出，「如果我們在對現狀不滿的情況下，仍然尋求最便捷、快速的方式……解決難處，……日復一日的教室互動不是會使孩子更沒有機會重塑學習的意義嗎？」（頁 351）。另外，她在次一小節檢視本研究企圖引發的改變，雖沒有「立刻達到某種理想的境地，但也不是全然沒有後續發展力」；然後她說，「改變不但是長程的，而且是由小及大的過程。」（頁 353）。誠哉斯言！

總結以上㈢、㈣兩點有關「變奏」限制與契機之研究發現，令我不禁聯想起風起雲湧的教改運動。甚盼教改領導人切勿目眩於「成果」報告的表象，也不要急功近利，並希望他們多鼓

勵有理論依據的研究，多與實際工作者對話，俾便發覺潛在問
題與實際困境，盡量放慢腳步，逐步逼近理想。

第二種「看見」

「第一種看見」是我以嚴肅態度評論嚴謹研究的產品。雖
說大致符合「正式評論」的規準，但總覺得並未傳達我所「看
見」的全貌。我讀完本書當下的感覺是：好一場精采的戲劇演
出！——或許我為寫此序言而產生的焦慮，正源自於此。好像
剛看完一場戲還在座位上回味咀嚼，突被邀請上台評論。雖然
與有榮焉，卻有倉促草就講評能否掌握該劇神韻的隱憂，以及
如何講評以與創作者巧思匹配的壓力。——不過既已答應上台，
就把我從「創作」角度切入而獲致的另一種「看見」，和大家
分享如下。

閱讀本書彷如在讀一篇「推理小說」，看似撲朔迷離的劇
情發展，其實條理井然、引人入勝。例如本書一開始就出現三
個「前言」，它不只是別出心裁的開頭，也是作者精采布局的
一部分。她首先分節描述在研究歷程中發生的三場「意外」事
件（前言一與二），再報告她對這些事件的反應，進而提出她對
自己反應的好幾個疑問。她有意藉助上述事件的衝擊與省思來
傳達某些訊息，但不急於在此討論。她好像把「前言三」所提
問題，作為待解的「謎題」，要我們自行在隨後的情節中尋找
揭開謎底的線索。散見論文各處，與上述事件有關的報導與討
論，像是她刻意安排的「伏筆」。直到最後一章，她把某些事
件情節重新建構，賦予新的詮釋，終於讓讀者對其意義有了新

的「看見」。

　　由於好幾個故事同步進展，本書研究進程複雜多變；又因作者重視多元聲音重現，文本內容十分豐富，相關資料也相當龐雜。所幸作者思路清晰、文筆流暢，我們聽她娓娓道來，只覺高潮迭起、自然流暢，未有唐突、迷失，或「人多口雜」之感。——不過，為方便讀者按圖索驥，我建議作者把各小節標題，也一一列入「目次」頁。此一增添除能幫助大家清楚認識全書輪廓外，尚有邀請他們一起品嚐她的創意巧思之功效。例如第六章第一節的第四與第六小節標題，分別是「互動內容的建構：『眾花離枝』的談話現象」與「大老師的關鍵行動：移花接木」；其中「眾花離枝」、「移花接木」等詞，都有畫龍點睛之妙。

　　作者創意還可從其善用隱喻的寫作風格看到。例如她以「節奏」、「變奏」隱喻，描繪班級裡團體互動的慣常模式與改變情形；而藉由「三方討論」探究變奏與相關議題的歷程與內容，則以「間奏」名之。這些隱喻都十分貼切，且在全書中穿針引線，合力譜出動人樂曲。「暫時的結語」一節，更是餘音嫋嫋，令人玩味再三。

另一種「看見」

　　作者曾為文呼籲「教育質性研究者請在文本中現身」；她自己對該呼籲的回應在本書中處處可見。如在「研究歷程」一章裡現身說法，報導她蒐集、處理，與分析資料的種種做法；並隨時檢視她在各階段研究中所扮角色。我除在「第一種看見」

報導相關事項並予以高度肯定外,更試圖從文學創作角度,為她另一方面的潛力加以定位(此即我的第二種「看見」)。

　　回顧以上兩種「看見」,我的報告大致從理性分析入手,進而涉入感性知覺領域。如此嘗試固已稍能掌握本書特色,並已揭露作者部分潛力;但似仍不足傳達我對本書(特別是作者本人)的理解與感受之全貌。面對「研究者現身」之呼籲,我比較想從「個人的」(personal)層面加以回應,因為它基本上是對「人」的主體性之肯定,並蘊含濃郁的「人本」(person-centered)精神。研究者身影既在著作中隨處可見,故應適時做適度坦露,以便與讀者做「人對人」(person to person)的對話。

　　我一向對「規則」一詞甚為敏感,加上「正式」兩字更為不安。研究者涉足學術場域,參與所謂的「思考遊戲」,自須遵守一定的「遊戲規則」;但若規則一旦形成,便不容質疑與修改,甚至被視為「唯一」的規準時,我很擔心許多自由創造的空間與潛力會因而喪失。不論英文的"formal",或中文的「正式」一詞,都有「制式化」與「中性化」的意涵。相較之下,"informal"或「不拘形式」的評估與對話,常被排除在現行體制之外,或被貼上「污染」的標籤。不使個人好惡影響客觀判斷,所有研究者固然都須謹記在心;但「中性化」若趨於極端,"impersonal"一詞會不會等同於「沒有人味兒」?其次,「制式化」誠然是吾人努力以赴的目標,但急於統一規格,是否會使許多個人與團體的創意、巧思、默會知識(tacit knowledge or knowing-that),以及所謂的「同志情懷」與「私密經驗」,都不再被人「看見」了?

　　以上議論看似旁生枝節,其實和「另一種看見」息息相關。

在閱讀別人著作時，我們最想看到的其實就是「作者」的意見。我們首先想從其報告中得知「他」在說什麼？憑什麼這樣說？說得有無道理？和「他的」意見有了接觸（即贊同或反對）後，我們自然想進一步知道「他」是誰？是個怎樣的人？以前說過什麼？一向主張什麼？為什麼會那樣想？……將心比心，假定讀者也有興趣知道本「序言」的執筆者，究竟是怎樣的人？他相信什麼？為什麼要這樣寫？因此適度向讀者交代我對相關事務的意見，似乎是十分合宜的。——根據上述邏輯推衍，在「序言」尾端勾勒一下本書作者，我覺得也非常自然、合理。

本書作者究竟是個怎樣的人？首先我想從比較「私密的」（private）角度，說說我的另一種「看見」。作者感謝永慶國小師生接受她「長期凝視、不時提問」；她也在後記中提到過去「自以為是害怕喧鬧的人」。——和敏玲相交多年，我總覺得她像一隻貓！而這印象因為「長期凝視」與「害怕喧鬧」等字句，突然鮮活起來。敏玲聰明、敏感，但不易被「馴養」；她和貓一樣不願遵守也不太在乎「人」們為其訂定的規矩。她有纖細、敏銳的感觸與純熟的狩獵技巧，但她喜歡靜靜在旁窺伺；她貌似乖巧卻伺機而動，而一旦出擊，必有所獲。其獵物有時給人帶來驚喜，卻也經常引發騷動甚或帶來挑釁（對某些人而言）。另外，她或偶感孤獨，卻不寂寞，因她心有定見而能自得其樂……

不像我與敏玲深交的讀者，或許無法完全體會「敏玲是貓」的描繪，但大家應可在本書中看到，洋溢著敏玲「個人風味」（personal flavor or touch）的書寫風格。在書末「暫時的結語」一節中的「獨白」（其實是她與自己的對話），個人色彩更加明顯。

　　她首先解釋在「結語」前加上「暫時的」三個字，是因為她「認清詮釋是永遠開放的變動歷程」，以及她「在改動文稿的過程裡」，不斷「察覺新的詮釋角度，提出不一樣的問題」。接著她說在本研究中深刻體認到「教育進行所憑藉的訊息交換媒介——語言，永遠不會是中性的」；而她對於「教育現場裡的言談如何建構出學生與教師的角色？如何建構出學習的意義」等議題，「依舊深感興趣，需要不斷學習」。最後她用方莘詩句「痛楚的忻悅」傳達她的研究心情，再藉助 Bakhtin 眾聲喧嘩理論，總結她對討論不斷展開、言談持續成長的期待……。

　　我在前引文中首先「看見」她對質性研究演化真義的掌握，以及她敏於回應現實、隨時檢視己念的胸襟。其次，我「看見」她對自己關注的諸多研究議題之定位與展望。詩意的告白中我又「看見」她對研究志業的自我期許。

　　整體而言，我所「看見」的是，一個用心生活、以生命與人對話的人！

「看不見」與「再看見」？

　　我不確定大家是不是「沒看見」我的第二種與另一種「看見」；但這種另類評論確實鮮少見於研究期刊或研討會文集中。我擔心許多人已被既定規矩「制約」而「看不見」這些訊息，並認定它不值得被「看見」。我其實相信，許多同道和我一樣都曾「看見」不少「正式評論」之外的東西；雖然他們關切的焦點與切入的角度，或和我不盡相同。

　　若真是如此，何不試著把個人所感興趣或所察覺的訊息，

公諸於世？我相信此類「評論」將是對研究者（創作者？）用心的最佳回報；而兩者的心靈「對話」，還可邀請更多同好加入，以便營造一個偏愛另類溝通的新研究社群。

　　誠摯希望大家審慎思考相關問題，攜手共創某種有利的機制與氛圍，使得充滿生命力與人味兒的寶藏，得以被人「再看見」！

高敬文　寫於
千禧年小過年前夕

「失去」的
一堂課？

「失去」的一堂課會不會就永遠失去了？

這樣的念頭困擾了我將近一年，直到提筆寫書的時候，仍有悵然的心情。

1996 年 11 月 20 日那一天早晨，我在師院有課，由兩位助理——淑萍和曉雯到現場觀察一年三班和幼稚園綿羊班的教室活動。中午時分，如往常地，在閱讀她們的現場筆記之前，我問她們：「看到了什麼啊？」淑萍告訴我，一年三班的王偉[①]帶領一堂關於蝸牛的討論，我聽得津津有味，趕緊問了：「這些都錄下來了吧？」

「沒有。」只有兩個字的輕鬆簡短回應卻重重地打擊了我。更令人沮喪的是，淑萍說她專心看著王偉上課，連筆記也忘了寫。

「但是那是我最想看到的場面啊！」

失去的就是失去了

前面說了，當天因為我在學校裡有課，現場觀察由兩位助理——曉雯和淑萍來進行。在幼稚園教室觀察的曉雯忘了帶攝影機，臨時向正在小學一年級教室裡觀察的淑萍借走攝影機而出現這樣的遺漏，實在是始料未及。兩天之後，我們在訪談時，請陳老師談了當天的情形，懷疑王偉是過動兒的她，先說了「他不是在我意料之中的，他是突發狀況」。當天自然課的主題是蝸牛，王偉「一直把心都放在他的蝸牛身上，從第一堂課到快放學。我發現不對，然後他一直去看他的蝸牛，我就說那你出

———————————

① 本書中的人名（研究者與研究助理除外）、班名與校名都是化名。

來，你來介紹」。陳老師描述了王偉介紹蝸牛的情形：「小朋友發現說，欸，被他的話題吸引，然後他們整個那個問答，我覺得那個好像是滿成功的一次。而且，沒離題太遠，整個全部，所有小朋友都知道——喔，今天要討論蝸牛。」陳老師甚至認為王偉把整個場面，「控制得比我還好，因爲他講得很精彩。」由於王偉的介紹花了很長的時間，報告完了，陳老師並沒有像往常一般，請台下的同學發問，反而請王偉回座，但是他不肯回去，王偉說：「你們（指他的同學）沒有問我問題。」不肯回座的王偉開始接受同學的提問，一個小朋友問了：「請問蝸牛吃什麼？」王偉不回答，反問他：「你剛剛有沒有上課？」原來是因為，他剛才已經很仔細地介紹過了（訪談，1996-11-22）。

失去的課真的失去了嗎？在日後的研究歷程中，我一直期盼能再見到這一堂失去觀看與記錄機會的討論。

到了 1997 年 3 月 28 日，機會來了，「意外帶領」出被陳老師認為是「成功」之討論的王偉要帶領討論。不同的是，這回他是在這個班級改變了的互動形式裡，和另一位女孩在老師的「預定計畫」中擔任小老師。戰戰兢兢的助理拍下了以下的場面：

T ：好，注意聽哦！
　　　　　｛Sx：…②。
王偉：一，誰來照亮馬路？
Sx：…。

---

② 此處的 T 是表示老師，Sx 是指觀察者辨識不出的某位學生，…是表示聽不清楚的話語，｛表示同步說出的話語，其他符號請看第三章的轉譯符號表。

王偉：答對了。——二，早起的人有誰？——廖日興。

日興：…。

王偉：送牛奶是…黃昆明。

昆明：送牛奶的、還有跑步、運動的。

慶華：還有還有——

王偉：慶華。

慶華：賣早餐的。

王偉：答對了，第三題——晚上你會聽到什麼聲音？

　　　　{Sx：還有…

　　　　（一個小男生走到陳老師面前說了什麼，就走出教室。
　　　　陳老師站起來看一看全班，鏡頭裡看到芳馨已經整個
　　　　「黏」在桌上）

王偉：同盛。

同盛：…。

王偉：什麼？

Ss：…或是…的聲音。

王偉：你們都答錯了。（老師走向小朋友座位間）

Sx：啊？

王偉：趙松青。

松青：放屁的聲音。（有幾個孩子在笑）

王偉：趙松青說髒話，扣一分。——李慶華。

　　　　{慶華：還有。

慶華：還有…睡覺，（學打呼的聲音）還有人啊，他們睡覺
　　　的聲音。

開元：打呼的聲音。

王偉：對，──蘇開元答對了。林道如。

（講台上的另一位小老師從教室前方走向某位同學，拿走他手上把玩的橡皮繩）

道如：…。

王偉：啊？──宋芳馨，妳那是什麼樣子？（芳馨立刻坐直身體）（錄影，1997-3-28）

在這節課裡，王偉成了分配發言權、指定同學回答、判定回應對錯與嚴厲指責同學參與態度的小老師。一問一答的互動，沒有延展，只有對錯的認定與其後的獎勵或扣分。

傳說中的那一堂由孩子帶領，參與程度高、回應熱烈的課，難道只是一種傳說嗎？

前言二

幼稚園裡兩場
意外的討論

在幼稚園裡，我在研究進行到第二年的時候，卻是意外地看到了歷時約八分鐘的精彩討論。在永慶國小的兩班幼稚園中，我們一直是在其中的綿羊班觀察。第二年裡，也就是 1997 年 10 月 6 日，吃點心的時間裡，綿羊班的大章老師告訴我，兩個班級的四位老師要換班教學，大章老師告訴我的理由是：小熊班有某些「行為偏差」的孩子，「老師在上面講，他們一直無法參與，所以要換班教學試試看。」兩天後，我在小熊班觀察了綿羊班的老師到小熊班帶領活動的情形，沒有看到「行為偏差」的孩子，倒是看到了以下的討論：

9:05:39

唱完一首歌後，兩位老師走到前方正式向小朋友問候；但有些孩子還依照剛才玩的遊戲裡的規則大聲喊著：「大章老師怎麼叫，小張老師怎麼叫。」喊聲中，大章老師宣佈：「小朋友，我們現在不玩這個遊戲啦。」

9:06:49

圖1　幼稚園老師在討論前說明規則

T ：我要問小朋友，我請到你說話的時候你來說。我們一
　　次沒有辦法三十個小朋友通通玩光，我們有機會，你
　　們老師也可以跟你們一起玩，好不好？我來問問小朋
　　友，上一個禮拜四，有請一位牙醫師伯伯來幫小朋友
　　檢查牙齒，對不對？

Ss：對。

T ：我等等有問題要問你，現在你都不要說，等等我會讓
　　你說。那個誰，一號記得對不對？我請你說的時候，
　　我一定會讓你說，對不對。那老師說的時候（轉身拿
　　大圖片），請你不要說。

9:07:30

（大章老師向小朋友展示圖片。）

圖2　章老師向小朋友展示圖片

T ：ㄟ 這個是誰？

Ss：小綿羊！

T ：因為我們兩個是小綿羊老師，我們帶來就是小綿羊。
（指著圖片）這個好大的是什麼東西呀？

Ss：牙齒。

9:08:01

T ：它說，牙齒健康就是美。什麼樣的牙齒叫做健康，知
道的請舉手！（小朋友舉起手來）我要（用手指著一位小
朋友）不想請你，（指了較前方的一位小朋友）你先舉手。

Sx：牙齒要把它刷乾淨，不然蛀牙蟲會跑到嘴巴裡。

T ：怎麼樣的牙齒叫做健康？好，小燕。

小燕：要把牙齒刷乾淨，這樣才不會蛀牙。

T ：這樣才不會蛀牙。　　　好，洪士傑。

　　　　　{Sx：對啦。

Sx：這樣才不會，這樣牙齒才不會壞掉。像我阿ㄤ那樣，

　　　（仍然有很多小朋友舉著手）

T ：好，現在你的手放下來，我等等會讓小朋友說。（曉蘭舉手）好來，曉蘭有什麼問題？

曉蘭：一定要把牙齒刷乾淨，不然蛀牙會被那些蟲蟲咬的好痛，那要去給醫生拿那個機器，然後磨牙齒磨下面，而且很痛乁。

9:08:40

（右邊有個孩子舉手，「我…」、「我還有…」、「我也是…」的聲音幾乎一起發出）

9:08:46

◎T：好，那我現在來問小朋友好了，看過牙醫師的請舉手。

（幾乎全班的小手都舉了起來，有些小朋友喊著「我！」）

T ：好多人喔（有位孩子說著：「我還有跟牙醫師…」）好，手放下。你要不要來說說你看牙醫師的經驗好不好？好，我要請那個會舉手，然後又不會說「我」的那個，來，愛欣。

（愛欣坐著）

T：站起來說。

9:09:11

圖3　幼稚園小朋友在討論時分享自己的經驗之一

愛欣（站起來）：我去看牙醫的時候，我都沒哭。

T　：沒哭，牙醫師怎麼跟妳看？

愛欣：…。

T　：妳會不會覺得可怕？

　　　（愛欣點點頭）

T　：有一點可怕。好，這個人一直舉手的，我現在不想請
　　　他。（前面一位女孩把手放下）我們來學習一個地方啊，
　　　有人在說的時候，你就不要舉手（周大為點頭）好不
　　　好？你舉手老師會讓你說（李晏如舉起手來）好，李晏
　　　如。

9:09:43

圖4　幼稚園小朋友在討論時分享個人經驗之二

晏如：我跟你講，我去看牙齒的時候，醫生伯伯把我牙齒
　　　裡面抓出一隻小蟲子。

T　：小蟲蟲你有沒有看到？

　　　（晏如點頭）

晏如（兩手張開）：小的。

T　：好厲害。小的喔？

　　　（晏如點頭）

T　：醫生伯伯有讓你看是不是？

　　　（晏如點頭）

T　：那小蟲在你牙齒裡面你覺得怎麼樣？你的感覺是怎麼
　　　樣？

　　　（晏如搖頭）

　　　｛S1：很不舒服。

　　　　{S2：不太舒服。

T ：他很有禮貌，我先請他說。什麼事？

　　（晏如搖頭）

T ：沒有怎麼樣。

晏如：只是用得很痛。

T ：只是有一點痛喔，會痛。好，譯安現在有禮貌了。

9:10:21

譯安：我去，我去牙醫那邊的時候，我爸爸有，我去，我
　　　去牙醫那邊的時候，我媽媽就去補牙，我媽媽補完
　　　牙的時候，護士阿姨就有給我貼紙。

Sx：我也有貼紙啊。

T ：我要問那個譯安，我是說你去看牙齒，你的感覺是怎
　　麼樣？

圖5　幼稚園小朋友在討論時分享個人經驗之三

譯安：我補牙的時候，補下去那個牙的時候，那個牙（大
　　　拇指和食指做捏的姿勢）有一點酸酸的。

T ：好。喔，有一點酸酸的ㄛ，補牙的時候會覺得有一點
　　　　　　　　　　　　　｛Sx：我也知道。
　　酸酸的，來，李淙浩。

9:11:03
淙浩：就是　　　　　　　　　我去看牙齒的時候，牙齒
　　　　　　　｛T：曉蘭，妳等一下再舉。
　　蛀牙，就把那個牙給拔掉。

圖6　幼稚園小朋友在討論時分享個人經驗之四

T ：喔，牙醫師說，如果那個牙齒蛀牙的話是要拔掉，是
　　不是？還有沒有人要說？來，我覺得喔，周大為今天
　　表現的非常好喔。（坐在曉蘭後面的小張老師說了聲：
　　「嗯。」）等一下老師要送他一張貼紙，好，周大為，
　　請你站起來說。

9:11:42

圖7　幼稚園小朋友在討論時分享個人經驗之五

大爲：我媽媽有時候，看牙齒的時候，拔牙齒的時候，她
　　　就，回家的時候她就一直說好痛。

T　：那我是問你，大爲自己本身有沒有看過牙齒？

大爲（用手指著嘴）：我常常都是在家裡看。都是把它壓下
　　　　　　　　　　去，再（手從嘴的方向往外比）拔出來
　　　　　　　　　　的。

T　：那是拔出來那根讓你看是不是？

大爲：對。

T　：你有沒有牙齒不舒服去看醫生？

大爲：可是我有，（停了半秒），我有，我有一顆牙齒被電
　　　視撞斷了，而另一顆就是要掉了。

T　：這麼厲害，電視怎麼會去撞你的牙齒呢？
　　　（孩子有些吵雜的聲音）

大爲：是自己不小心撞到的。（大爲坐下）

T ：我再問一次，老師是說，周大爲有沒有因爲牙齒不舒服去看牙醫師？

（坐在位置上的大爲搖搖頭，並說：「沒有」）

9:12:37

圖8　幼稚園小朋友在討論時分享個人經驗之六

T ：我要請這個有禮貌的小朋友說，來洪士傑。

士傑：嗯，我哥哥，我哥哥那個牙齒快掉了，所以只好去看醫生了。

T ：那洪士傑有沒有去看牙醫師過？

士傑：沒有。

9:12:53

    T ：好，來還有沒有。好來，請說。（章老師面對坐在她前
        面的女孩）

圖9　幼稚園小朋友在討論時分享個人經驗之七

    女孩：我去看牙醫的時候，牙醫幫我看牙齒沒有了，有的
        還有。
    T ：好，這樣子。好，還有沒有人要說？（有人喊：
        「我！」）好，明宗。明宗今天表現也很好。

9:13:08

    明宗：我補牙拔牙過。
    T ：你有拔牙過？（明宗點頭）
    T ：是誰幫你拔？牙醫師嗎？（明宗點頭）
    T ：感覺是怎麼樣？（明宗沒說話）你的感覺是怎麼樣？
    明宗：有一點點痛啊。

圖 10　幼稚園小朋友在討論時分享個人經驗之八

　T　：有一點點痛，好，很好。今天都表現很好喔。好，浩
　　　　志請說。

9:13:27
　浩志：…麻醉。
　T　：麻醉喔！什麼樣叫做麻醉？你們來聽小朋友說一下。
　S1：我知道！
　T　：我要讓他說。
　S2：我知道麻醉！
　　　（小朋友說起話來）
　T　：對不起，現在對不起，我們現在是請他說好嗎？（大
　　　　章老師面朝向剛剛說話的浩志），好。
　浩志：用針，然後刺進去。

圖 11　幼稚園小朋友在討論時分享個人經驗之九

T　：刺到皮還是牙肉？

浩志：牙肉。

T　：牙肉啊，（面向全班）是用針刺到牙肉，然後呢是什麼
　　　感覺（面向說話的孩子）？

浩志：很痛。

T　：打下去的時候很痛，然後呢？

浩志：然後那時候打下去會歪嘴巴，⋯打下去然後嘴巴會歪。

T　：喔，麻醉針那個藥還在嘴巴的時候會歪歪的感覺，ㄟ
　　　他講的很好ㄟ。還有沒有人有打過麻針的經驗？

Ss：我我我！

T　：好，曉蘭。

9:14:21

　　　曉蘭：有一天啊，我拔牙，拔牙齒的時候，那個幫我拔牙

的那個醫生啊，就幫我上面塗一點草莓的那個果醬，
我用舌頭沾一咪咪來嚐嚐看，有一點甜，是很不錯
啦，他就幫我拔下來，而且有一點痛，我在那裡哭，
然後哭得不怎麼大聲，然後就咬著那棉花回家了。

圖12　幼稚園小朋友在討論時分享個人經驗之十

9:14:45（愛欣舉起右手）

T ：你那個草莓果醬是麻藥嗎？還是只是甜甜的？那個草
　　莓？

曉蘭：有一點甜甜，也是麻藥啊。

T ：ㄟ，我是第一次聽到ㄟ，那個甜甜的麻藥，你在哪裡
　　看牙醫的？

　　（有個孩子說他聽過）

曉蘭：我家，我家，（將手抬高）這裡是我家，然後這隔壁
　　就是牙醫了。

T ：喔還有這麼新的東西，謝謝你告訴我喔。

曉蘭：走兩步就可以了。（做出走的動作）

9:15:12

    T ：好，來，我來請貝佳。講過的人，我們給沒講過的人
先講喔（從 9:14:45 便舉起手來的愛欣把手放下），好來，
貝佳請說。（有小朋友說「她講過了」，愛欣又舉起左手）

9:15:18

    貝佳：…。

9:15:22

    （貝佳說話時，愛欣看著自己舉起的左手，然後把舉著的手作成
V 的手勢）

圖 13　小朋友把舉起的手轉變成給自己看的姿勢

9:15:24

 T ：打麻醉針的喔，好，愛欣。

 愛欣：…然後醫生ㄅㄧㄅ說，…（聲音很多，聽不清楚她的細
  小聲音）

 T ：這樣子喔，好謝謝你。郁凱！

9:15:50

 （郁凱說著自己的經驗時，靠近攝影機鏡頭的兩位男孩竊竊私語
 著）

圖 14　討論中竊竊私語的男孩

 郁凱：…牙齒睡覺然後再拔掉。

 T ：怎麼樣叫做，ㄟ，對不起，我們來聽聽剛剛他說了一
  個很好玩的名詞喔，怎麼樣讓牙齒睡覺？是醫生說的
  是不是？

郁凱：嗯，就是長長的針，然後前面有針，它有，它刺在
　　　牙齒上，如果動的話就會刺到牙肉，然後呢，我就
　　　一直不要講話。

T　：喔那個醫生伯伯這麼會用形容詞說，讓牙齒睡覺是不
　　　是？

9:16:28

　（曉蘭忍不住要和坐在身旁的小張老師說話，小張老師以手勢請
她現在不要說）

圖15　老師請忍不住要說話的女孩不要說話

T　：好，剛剛小朋友好多人都發表看牙齒的經驗了喔。對，
　　　我現在來問你，你知不知道你有幾隻牙齒？
　　　（有人喊：「我知道！」）

T　：我要請一號說。

一號：小孩有二十顆牙齒，大人有三十二顆牙齒。

T　：喔，你怎麼這麼有學問，誰告訴你的啊？

一號：不對，那牙齒的故事，上面有說。

T　：答對了，我們今天就來講牙齒的故事好不好？

　　　（小朋友大聲說：「好！」）

圖16　章老師再度展示圖片，重新開展她計畫中的主題

T　：（指著手上的大圖片）小朋友來看我的圖片，這個上面
　　　有好多個字喔，ㄊㄊㄊㄊ，早上老師為什麼讓小朋友
　　　笑一下，笑笑看，你的牙齒好不好看啊，對不對？（錄
　　　影，1997-10-6）

　　對照我在綿羊班一年的教室觀察，這場在小熊班進行的討
論，有著不同的風貌。因為小朋友紛紛說著看牙的經驗，大章
老師放棄了原先提出的問題：「怎麼樣的牙齒叫做健康？」轉

而請小朋友說說自己看牙醫的經驗。有的小朋友說的其實是別人看牙醫的經驗，有的則把自己的經驗敘述的細致生動。大章老師提出自己真的沒有答案的問題，請小朋友延伸談話的內容。和綿羊班的小朋友一樣的是，小熊班的小朋友也會在老師認定「不該」說話時說話而受提醒或禁止，也會忍不住說話而竊竊私語；但是並沒有這群幼稚園老師傳言中「行為偏差」的孩子。這是我參與的第一場意料之外的討論。

在做了第一次交換教學後，四位老師在 10 月 15 日舉行了教學研討。徵求老師們的同意後，我在場旁聽，但是因為學校裡有課，只好提前離開。助理瑞馨的回溯筆記裡提到，小熊班的兩位老師認為，將那些有「特殊表現」的孩子的情形和家長溝通，也沒有獲得回應。11 月 5 日，我再度參與四位老師的教學研討，又參與了一場意料之外的討論。

四位老師首先鉅細靡遺地分別描述了在兩個班級帶領活動的各項細節和對小朋友的觀察。之後，我先感謝她們接納我旁聽研討，老師們請我提出看法，我便趁機向她們提出我的疑問[③]：

> 我：我會覺得非常地好奇，我不能夠瞭解的就是，因為我不知道為什麼，我知道為什麼，我只是還，從我的角度還看不出為什麼要這樣做。就是你們交換老師，好像原來就是說，是不是說小熊班老師覺得說，班上有幾個同學好像比較，表現特殊一點，所以你們是希望，

---

③ 讀者可以察覺：我在這段談話裡的開場充滿遲疑與猶豫。我避用聽來的「行為偏差」之用語，改用四位老師在第一次訪談時使用的語言——說孩子「表現特殊」或有「特殊表現」，然而似乎還是引起老師的疑慮與不安。

　　如果是這樣交換的話，我們老師之間有交流，看能不
　　能給你們一些比較好一點的建議，怎麼樣來帶小熊班
　　的孩子喔，那，是不是應該是這樣子？

林老師：（表情嚴肅）你為什麼會這樣想？

　　　　（我開始慌亂起來，發現自己可能說了不該說的話，
　　　　開始設法澄清）

我：好像，這就是說，我問的結果是，為什麼要交換老師？
　　好像是，這是我所得到的印象啦！就是說，一些細細
　　瑣瑣，就是說，你們覺得班上有一些好像，比較，比
　　較，「特殊表現」是你們的用語啦！因為從我的角度
　　來看我都沒覺得是什麼特殊表現。

林老師：什麼特殊表現？

我：就是說，譬如說在討論或講話的時候比較有特殊表現
　　的孩子。

王老師：是那一次我們討論的時候有講幾個特別的嗎？

我：對！不是林老師就是王老師啦！這是你們提的！就是
　　說有些有特殊表現的孩子即使跟家長講也是沒有用的。

章老師：那天我們不是在討論的時候有在講說：那我們看
　　　　　下來有幾個，是不是，有那幾個。

王老師：那一次我們在討論的時候蔡老師在不在呢？

我：一直到 1:30，因為後來還是錄音嘛！

王老師：我們要做交換教學的時候蔡老師你也有在嗎？

　　小張老師忙著要還沒睡著的小朋友安靜睡覺，我和其他三
位老師則開始花了很長的時間澄清：四位老師決定要換班教學

時我究竟在不在場。小熊班的老師顯然不能接受我所知道的換班教學的理由。

> 林老師：我不曉得你為什麼會有這樣的想法？為什麼會給你這樣的訊息說：我們為的說要讓別班的老師來，因為小熊班的老師，因為某些特定的小孩才要交換老師？

　　我又急著澄清，我是從助理的筆記上獲得這樣的資訊[4]，但是三位老師還是不斷地追問，我的資訊究竟是從何而來？

> 林老師：好！那你看的結果，那小熊班的小朋友，
> 我　　：因為我就是沒有這個感覺，所以我才覺得說，這個是我的疑問，我想要澄清一下，到底為什麼要來做這個交換教學？
> 林老師：好！現在我要講的是說：當初為什麼會有兩個老師換來換去，接下來我們還會有這樣子對換。首先，我想，你的這個想法好像，可能，你有來自於某某資訊啦！我不管啦！但是我們最初的初衷是什麼呢？就是說，當初，因為這個校長他是說：開放教育！開放教育要怎麼樣？就是說，把這個，全部都打破，打破班級，打破什麼什麼，就是這

---

[4]　我的確從助理的筆記上獲得這樣的資訊，但是助理的筆記並不是我獲得此項資訊的唯一來源。為了避免引起不必要的爭端，我以這樣的方式交代了訊息來源。

樣子。那個時候呢，我們的這個教務他突然提出
一個，我從來也沒有，沒有想過的問題，他說：
那這樣好了，我們兩班老師來對調！是這樣子，
所以妳現在演變到，妳現在有這樣的一個觀念，
我覺得很意外！

王老師：我也是剛剛滿難過的！

林老師：滿難過的！為什麼說，我們班，我們兩個老師已
　　　　經沒有這個能力解決這個問題，所以才說，別班
　　　　的老師來看一下是怎樣？

　　我第三度聲明：資訊是來自助理的筆記；但是兩位老師對
於我原來以為的理由還是非常難過。在我看來，就算是由別班
老師來對自己的教學提出意見，應該也不是一件必須「難過」
的事啊！話雖如此，林老師還是問：「對，可是我們的初衷並
不是這樣啊！為什麼會演變成這樣咧？」我繼續說明，這就是
為什麼我必須聽她們自己的詮釋，以免我的想法流於毫無根據
的臆測。王老師補充說了：「我會有那樣子的動機，確實是林
老師這樣子說的。然後當時我們開會開完了以後喔，快要結束
的是突然間，突然間的，她提出來的。我們後來想說：ㄟ，這
樣子的一個交流也是開放啊！不同的老師，整個換掉，也是一
種開放，何嘗不可呢？」

　　林老師：那時候並沒有想到說，幾個小孩子，我們班有幾
　　　　　　個小孩子，

　　王老師：特定的說，小朋友有怎麼樣？完全都沒有做這種

考慮，

我：對！因爲我可能這個是可能我自己的詮釋有一點偏差，～那我會覺得大家討論的時候（指前一次的教學研討）有點提到說：「ㄟ，我們今天覺得，這個班很好」，就是說，你們班小孩很好啊，什麼什麼的，那是不是，我在猜想原來大家有什麼，你們兩位有什麼耽憂，對你們班的孩子？所以才會想換一個老師試試看？

林老師：我不會擔憂，我如果擔憂的話，我一定會反對說：我不要實施這個！我覺得沒有什麼好擔憂的！因爲你既然要有開放，也要有開放的精神啊！對不對？所以沒有什麼好擔憂的。

我：那我可不可以再繼續澄清，就是說，你們這樣子交換，到底用意是什麼？你所謂的開放，開放是個很抽象的名詞啦，你所謂說，把孩子、老師這個樣子交換，爲什麼就跟開放教育會扯上關係？我有一點兜不上來。就是，爲什麼換老師就是呼應了所謂開放教育的精神呢？

王老師：事實上，我們對開放教育也不是非常地清楚。那，——我自己當時的想法是，我們在實施開放教育的時候，去參觀過很多的學校。我們注意到一點的就是：打破班級、界限、老師，還有小朋友。譬如說：在綿羊班有娃娃家的，那要去娃娃家的小朋友，不管是小熊班或是綿羊班的，那我們就去娃娃家，那就有一個老師在那邊照顧。當

初我自己的想法是這樣，所以我們先試試看這個
情形好不好。當時我就是這麼說的，那，我動機
很簡單，也很單純。

換班教學的初衷成了無解的故事。之後，一方面因為小張
老師提出：「希望把孩子的反應列入考慮。」她說綿羊班的孩
子對她說：「希望這是最後一次了。」一方面也因為小熊班的
王老師生病請假，這種換班教學的做法就沒有再延續下去。

對我而言，在另一個班級裡觀察到讓小朋友敘說個人經驗
的討論是第一層的意外；我的問題引發了兩位老師情緒激動的
話語與冗長的澄清過程，則是第二層次的意外。表示自己不擔
憂的幼稚園老師在日常活動中的關注點是什麼呢？王老師的難
過、傷心與意外，其實也令我感到十分驚訝。澄清之後，她說：
「你現在澄清了，我比較明白了。可是我剛剛乍聽之下就是，
感覺上好像，～因為如果是我的話，我突然聽到這樣子的一種
說法，說交換是為了我們所謂的這幾個比較特殊的孩子的話，
我會覺得，很，很私心的說，我會覺得很無地自容──不管別
人會不會，我會很難過。」

我不斷向她表示，在第一次的研討會上，因為四位老師一
直提到兩班孩子討論時的秩序問題，才會引發我做那樣的猜想。
王老師又說：「我想要說的是，如果孩子一直舉手發問，或是
怎麼樣的話，如果那一個老師都覺得這個是問題的話，那她不
配當老師！」

在失去與意外
之間的追尋

　　錯失一堂課為什麼讓我覺得遺憾呢？為什麼學生帶領討論反而能吸引全班的注意力？課堂上從來沒有這種場面出現過的班級，究竟以什麼樣的方式進行學習呢？這堂課雖然沒有以影帶的方式保存下來，有沒有環境使類似的互動再度發生呢？**失去的課有沒有機會再次出現呢？**

　　由小朋友來分享個人經驗的活動，為什麼令我感到意外呢？被傳說「**無法控制場面**」，為什麼會讓老師覺得「**無地自容**」或「**不配當老師**」呢？要具備怎樣的特質和能力，要怎麼做才「**配**」當老師呢？一年級的慶華告訴我：老師教學的目的「**是要讓我們學習教別人，以後說不定可以當一個偉大的老師，去教很多小朋友。**」我問了也在一旁，較沈默的俊宏：

　　我：怎樣才算偉大的老師呢？俊宏。
　　俊宏：就是教得很好。
　　我：那對小朋友呢？怎麼樣對小朋友才是偉大的老師？
　　俊宏：秩序很好。（錄音，1997-6-28）

　　到底是在什麼樣的環境裡，讓老師在辛勤忙碌的生活中有了這樣的感受？讓小朋友也把「維持秩序」視為好老師的重要特質之一？片刻不能停歇的師生互動裡，老師和學生究竟期望自己扮演什麼樣的角色呢？

　　如果我們能夠用心思索「對老師和學生雙方而言，要創造什麼樣的環境，才會有精彩的討論與真心樂意的學習」這樣的議題，那麼，那一堂錯失記錄機會的課或許並沒有全然失去。如果「討論」能以更多的形式活現在教室裡，那麼一位研究者

錯失了一次精彩的學生討論現象，或許也就不至於像我這般悵然。

在撰寫報告時，這三場在研究歷程的不同時間發生的意外討論，突然在我心中聯結起來。將這三個事件的聯結迸發出的意義，對照當初我思考教室互動之節奏與變奏時心裡的想法之後，我發現自己在這個研究中想要關注的層面和心裡的盼望更為澄澈地顯現出來。簡言之，這些被我界定為「意料之外」的事件，使得「意料之中」更為明晰，使得我更為清楚自己的研究「意圖」，而讀者在閱讀其後的描述與詮釋之後，將更能體會，在什麼樣的教育場景中，這些事件會成為不同於慣常現象的「非常」事件。

以下的敘述就是我抱著看到「討論」發生的期望，從兩個教室的互動脈絡中觀察、記錄並詮釋師生想法與教室團體互動的學習歷程。這段歷程好像是一段在「失去」與「意外」間的尋求，而研究（"research"）正是一種一再尋求（"re"-"search"）的無止境之旅。

目　錄

圖表目錄

圖

表

第一章

研究理由與目的

第一節　以教室互動為研究方向的理由

一、回應教育改革的呼聲

二、互動與文化的相互構成性

三、研討會中聽到教師的聲音

第二節　以教室團體互動為研究焦點的理由

一、我的研究經驗

二、我的教學經驗

三、我的現場觀察經驗

第三節　研究目的

　　如前述，覺得或界定某種現象為「失去」時，心中「尋求」的意圖與標的也同時顯明了。從 1996 年 8 月開始的這個研究，要尋求什麼？想要做到什麼呢？簡單地說，就是思索並創造教室團體互動的改變。讀者或許會問：教室互動的可能性與體現方式很多，為何特別鎖定教室裡發生的團體互動作為探索的焦點呢？長期投注心力在研究上是需要熱情的，就像 Janesick（1994）所說的，它需要「對人的熱情，對溝通的熱情，以及瞭解人的熱情」（p. 217）。我對這個研究的熱情並不是突然迸發的，研究的理由與目的不但是根植於我對台灣社會脈絡的觀察與思考，更切身地說，它們也是從我過去幾年裡，不斷綿密交錯的研究、教學與閱讀經驗中，慢慢孕生的想法和期盼。在這一章裡，我將分節說明，多年來我把**研究方向**定置於教室互動，以及在這項研究裡漸漸把**研究焦點**縮聚到團體互動的理由與目的[①]。

第一節　以教室互動為研究方向的理由

一、回應教育改革的呼聲

　　近年來，政府和民間兩方對於台灣教育有兩個主要的呼聲：改革與開放。呼應這樣的訴求，有識之士、學者以及最前線的

---

① 文獻的啟發將在第二章有更詳盡的說明，而研究範疇由教室互動聚焦到團體互動的演進過程，在第三章將有更詳盡的說明。

實務工作者從各個層面來思考教育革新與開放的實質意涵，包括：政策的變革、教育資源的合理分配、教師法的確立、師資培育管道的多元化、班級人數的縮減、課程的豐富更新、鄉土教材的融入等等。這些建議在研究進行的兩年間，已經看到些許落實的機會，如台北市小學班級人數已調整為每班三十五名學生。這些已在政策上看到改變或還在研議階段的諸多建議如何在教育現場具體實踐呢？我想，所有的教育主張，其內涵與精神終究都必須透過老師與學生、學生與學生的互動來體現與建構。這樣看來，教室互動在教育改革中實在是扮演關鍵性的角色，這也是我以研究教室互動來回應教育改革的第一個理由。

二、互動與文化的相互構成性

研究教室互動的第二個理由是，相關文獻的閱讀（見第二章）與教育現場的觀察經驗使我深信：互動和文化間的關係具有相互構成的性質。教育改革與開放的理念必須透過教室互動來體現；逆向來看，教室互動的整體和細節也不斷地傳遞著某種精神，建構著實質發生的課程，也有潛力逐漸改變台灣的教育文化，乃至社會文化。不過，在形成改變的力量之前，教室互動至少應該回應台灣的社會脈動與文化變遷。台灣正處於體認多元文化存在，察覺多元價值共存的夢醒時分。在這樣的氛圍中，鼓勵各族群和個人勇敢發言、自主表達的聲浪在大社會中此起彼落，這是台灣社會的每個人，包括日日在教室中出席的老師與學生都可以感受到的事實。例如，新課程中新增了鄉土教學活動與本土語言教學（歐用生，民82），這可說是對社會

和教室中「眾生與眾聲喧譁」的一項初步回應。而教室裡的互動實況呢？它建構出師生共享或各自發展出的哪些認定？是否鼓勵學生自主發言，參與討論？教室互動的精神與內涵是否回應這種逐步體認多元文化、尊重各種聲音、開拓發聲場域的台灣社會脈動？就像 Bruner（1986）所說：「文化本身是一個意義不確定的文本，需要參與其中的人不斷地詮釋。」（p. 122）。台灣社會文化的脈動與每個教室裡發生的互動實況，應該有機會相互塑造、彼此構成。教室中的老師與學生每日不斷活化的文化腳本，永遠有被重新改寫的潛力，而進行教室互動的研究正是可以發揮此種潛力的一個契機。

三、研討會中聽到教師的聲音

促成這個研究的另一個事件是我從一個研討會得到的支持。1995 年 12 月，我負責籌劃並在這個由學者、幼稚園及小學教師共同研討的會議（【節奏與變奏：幼稚園及小學教室互動的可能性】）中擔任引言人。由現場的參與度及會後的熱切反應看來，各層級教師已經共同體認「思考教室互動如何改變」這個議題的重要性。對我而言，對這種關切與熱情的具體回應方式之一，就是進行教室互動研究。如果我們想要瞭解並實踐以這個時代的學生之需求為基礎的教育，我們就應該實際走入教育現場，以實際發生的教室互動場景為思考的起點。

第二節　以教室團體互動為研究焦點的理由

在教室裡的各種互動情境裡，我選擇以團體互動做為研究焦點，主要是基於三方面的經驗：研究、教學和這項研究的現場觀察：

一、我的研究經驗

過去十年來，我的研究主要是以教室中語言使用的情形與意義為主要的探究方向，雖然每次的研究都會涉及對教室內各種互動情境的觀察，但最後總是從團體互動的情境裡察覺具關鍵性的詮釋重點。1991 到 1993 年完成的研究是以美國一所學前學校（preschool）的兩個女孩為焦點，探究她們如何在教室內的各種互動情境中，藉著使用普通話[2]與英語，學習成為學生的過程。在由說英語的教師引導的團體活動中，這兩個孩子常使用普通話來詢問或告訴當時擔任助理的我，她們從正在進行的活動裡看到的事。當老師以英語來帶領活動時，這兩個女孩以普通話同步進行的互動便常常干擾活動的言談結構，因此，即便這兩個孩子的談話與活動內涵十分相關，卻常常遭受教師的誤解乃至責罵。這些衝突事件對於兩名兒童建構學生角色與身分的過程產生極大的影響（可參見 Tsai & Garcia, 2000）。就像 Cazden

---

[2]　這兩位女孩，一位來自北京，一位來自上海，在完全不會說英語時，便以他們所謂的普通話彼此溝通。

（1988）指出：「課程藉語言建構，社會關係靠語言維持與建立，個人認同以語言來表達。」（pp. 2-3）。在團體互動的情境裡，老師一個人必須要和不見得使用同一種語言的全體學生互動，無論是課程之結構、社會關係之建立、個人認同之表達，都遠比老師與學生個別的互動情境更為複雜。可想而知，在一位老師面對多位學生的互動情境裡，更凸顯出老師對上述三個層面的重要影響。這個研究經驗可說是我對團體互動情境中的繁複情形產生進一步探究之熱情的一個起點。

　　1995 年 2 月到 1996 年 7 月間，我在一所原住民山區進行【一年級原住民學童在校及在家互動模式之詮釋性研究 I 和 II】。原先並未把觀察焦點只放在「團體互動」；不過，在只有六名學生的教室裡，卻極少看到團體互動以外的互動現象。對這個班級國語課的師生互動現象，我有以下的發現：

1. 著重語言形式的誦讀與習寫。
2. 互動形式主要由老師掌控，缺少變化。
3. 互動內涵多為老師的話語，多為指責學生違反互動規則的「生氣的話」和學生「聽不懂的話」（蔡敏玲，民85，頁 139-140）。

　　這個現象說明了什麼呢？學生人數減少是教育改革的訴求之一，但即便在只有六個學生的班級裡，仍可能發生形式僵化、內涵多為老師話語的互動。在這樣的互動情境裡，非但是討論沒有發生，嚴格的說話權管理方式也影響了學生之間的對待關係（參見圖21，頁59）。值得注意的是，校內的老師普遍地認為這所學校的原住民學童先天能力不足；但是當一年級學生述說

自己的生活經驗時,卻展現出豐沛的敘述能力。而且,當學生主動發言並被老師認可時,參與結構和互動內涵都產生變化。這樣的研究經驗使我更加確定:教室裡的互動模式,是一種「文化現象,而不是『自然而然』(natural)的現象」(Cazden, 1988, p. 67)。正因為教室互動是一種文化現象,這種文化現象如何衍生,會對教育造成什麼樣的影響等議題就更值得我們關注。例如:由老師嚴格控管發言權的團體互動場景,雖然存在於很多教室裡,但卻不是一種已經無法被改變的現象。我們可以細思:在這樣的團體互動情境裡,學生對教育、知識、與師生角色會建構出什麼樣的意義呢?或是,更追本溯源地問:這樣被嚴格管制的說話方式到底是如何成為教室裡的「平常」現象的?總之,這次的研究經驗促使我決定對團體互動再投注心力探究。

二、我的教學經驗

在幼稚園與小學教室裡,我常看到因同時想說話的學生太多,使得老師必須設法分配發言權的現象;相對地,我在師範學院的研究所與大學部上課時,卻常因學生保持緘默,而必須設法鼓勵回應。學生在年幼時爭相說話,到了年長時卻設法躲避公開說話的機會,這兩種極端不同的教室互動場景,不禁使人想問:在長期的學校經驗裡,到底發生了什麼?使得學生不再主動爭取發言權?使得學生寧可少說話?或最好不用說話?大學生不說話的情況似乎並不是我所服務的師院裡特有的現象。除了我從任教於其他大學與師院的老師處得到類似的訊息外,王慶中(民 82)也從討論美國、法國、非洲等國家師生互動的

文獻與自身的教學中歸納出這樣的結論:「師生在教室的互動,學生沈默幾乎成了放諸四海的法則定律,存在於各文化傳統以及世界各地。」(頁235)。雖然學生長大後變得不想在教室內公開說話的情形存在於世界各地,但並不能將它看成「放諸四海的法則定律」。從台灣的脈絡來看,我們必須問的是:我們的教育鼓勵,或是應該鼓勵學生在教室互動中保持沈默嗎?這是我比較關切的議題。從學生的幼年經驗來看,幼稚園及小學班級的互動過程究竟是何種形貌?學生從中體會到的學校經驗為何?對這些議題的瞭解或許能提供我們一些線索,幫助我們思考為何學生不主動發言在台灣中學以上的教室裡成了這樣普遍的現象。

三、我的現場觀察經驗

進入本研究中的兩個主要研究現場(永慶國小的一年三班和幼稚園綿羊班)三個月之後,我決定把觀察焦點放在這兩個班級的團體互動情境;更具體地說,就是一年三班的國語課和幼稚園綿羊班的日記圖分享及討論時段。為什麼會下這樣的決定呢?首先,身為教師的我與身為研究生的研究助理,僅能以十分有限的時間,進行最有助益的觀察,無論如何必須選擇繼續觀察的焦點。如何選擇呢?在一年級的教室裡選擇觀察國語課,是因為過去曾有觀察國語課的經驗。在幼稚園的教室裡,選擇了兩個由老師帶領的團體互動情境,主要是因為這是一種較公開、較可及,也因此研究者比較不會造成干擾的情境。設想,在老師與一位學生個別互動的情境裡,研究者的出現會造成多大的

干擾！而在幼兒常常同步說話的同儕「自由活動」時間裡，研究者若不十分靠近幼兒，是不可能聽見談話內容的。

以上的敘述說明：從自身對台灣教育改革與社會脈動的觀感、數年的研究經驗、教學經驗和本研究的現場觀察經驗裡，我逐漸確立本研究的範疇（教室互動）與具體焦點（團體互動）。

第三節　研究目的

本研究以永慶國小一年三班和幼稚園綿羊班為主要的研究現場，以下列出的具體研究目的，主要是針對這兩個現場而言：

1. 探究三個團體互動情境（一年級的國語課、幼稚園的日記圖分享、單元討論時段）的互動形式、參與結構與互動內容。
2. 瞭解在上述的團體互動情境中，教師教學和學生學習、參與的情形。
3. 找出討論發生的情境，並瞭解在討論情境裡，學生學習、參與的情形與師生建構出的言談內容。
4. 與幼稚園教師和小學一年級教師共同省思、討論如何改變或調整教室團體互動，讓改變實際發生。

簡言之，帶著在現場裡看到「討論」發生的期待，我企圖以實際發生的討論為基點，和現場老師一起思考創造良好團體互動情境的方式。前言一提到，王偉帶領出同學高度參與的討論；而前言二則描述了由兒童之生活經驗建構出的討論內涵——這正是改變團體互動的兩種可能方式。我想探索的正是促成這種改變發生的學習環境，究竟該有哪些支持力量，或是，有

哪些限制必須進一步地克服，以便積極地創造師生共學的討論情境。

　　以下的第二章將描述我在進入現場前與研究中期閱讀的文獻，以及我對教室互動現象所持的立場，第三章說明整個研究歷程，其後的第四、五、六章將以節奏與變奏為隱喻來描述兩個班級團體互動的慣常模式與改變情形，並穿插呈現現場三位老師對這些詮釋的回應，第七章是研究後期閱讀的文獻與研究發現間的對話、對整個研究歷程的統整與省思，以及對後續研究的建議。

第二章

文獻探討

第一節　社會互動、心智與語言

第二節　國內外教室互動研究的主要趨勢

一、國外關於教室互動的研究

二、國內關於教室互動的研究

第三節　教室互動、知識與學習

第四節　團體互動的相關文獻

一、小學教室互動的質性描述

二、幼稚園的團體活動與團體討論

第五節　研究架構與主要構念

一、研究架構

二、主要名詞與構念

　　文獻探討和質性研究的每一個步驟一樣，都是沒有絕對終點的事件，夾雜在整個研究歷程前、中、後的閱讀都有潛力影響詮釋的方向與深度。只是，這些影響在研究報告某時的版本具體成形時，因著閱讀時間的先後，自是有程度上的不同。閱讀與研究工作既是不斷地在研究過程中交錯相融，明確地指出影響凝視的文獻與影響的程度或時間並不是一件容易的事。以下的探討既有我在進入現場前，撰寫研究計畫時，對國內外教室互動研究文獻的初步探勘，也有在研究焦點縮聚後的一些閱讀。就研究進程的開展方式而言，文獻閱讀與現場工作之間的對話「應該」是時時進行，難以分開敘說的過程。但我還是選擇將影響這個研究的文獻獨立成章來談，主要的目的在幫助讀者與自己掌握我立論的脈絡，一方面幫助讀者清楚在上述的趨勢裡，我對教室互動所抱持的觀點來自何處；另一方面也提醒對教室互動的觀看方式已有某種習以為常之模式的自己，這只是多種看法之一而已。覺察自己視點的有限，更能有機會多方探看，或許能建構出更豐富的想法。

　　前一章已說明，本研究的團體互動，實質上包括了國小一年級的國語課、幼稚園的日記圖分享時段和單元討論時段。團體互動為教室互動的一種具體形式，而教室互動的理論與研究又受到指涉範疇更廣之社會互動理論所影響。以下的討論便是以這樣的層次逐一展開：

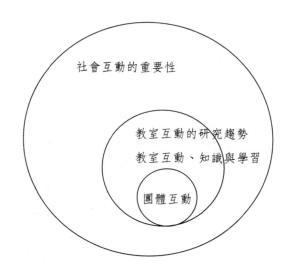

圖 17 文獻探討的層次

第一節　社會互動、心智與語言

　　社會互動的重要性以及這種體認對教學實務與研究方法的啟示，影響了我的研究主題與研究方式。

　　近年來，有關心智發展的討論裡，對社會互動的關注與日俱增。心智發展的社會性質逐漸受到重視，和 Vygotsky 的著作在 1960 年代在美國出版以及後皮亞傑的論述漸成氣候有著重要的關聯。發展心理學過去的研究標的——個體發展機制，雖然也曾注意到社會互動的影響，但多半將文化或社會的力量看成影響個體發展的獨立變項來處理。過去十年，這樣的看法已經

歷經重大的改變。從 Bruner 與 Haste（1990）用「創塑意義」（making sense①）這個詞來描述個體在文化中的發展可以看出這項改變的一些端倪與重點。Bruner 與 Haste（1990）認為：「創塑意義是一個社會過程；它是一種永遠嵌置於文化和歷史脈絡的活動」（p. 1）。過去的焦點是個體，現今的焦點則是社會脈絡中的個體；過去將社會互動看成有助於個體發展的外在因素，現今則認為發展根本就是在社會互動中進行與完成的。在這樣的思考方向下，Vygotsky 反對將心智、意義和行為在概念上區隔開來。他把社會文化、人際間的社會互動與個體內的心智發展三者聯結的說法便引發了許多的回應與探討。

　　「心智在脈絡中發展」是一個相當模糊的概念，Vygotsky 提出的看法與構念卻給了這個模糊的概念幾個較具體的方向，同時也較清楚地說明了社會互動與心智發展的關係。首先，是他對**高層次心理功能**之起源與性質的闡述。Vygotsky（1978）認為高層次心理功能是使人之所以不同於其他動物的特質，因此便竭力解釋高層次心理功能的起源。他認為文化提供的記號系統（尤其是話語）對人類行為的仲介，導致高層次心理功能的發展，也引發了全新的行為方式；而兒童是在參與社會互動時首次運用記號成為心理工具（Vygotsky, 1978）。漸漸地，個體「開始將起初由他人運用在他身上的行為運用在自己身上」（Vygotsky, 1960, p. 192, 引自 Minick, 1987, p. 21）。這就是為什麼他說：「每一個高層次心理功能在發展過程中，都必經外在的階段，因為

---

① 我將"making sense"譯為「創塑意義」，請參見蔡敏玲（民 83）或蔡敏玲（民 85）中對於譯法之說明。

它原是一個社會功能」（Vygotsky, 1991, p. 39）。在說明高層次心理功能之起源的同時，Vygotsky 也導入了另一個構念——內化。他認為內化的過程包含了一系列的轉化歷程，具體地說，即，(1)最初代表外在活動的操作被重新建構，並且開始發生於內在；(2)是人際間的過程轉化成個體內的過程。Vygotsky 並強調這些轉化乃是一系列發展事件的結果（Vygotsky, 1978, p. 57）。上述的這兩個構念點出：社會互動與個體的心智發展乃是一個統合的過程，社會行為從人際間的層次轉化到個體內的說法也幫助 Vygotsky「找到了將意識和行為重新概念化為一個整合系統的方式」（Minick, 1987, p. 22）。我們可以用 Vygotsky 提出的這些構念來看兒童的學習與文化的關係，即，在這個整合的系統裡，文化所規範、組織的社會互動與活動，形成兒童習得記號的情境；在兒童習得記號的過程裡，有兩件同時發生的事：一是文化中的社會組織與內涵漸漸內化成為高層次心理功能，二是兒童漸漸能夠運用記號來改變自己與環境的關係。也就是說，經由人際互動與記號所仲介的高層次心理功能，使得兒童能夠採用新的行動方式來面對這個世界。

　　Vygotsky 的說法其實是將個體內高層次心理功能、人際間互動與社會文化歷史三個層面看成一個相互構成的整體。這樣的看法影響了包括我在內的許多研究者觀看社會互動的方式。圖 18 是 Haste（1990）在討論兒童如何習得各類規則時使用的一個模式。這個模式可以提醒我們在瞭解兒童的發展與學習時該注意的層面，以及這些層面彼此之間的關係。

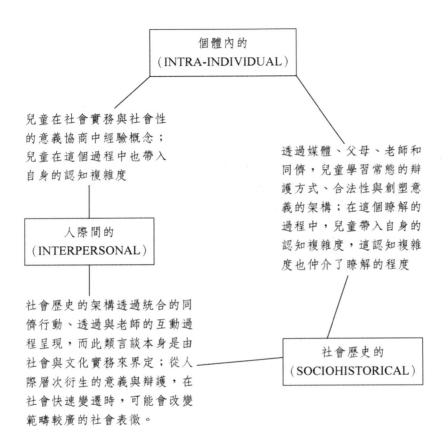

圖 18 個體內、人際間與社會歷史三者之關係模式
（引自 Haste, 1990, p. 175）

Haste（1990）用這個圖來顯示：個體、人際活動與社會歷史三者間，每兩個層面都有辯證性的關係，或說都有不斷形塑彼此，構成彼此的動態關係。整體而言：「我們終究必須從社

會文化的架構形成的較廣脈絡來觀看兒童在人際互動中的經驗，以及兒童自己對概念的反思與統整，這些社會文化架構界定了什麼是可能的、什麼是合理的、什麼是對社會系統具有功能的」（Haste, 1990, p. 173）。

　　這樣的理論架構對瞭解兒童的研究而言有什麼涵意呢？首先，這樣的說法引導我們以更廣的視野與更細密的角度來瞭解兒童建構知識與創塑意義的歷程。例如，皮亞傑提到的「認知衝突」與 Kamii（1997, December）強調的「觀點交換」，都只是社會互動的多種可能性之一。其次，發展心理學過去將焦點放在個別的兒童身上，主要的提問是：在發展的過程中，什麼改變了？一般答案是內在的心理結構。現在呢？當我們體認到個體、社會互動與文化是無法切割開來單獨觀看的整體，想瞭解兒童，就必須看由文化界定之社會互動中的兒童，如何經由參與社會互動習得文化的架構來詮釋自己的經驗。後皮亞傑論述的重點即是：當我們不把兒童抽離生活脈絡來檢驗他們的能力，而是從對兒童而言有意義、熟悉的情境來看他們的能力時，兒童總是顯得有能力多了。從這樣的角度來看，所有企圖瞭解人的研究裡，對社會互動的探究可說是必然而不是選項。

　　對社會互動的描述多半以可觀察的話語為實徵資料，而 Vygotsky 對話語和思想之關係的闡述也改變了兒童語言研究的研究方向。在圖 18 的體系裡，不論人是在人際活動或是個別活動的情境中，個體與世界的接觸或辯證關聯，都必須透過表徵系統來體現，而如前述，Vygotsky 認為在文化中長程發展出的各種表徵系統裡，最重要的就是語言。他認為思想是在成為語言後才變得完全，或說思想的結構是由語言所決定的，「兒童

的心智是在兒童精熟了思想的社會媒介之後而成長,而思想的社會媒介就是語言。」(Vygotsky, 1986/1992, p. 94)。這樣的說法使我們注意到,語言不只是一種工具,它也構成心智,而受語言仲介而發生的心理功能將使人產生新的能力來面對世界,甚至重塑文化。以圖 18 的架構來看,「話語原是外顯的,在實際活動的社會互動過程裡,兒童習得並使用話語,運用體現在話語中的文化架構來詮釋經驗與解決問題。然後,這個在人際間習得的記號系統轉化成內在語言,使心理功能與思想發生質變,如此,也使兒童面對環境時,有了新的資源和方式。給人自由的話語本身是文化的產物,它介入人的活動、促成心理功能的發展之後,又不斷地在活動中獲得新義,回頭影響文化。而所有的人際接觸、社會互動與各類活動都在文化的定義與容許之下才變得可能」(蔡敏玲,民 85,頁 177)。Vygotsky 對語言使用之仲介與構成功能的闡述,不但使我們更加清楚人與文化的辯證關係,同時也對人重塑文化的願景更充滿盼望。

　　語言是在被人使用的情境中改變了人、改變了人的思想、也改變了人與文化的關係。因著語言、思考、互動系統、與文化間變動不居的關係,Cazden(1988)認為 Vygotsky(1962)的著作——《*Thought And Language*》應該譯為《*Thinking And Speech*》較為貼切,也就是把「思想」("thought"),一種產品,改成「想」("thinking"),成了一種變動的過程;把「語言」("language"),一種有固定形式的象徵系統,改成「說」("speech"),指涉在社會互動中的語言使用現象(p. 99)。在這樣的認定下,對語言的研究不再探求某種語言形式和認知結構發展之間的符應情形,轉而關注言談現象(discourse)(即社會情境

中的語言使用）如何活化並進而轉化人與文化的關係。如，文化
如何組織互動形式？兒童如何在言談中表達或改變意圖？兒童
如何在各種溝通系統中支取、運用文化資源，進而改變思維方
式或解決問題？

　　綜上所述，在體會到社會互動是瞭解兒童的必然關注面時，
一般的研究還是以社會互動歷程中最為具體可見的語言使用做
為探究的切入層面。有關心智與語言之社會建構性質的論述不
只改變了發展心理學和語言研究的方向，從國內外的教室互動
研究在主題與方法上的轉變與趨勢看來，也稍微可以看出上述
觀點帶來的影響。下節即是對國內外教室互動研究趨勢的簡要
探討。

第二節　國內外教室互動研究的主要趨勢

　　從時間的向度來看，國外的教室互動研究比國內研究起步
得早，以下的探討因而先從國外的趨勢談起。

　　從學術的脈絡來看，過去二十五年內，教室言談的地位在
教育研究中有了顯著的改變（Edwards & Westgate, 1994）。過去，
教室裡的話語只被當成一種中性透明的媒介，記錄與分析話語
只是為了研究其他主題，如某種教學法的成效。現在，教室話
語本身就是許多研究的焦點和主題。語言不再被視為只是傳遞
資訊的中性管道或工具，語言使用影響並構成每日的現實（Bruner,
1986）。語言使用的「構成」特質使得各學術領域對教室裡發
生的話語產生新的重視，從心理學、兒童發展、社會語言學、
和社會學都可以察覺出這樣的趨勢。上一節裡提及的，Vygotsky

對語言仲介心理功能、改變心理結構，進而重建人與文化之關係的看法也影響了這樣的趨勢。

一、國外關於教室互動的研究

　　語言使用在學校教育中的關鍵地位在 1960 年代受到各領域的確認和強調之後，國外的教育研究開始仔細審視教室談話的特質，以瞭解語言在教室各種學習情境中被使用、被組織的方式。1960 年代，國外在這個方面的研究主要使用有預設類別的觀察系統，結構性地記錄教室言談並做分類。這些話語分類系統大部分是以「口語」互動作為最主要的資料和分類根據，並且認為老師所說的話是決定教室事件的主要因素。最廣為使用的分類系統是，觀察者必須在聽到話語時，立即決定該話語屬於何種功能的記錄表，在這種記錄表上因此看不見話語的原貌，只有可以被計算、組織和分析的類目（Edwards & Westgate, 1994）。其中，最有名的是 Flanders 發展的師生互動分析系統，這也是國內現有關於教室互動研究最常使用的分類系統（如徐蓓蓓，民72；楊昌裕，民 75；陳致嘉，民 83）。

　　這種將話語立即記錄為某種老師行為、學生行為或語言功能類目的做法受到的批評主要有以下兩項：㈠觀察者以為僅僅憑藉話語就可以掌握這些話語的意義，並瞭解教室互動的一般形態。這樣的認定是不適切的，因為進行溝通的雙方在說話時，乃是以沒有說出的、共享的經驗或知識作為表達和詮釋的背景。這種背景是短期進入教室，片斷記錄話語的觀察者難以掌握的。㈡分類系統觀察法不但忽略了互動所在的脈絡及較廣的脈絡，

甚至連所記錄話語的前後文都不怎麼留意。從語言使用的根本性質來看，抽離脈絡來解釋語言表出的意義是不可能的。

在 1960 年代，這種運用預設結構觀察表來蒐集資料的研究方式算是主流；不過其後的 1970 年代，採用質化取向來研究教室互動的教育民族誌和社會語言學研究漸漸興起，特別是 Hymes 在 1972 年提出「溝通民族誌」（"Ethnography of Communication"）的名詞之後，以民族誌的方式來研究「溝通」的做法為教室互動研究開展新的局面。不同於分類系統抽離脈絡的做法，溝通民族誌和社會語言學研究強調長期進入現場，探索「語言在脈絡中被實際使用的情形」（Florio-Ruane, 1987, p. 186），而不是單單分析語言本身的形式或功能。在這種研究派典內，「社會互動」和「互動所在的脈絡」被視為一個整體，就像第一節所說的，人、社會互動與文化脈絡是一個整合的系統。教室中觀察到的溝通行為，必須放到與這個社會實體相關的，更大的，相互重疊的其它脈絡去詮釋其意義，像是教育制度、社區生活模式、主要經濟活動、都市化的情形等。更重要的是，範疇較廣的間接脈絡總是穿透互動，影響直接脈絡中互動者的言行和詮釋。因此，企圖瞭解語言使用模式及其對使用者之意義的研究者必須長程進入現場，才能掌握各層次脈絡對互動的影響如何顯現在具體的行動和話語中，才能較精確地推論互動者據以釋義的背景。

二、國內關於教室互動的研究

1980 年代至今，溝通民族誌和社會語言學研究在國外蓬勃

發展；國內則不然。主題直接標明是教室互動而由研究者自己
界定研究方式為民族誌或人種誌取向的有孫敏芝（民 78）、許
惠子（民 83）、方淑（民 86）和王美文（民 86）。而聲稱運用質
性研究取向的研究也不超過十個（如黃明月，民 83；陳秋月，民
83；黃秀文，民 84；錢清泓，民 85；蔡敏玲，民 85）。其餘的研究
大半為問卷調查、實驗、及相關研究。這些非質化取向的研究
大多將師生互動視為自變項或依變項，探討它和其它變項（如
學生學業成就、學習態度等）之間的相關程度。其中，陳立國（民
79）的《大學生在教室座談討論中的互動模式研究》、張致平
（民 80）的《高中英文閱讀課師生互動研究》，以及林靜萍，
許義雄（民 82）的《國中體育教學師生互動分析》，雖然也是
量化取向的研究，卻是以「互動」或「師生互動」為研究主題，
而不是變項，開始注意到互動本身的內涵和其中的細節。記錄
師生互動的方式則多採用有既定類目的量表，如前述的Flanders
師生互動分析系統。也就是說，師生互動在觀察中被記錄為各
種向度的類目，如功能、行為、或關係；經過量化處理後，研
究者再找出它與其它變項之間的相關是否在統計上達顯著。這
些研究主要仍以口語行為作分類的主要資訊，雖然少部分已經
注意到互動中非口語的層面（如林靜萍，許義雄，民 82）。

　　除了直接以教室互動為主題的研究外，從作者提供的關鍵
字搜尋到的文獻裡，有些研究是透過師生互動的幾個層面來探
討他類主題，如謝臥龍（民 85）以前測－＞師生互動行為之觀
察－＞後測的方式，來探討幼稚園的教學對學前兒童性別概念
之發展的影響。他以課堂活動觀察登錄表來記錄師生互動行為，
而這個觀察表記錄的層面包括：一、個人互動（教師指定某位學

生回應），團體互動（教師發言但無指定受話者）；二、分類：將教師關於教具的話語分為示範（教具用途）、問答（一般問題）及分配（教具）三類，三、性別（男、女或不明）（頁 25-26）。對這個觀察表的分析則是以統計每項行為進行之次數的方式來進行，如，計數教師針對某種玩具與學生的個人互動共有幾次、團體互動共有幾次、在個別互動中對男、女學生說話的次數、教師提問的三類行為總次數與分布情形等。在這樣的研究裡，研究者是將「老師對學生說了話」這個現象抽離互動情境，來界定師生互動的發生。另外，有些研究是將師生互動視為探討範疇較廣之主題的一個層面。如游淑燕、林淑玲和楊淑朱（民84）比較幼稚園專家與生手教師教學表現時，探討的層面包括：兩種教師教學計畫與教學目標的擬定與實施、教學內容的選擇與組織，教學方法與教學評量的實施方式與其他有關教學的看法（如與家長溝通、教師對工作壓力來源的知覺等）。在這項研究裡，研究者將師生互動看為教學方法的一個層面。從研究結果的呈現看來，師生互動似乎是指涉師生雙方的身體與心理距離，以及師生雙方相互的影響。例如，「在師生互動方面，一號生手教師認為：師生間的距離很近，在教學生活體驗中發現教師本人的情緒會影響幼兒的情緒。」（頁 36-37），「二號生手教師發現，師生互動上，幼兒會主動和她說話接觸，」（頁43），「師生互動方面，……三號專家教師會運用肢體接觸或自製獎勵卡、教具等，顯示教師的關愛之情。」（頁54）。

從上述的趨勢看來，國內關於教室互動的研究，雖然方法上已有較多的取向，但是關注「語言使用」與「使用之脈絡」兩者之互構歷程的研究仍屬少數。第一節裡提及的理論，和國

內的教室互動研究似乎還沒有發生明顯可見的互動。當然，各
種理論都有引發研究、繼而改變實務的潛力；而實務也有修正
理論的潛力。第一節裡提到的社會互動論述也只是眾多理論之
一而已。不過，我認為這些論述對教室互動的啟發實在值得進
一步地多方開發，因為這些論述對知識與學習之本質提示的洞
見，正是教育改革的各項提議期望觸及的核心。此外，這些理
論也和質性研究裡的建構派典有契合之處。以下，我將以第一
節的討論為背景，探討將社會互動論述提出的原則運用在教室
裡時，對教室互動研究與教育實務的啟示。

第三節　教室互動、知識與學習

　　Cazden（1988）認為，因為「教育的目標是個體內的改變及
學生的學習，我們必須考慮到教室中說出的話是如何影響了教
育的結果：也就是研究可觀察到的教室言談，如何影響每位參
與者內裡無法觀察到的思想歷程，如何連帶地也影響到學生學
習的性質」（p. 99）。我認為教育的目標除了學生的學習與個體
內的改變外，從上節的討論看來，教育的任務還應包括與社會
文化進行不斷的協商，以回應（甚至引導）社會文化的變遷，持
續地為教育、知識與學習塑造新義。也就是說，發生在教室內
的互動，其實和教室外的社會也應該是一個持續辯證的歷程。

　　在教室互動的文獻裡，Vygotsky 的理論最常被引述的一個
概念便是「趨近發展區間」（"Zone of Proximal Development"），因
為 Vygotsky 使用這個概念來直接說明社會互動對學校學習的重
要性。根據 Vygotsky（1978）的定義，趨近發展區間是指兒童的

「實際發展層次」（獨立作業時的表現）以及「潛在發展層次」
（在成人引導或與較有能力之同儕合作下的表現）之間的距離（p.
85）。這個說法不但為人際間的互動轉化成個體內的發展提供
了一個具體的圖象，也對成人在兒童學習與發展過程中的角色
提出了更正向與積極的界定。這個假說界定兒童得以發展的學
習情境乃是一個社會情境（至少牽涉到兩個人）。在這個情境裡，
兒童不是靠著自己，也不是靠著他人提供的成套安排，而是「和
成人或同儕一起」在一個超越兒童個人能力的區間裡學習與發
展。在學校這個情境裡，這個假說常被用來解釋師生間的教與
學，即，如果老師能夠提供適合的引導或安排學生彼此合作，
就能幫助學生進入這個區間，使學生透過學習，向更高的層次
發展。Litowitz（1993）認為，如果將學習看成是某些知識由外
轉入內的歷程，這說法其實與行為主義或模仿楷模的觀點沒有
太大的差異。真正使得 Vygotsky 對學習的解釋與眾不同的是他
對於老師與學習者之互動的強調，特別是關於趨近發展區間的
假說。但是，Bruner 與 Haste（1990）提醒我們，如果我們把趨
近發展區間中提及的「社會性」（social）窄化地詮釋為「人際
間」（interpersonal），而不是上述提及的社會歷史與文化的層
面，那麼還是不能跳脫將發展視為由個人達成、自動化之歷程
的想法。我們要如何運用這個假說來解釋學校裡的學習現象呢？
將社會性詮釋為較廣的社會、歷史、文化脈絡時，在實際的學
習歷程裡，究竟要注意些什麼呢？

　　趨近發展區間的概念其實隱含了兩個對老師與學習者之動
機的認定。一是較有能力者（老師或其他成人）要解決問題而且
要教導生手如何解決問題。二是學習者想要漸漸地擔任原先由

成人扮演的角色，而不只是被成人引導。Litowitz（1993）對這兩個認定表示懷疑：難道老師（或其他成人）天生就有想教的趨力？難道兒童（或某項工作的生手）都有照著某些較有能力者的方式來解決問題的內在需要？他也指出，現有關於成人如何幫助兒童在趨近發展區間學習的研究似乎勾勒出一個個老師教、學生學的順暢景象，卻很少質疑師生雙方的正向意圖與此種學習歷程的有效性。簡言之，Litowitz認為兒童並不是想要設法精熟某項工作才涉入被引導的學習，而是因著「想要成為某個成人的慾望或是成為某種成人想要兒童成為的人」（p. 187），才願意進入被引導或幫助的學習情境。我認為，還要注意這種想要或不想成為他人的慾望是如何在互動中，如何在當地的文化脈絡中被建構出來。也就是說，老師在安排教室內的互動組織時，不只是要思考，透過互動究竟是要學生做到什麼、建構出什麼，還要考慮，我們究竟是希望學生在參與教室裡的社會互動後成為什麼樣的人。

　　其次，我們必須關切教室內的互動對知識與學習建構出何種意義。在探討言談對教育的功能時，除了趨近發展區間外，「鷹架」是另一個常被引述的隱喻。它指的是較有能力的成人（或老師）和生手（或學生）互動時扮演的角色，或是在過程中提供的支持。這種支持的重點是：一、隨著學習者的情況時時調整，二、學習責任漸漸轉移到學習者身上，以及，三、常有一定的形式但並不至於完全封鎖學習者的回應空間。例如，Palincsar與Campione（1993）提到，互動式的教學運用四種具體策略（包括提問、摘要、澄清與預測）來支持學習的互動情境。也可以說，如果把言談看成鷹架，鷹架即是在趨近發展區間內成人

所提供的支持。在教室裡的學習,無論是用趨近發展區間或是鷹架來看師生互動的歷程,我們都必須注意:學習並不是指涉學生將老師的引導全盤內化的歷程。Vygotsky 所說的內化並不是外在的、人際間的話語與行動原封不動植入個體內的歷程。如果是如此,那麼學習無異於模仿,知識無異於一有固定內涵之客觀實體,這樣一來,我們將無法解釋發生於互動中的思想轉變與跳躍。內化不是一個將某些知識內容移轉入內的歷程,而是一種知識由社會情境到個體內、由外及內的形成歷程。Litowitz(1993)認為,內化之後除了認知結構與心理功能改變外,「師生互動的角色以及關於知識所持的對話立場」(p. 191)也會影響到內化的內涵。就像 Leont'ev(1981)所說的,「內化的過程並不是把所有的外在活動轉移成預存的內在『意識空間』,而是這個內在空間形成的過程」(引自 Cazden, 1988, p. 108)。在知識與心智力量的形成歷程裡,老師組織與安排的互動與老師的角色,究竟會使學生對學習與知識建構出何種意義呢?

　　鷹架的隱喻雖然提醒我們,師生間的言談能夠漸漸幫助學習者獨立承擔學習的任務,但是如果老師的口語引導只是用來提示學生說出預期的答案而不是獲得瞭解,那麼,即便學生能夠獨立承擔某項工作,他對學習與知識將建構出什麼樣的認定呢?所以,教室互動的研究雖然是以可觀察、可記錄的話語為主要的資料,卻不應該將其視為唯一的資料。我們必須關注的是,教室內的互動形式、互動內涵、互動者的角色與認定是如何在較直接的班級文化中建構出學習與知識的意義,而這些建構又與較間接的社會文化脈絡有何關聯,如,社會文化提供了哪些資源,哪些詮釋架構,或造成了哪些侷限。這也就是我以

創造討論來回應教育改革理由——在師生能力、權力與權利明顯不平衡的教室裡，討論是一種最有可能為學習與知識創塑出適切涵義的互動現象與情境。

　　但是，教室裡的學習不必一定都要以討論的方式進行，討論並不是唯一有效的教學方式。而且，傳統的上課講述與討論的發生常常是瞬間的轉換（蔡敏玲，民84，12月）。討論情境雖然得之不易，但是一旦發生了，學習者的角色與對知識的認定卻最有被改造的潛力。討論是什麼呢？在現有的、質化取向的教室互動研究裡，我們很難看出研究者使用「討論」這個語彙時指涉的意義。例如，方淑（民86）以下列這段話語來做為研究中的「陳老師以『對話』方式教學，讓學生經由共同討論與思考，主動建構知識，老師引導學生逐步推理，找到預期答案」的例子：

師：上廁所要結伴（指著圖畫說），為什麼要結伴？
生：有壞人。
師：舉手發言。
生：為了安全。
師：不只上廁所要結伴，很多事情最好都結伴，不要落單。
　　因為廁所是一間一間的，所以更需注意。
師：殘障專用廁所不搶用。（同學跟著覆念一次）學校有沒
　　有殘障專用廁所？
生：有，在最後一間。
師：舉手。不要告狀，不要告別人的狀，應該怎麼使用？
師：因殘障人士無法蹲，所以不要佔用。但若見無人使用

　　　　時，可以用嗎？

生：可以。

師：最好不要，以免上到一半，殘障人士進來，你就佔用
　　了。（OB851206）

（頁68-69）

　　在這段對話裡，討論發生了嗎？問答交錯並不一定會形成
我所以為的討論；而我所以為的討論也不是以導出「老師預期
的答案」為目標。

　　Cazden（1988）認為，在「真正的討論」（"the real discussion"）
中，學生不是被動地說出老師已有預設內容的答案，而是和老
師或同學一起探索（或說建構）連老師也沒有標準答案的知識。
「學生探索想法而不是針對老師的問題提供答案，然後接受評
量；在【真正的討論中】，教師說話的時間少於一般所佔的上
課三分之二的時間，學生相對地說得較多；學生自己決定何時
說話，而不是等著被老師點名回答；在【真正的討論中】[2]，學
生直接對彼此說話」（Cazden, 1988, p. 54）。在這樣的討論中，
學生因為對某個主題的自發興趣而主動涉入深思的過程，學生
和老師有較均衡的發言權利，學生和老師的引言都不是最後的
成品，而是在討論過程中，接受挑戰，質疑或修正。在此種定
義的討論情境裡，我們可以看出老師和學生的發言地位與機會
都較為對等，學生說話的自主性較高，而知識則是在不斷地建
構與修正過程中朝著更精緻、更豐富的方向進展。就像質性研

---

[2]　【】是表示為了譯文通順，由作者根據原文的意思加上的話。

究的建構派典對所欲認識的世界與認識者所持的立場：現實多
重而非單一，知識嵌在情境中生義而非普遍真理，研究者與所
欲瞭解之世界（包括人與現象）藉由不斷地對話與互動來建構瞭
解。而且，Guba 與 Lincoln（1994）指出：「這些建構受制於永
遠的修正。在對話的脈絡中，當不同的建構被並置對照時，改
變最容易發生。」（p. 113）。我就是這樣期望教室裡的討論能
帶動對知識與學習之認定的改變。因此，這個研究不但在主題
上以討論為焦點，在方法上，也期望透過討論不斷前進（詳見
第三章）。

　　此外，在教室互動這個溝通系統裡（或說班級文化），老師
主導的活動和學生自發的活動總是同時存在。兩者之間雖然同
步存在，卻不見得和平共處。Tsai（1993）發現學前教室裡，當
說英語的老師在帶領團體活動時，學生間以母語進行的私下談
話雖然常能幫助彼此瞭解課程內容與活動程序，卻也會因為干
擾了教師主控的言談結構而導致老師對學生的誤解，甚至發生
衝突。師生互動與同儕互動雖不見得能和平並存，卻都有潛力
幫助學習。如，錢清泓（民85）發現在本土語言的學習過程裡，
同樣是一人和另一人之間的互動，上課時的師生談話和下課時
的同儕談話卻對某些不諳閩南語的學生產生迥然不同的教學效
果。此外，不見得能與老師主導的活動和諧共存的同儕互動，
常能顯示出學生的需求。例如，陳秋月（民 83）發現二年級的
學生會藉著接續或齊聲抗議的方式，「試圖改變老師原定的教
學目的，滿足他們『好玩』的需求」（頁 189）。就像 Cazden
（1988）所說：「每一個教室都由兩個相互滲透的世界構成：一
是老師計畫的正式世界，另一則是同儕文化中的非正式世界」

（p.150）。Cazden（1988）強調同儕之間的互動至少具有四種認知上的功能：「觸媒」、「互補角色的具體呈現」、「活化與聽眾的關係」，以及「進行探索性的話語」（p.126）。同儕互動當然還有社會功能。重要的是，老師在正式活動中對待同步發生之同儕互動的態度，是示範、鼓勵、容許或是禁止，將直接影響同儕互動的可能性與品質，間接地也可能導致學生建構出對知識與學習的某種看法。而Cazden（1988）所謂的討論發生時，學生通常能自發地相互對話，而不是等候老師點名才被動回答。這樣的說法使我格外期待能看到教室互動裡發生學生間交叉討論的情境。

　　以上兩節指出：如果將社會互動界定為某文化脈絡裡所有可能發生的記號使用活動，觀看社會互動時，不論研究主題是什麼，一方面要注意互動者的意圖、她（他）們對互動賦予的意義，另一方面必須關照人、互動與文化間的永遠不止息的辯證關聯；教室互動的研究亦然。從這樣的思路脈絡來看，讀者便可以明白我選擇的研究主題同時也是我的研究方式——在團體互動中創造討論，這個焦點在理論上是根源社會互動的論述給我的啟發；這些啟發不但影響我探究教室互動的方式與關注層面，也使我對於教育現場團體互動的改造充滿期盼。國內的研究對小學與幼稚園的團體互動有什麼樣的發現呢？

第四節　團體互動的相關文獻

　　國內在幼稚園與小學層級的實徵研究裡，幾乎沒有直接以團體互動為探究主題的研究。第二節裡提到的幾個以民族誌或

質化研究進行的教室互動研究全是以小學教室為主要的現場，多數以上課時的師生互動為觀察的主要層面之一。因此雖然並不是以團體互動為主題，從這些研究裡也可以看到對小學教室中之團體互動的描述與分析。幼稚園方面則有陳雅美（民 84，民 86）以團體活動為主題，評估教師與實習教師在這些活動中管理秩序的技巧。此外，在幼教專書裡，許多幼稚園老師分享各園建構課程的過程時，也提到了團體討論的功能。

一、小學教室互動的質性描述

在上述以小學裡的互動為主題的質性研究中，大致可以看到下列幾個類似的層面：

㈠觀察的範疇

研究者多半觀察各科教學，而非某一科的教學。即便研究者的研究重點只是某種課〔如，錢清泓（民 85）分析「本土語言課」〕，仍以各科教學的觀察做為詮釋的脈絡。雖然研究者多半表示以上課場景為觀察焦點，但也依主題不同而對下課時的同儕互動投注不同程度的關注。如陳秋月（民 83）探究國小二年級兒童的言談世界，她的觀察就包括了上課與下課兩種情境的言談。蔡敏玲（民 85）對國小一年級學童互動模式的觀察涵蓋了上課與社區中的遊戲兩種互動情境。孫敏芝（民 78）的研究地點雖是「以教室為主」，但也「輔以教室外的觀察」，她在下課時積極加入兒童在操場、樹下、走廊等地進行的遊戲，

「以瞭解兒童間的交互作用」（頁82）。錢清泓（民85）雖以本土語言課為主題，但「同學下課之間的活動情形」（頁32）也是蒐集的資料之一。

㈡對互動的描述

這些主題不同的研究都觸及對上課場景的描述。從這些呈現風格互異的描述裡，我們還是可以看出小學教室互動裡的三個共同特徵：

1. 老師對互動的控制

從這些關於教室互動的描述看來，老師對學生上課時發言與參與的控制似乎是大多數教室裡的日常景象。例如，孫敏芝（民78）的研究裡有這樣的一段描述：

> 上課時，李老師發問後會分配回答機會給學生，未經她同意就發言的兒童常會受罰，兒童便逐漸學會高舉右手大叫：「我！我！」來爭取發言權。若李老師已指名某生作答，而他回答錯誤，老師便將回答機會賦予他人；若學生未經李老師同意而說話，且內容不中肯，李老師會認為他擾亂秩序而加以處罰（頁89-90）。

孫敏芝因而說：「最適當的表現是：上課安靜聽講」（頁90）。這種控制學生發言的策略不只是出現在這個有63名學生的班級裡，在其他研究裡也有十分類似的描述。錢清泓（民85）

研究中的李老師「訂定並控制所有教學活動進行的互動規則，且不時地以國語或本土語言提醒學生『要講話，先舉手』，無形中強調同學說話的權利是由老師賦予的」（頁143）。在陳秋月（民83）歸納出的三種參與架構裡，有一種是「教師主控的參與架構」，在這個情境裡「只有李老師擁有自由發言的權利，學生必須得到李老師的認可才能擁有發言的權利」。在這樣的情境裡，「兒童的聲音和肢體的活動都受到限制，李老師要學生扮演無聲、順從的角色，聽從她的規定，她極力維持『一（師）對一（生）』的溝通形式。如果學生在這時候反抗老師，通常很難避免李老師的懲罰」（頁188）。類似地，蔡敏玲（民85）研究中的陳老師「強調凡事要以『老師說……』為指導原則，……對於違反規定的學童，則以十分嚴峻的語氣與肢體動作（如捏耳朵、敲頭）提醒」（頁148）。似乎真如錢清泓（民85）所言：「以直接的口語行為來強調互動的權利與義務關係，似乎是台灣小學老師教學文化的特色之一」（頁144-145）。

與上述推論並不衝突但值得注意的是，有些研究也注意到老師除了控制發言權外，也十分積極地鼓勵學生參與上課的活動。如許惠子（民83）歸納出「洪老師在同學吵鬧或講話上的回饋資料最多」（頁100）；但這位洪老師「在上課當中，時常鼓勵同學上課發表意見，甚至盡量讓每一位同學都能發言，參與上課」（頁94）。

2.討論在小學教室裡極為少見

老師對互動的高度控制，導致雖是老師與全體學生互動的情境，但因說話的權利由老師全面決定，因此常看到老師與某

位被指定回答之學生互動的情形。一問一答的互動方式，幾乎是這些研究裡最普遍的師生互動形式。討論之少見因而可以預期。錢清泓（民85）描述研究中僅出現18秒的「師生會話」為難得一見。他將討論定義為：「在學生回答後，不單只是老師個人做評示，他更開放給其他同學，讓他／她們有機會表達自己對這個答案的意見」（頁109），而這樣的討論在他長達一年的觀察歷程中也只出現過一次（頁110）。

討論出現的次數如此之少，除了因為老師對說話權利高度控制外，也如前述，因為**研究者對討論的定義並不明確**。例如，方淑（民85）表示：「一年甲班教室的教學氣氛，在老師上課時，以一問一答的方式教學，呈現出以學生為中心的雛形」；但當教學氣氛過於活潑時，又「必須服從老師的權威，使班級秩序得以收斂，……班級氣氛則變成『以老師為中心』的模式」（頁112）。**「老師問學生答」是這些研究裡最普遍的互動形式，但這樣的互動會導向以學生為中心的學習嗎？**單文經（民82）把這種以「問答練習」的方式進行的教學活動——"recitation"譯為「複誦」，指的是大班教學時，由老師指定個別學生回答有預設內容的問題，並加以評量的活動。我認為這種有預設答案的複誦其實是以教師為中心的一種互動。從方淑用來說明討論、對話之發生的例子可以看出，她對討論的界定與本研究對討論的界定有所不同（見本書頁31-32）。

3.學生對控制的知覺與回應

討論很少發生，學生說話的機會不多；但這些研究卻也顯示出國小學生多半知道老師的期待，有些學生默然接受，但也

有些學生極力爭取發言的機會。孫敏芝（民 78）認為研究中的一年級學生「大都知道老師對他們的要求與期許，也知道老師喜歡什麼樣的學生」（頁 118），這樣的知覺也影響了這些學生與老師互動時的心態與姿態。陳秋月（民 83）研究中的二年級學生和錢清泓（民 85）研究中的五、六年級學生也都能知覺老師的期待與目的，進而企圖改變老師設定的言談內容，或發展出與老師主導之活動同步存在的同儕言談。比較不同的是方淑（民 86）研究中的一年級學生。這個班級的老師也以類似上文所述的方式控制發言權，但方淑認為這種管理方式是「亂中有序」（頁 102），而「學生們對於老師的彈性領導，是絕對遵從的，不會對老師的命令提出任何的質疑與不悅」（頁 121）。方淑認為這些學生具有「天真、順從的特性」，對老師的教導不反彈，有助於他們「追求知識的過程」，而且學生「多數能遵從教師的信念與期望，盡力達成『主動學習、自律自發』的生活習慣」（頁 127）。

　　我認為，「學生絕對順從老師」和「主動學習」這兩種現象本質上是矛盾的。從這些研究文獻看來，我得到的印象倒是，某些學生學會了順從老師，卻不曾真正主動學習。我們是不是應該思考，在大多數老師高度關注如何有效控制互動秩序時，這些行動究竟是幫助了學生的自主學習或是反成障礙？

二、幼稚園的團體活動與團體討論

㈠團體活動的秩序管理研究

陳雅美（民 84）也是以秩序管理技巧為主題來觀看幼稚園的團體活動。她從團體活動在幼稚園裡的普遍性，以及團體活動在每日作息中所佔的時間量兩方面來指出：「團體活動的實施對於教師及幼生影響甚為深遠」（頁129）。基於教授「教學實習」時，發現實習教師能否掌控全班幼兒的秩序成為她們「試教實習的成就感或挫敗感的關鍵」所在，因而認為「探究幼稚園教師團體活動秩序管理技巧必能幫助實習教師或資歷較淺的幼教教師在實習試教或實際教學上跨出穩健成功的第一步」（頁126）。雖然如此，陳雅美也表示秩序管理技巧「並非幼教教師應該習得的首要專業教學技能」，如果活動設計得宜，吸引幼兒的參與，「教師自然而然不會有秩序管理方面的困擾」（頁126）。不過，她又指出，因為幼兒的特性，有時即便教師正帶領一個十分有趣的活動，幼兒也會說起話來，「而教師一張大嘴巴又怎能說得過二、三十張小嘴呢？」（頁 126）在這些時候，陳雅美認為還是需要適切地運用秩序管理技巧，以便時活動能順利進行。她因此以自編的記錄表，請實習教師在集中實習填寫，繼而分析這些資料中顯示的管理技巧類別與來源、管理技巧的使用情形和使用滿意度、以及這些技巧使用時的團體活動內容與形態。

　　我認為，教室裡的互動規則是必要的，但是當實習教師以自己能否有效「掌控全班幼兒的秩序」來衡量試教或實習的成敗時，我卻會有不同的回應。不諳幼兒與實習輔導教師之互動歷史、互動方式與幼兒個性的實習教師，要能快速地與幼兒之間發生順暢的互動實在是件難事，但是告訴她們學習如何使用技巧控制場面的同時，更重要的是幫助她們瞭解問題的癥結與脈絡，而不是僅僅告知快速解決當前問題的技巧。誠如陳雅美（民 84）所言，活動本身若是能吸引幼兒，老師自然就無須擔憂秩序的問題。如果活動進行中，幼兒紛紛說起話來，除了思考如何幫助老師有效的控制局面外，是不是還能有其他的方向來看待這樣的現象呢？對這些秩序管理技巧的滿意度分析以及另一項研究（陳雅美，民 86）裡對秩序管理技巧有效度和適合度的分析，顯見是從教師的角度來衡量；我想問的是，有效的控制住場面對老師與學生各有什麼樣的意義呢？

　　上述這兩項研究以及我的教學經驗都使我體會到，規則的維持對活動的參與者而言是相當重要的。但是長程地看，這些規則如何影響幼兒與老師對學習之意義的建構？思考這項議題的重要性應該也不下於運用有效的策略來控制互動場面的行動。

(二)團體討論與幼教課程發展

　　過去十年，以幼稚園教師發展課程經驗與理念分享為主要內涵的書籍裡，可以看出團體討論在各種課程裡都扮演著極重要的角色。不同於前述研究文獻裡所顯示的，這些幼稚園裡的各種討論幾乎是時時發生的。有趣的是，這些以經驗分享為目

的的書籍裡，卻很少提及互動秩序與規則的議題。以下的探討依出書年代先後來整理。

　　由高敬文（民83）在1989年完成的「發現學習教師的教學設計歷程之研究」裡，透過對十三位成長兒童學園教師的訪談，記錄並整理出這些教師對課程誕生歷程的回溯與看法。其中，柯秋桂與其他六位老師描述了民國75年時的教學狀況，其中也提及團體活動。她們界定的團體活動是：「幼兒們聚在一起，共同分享學習經驗的同一個活動」（頁14），她們並根據成員與目標的不同，又把團體活動細分為全園師生在一起的「大團體時間」、兩班合在一起的「班級團體時間」、以及各班自己的「團體時間」。「大團體時間」由創園時期以讓全園師生互信為目標的每天相聚，漸漸演變成與兒童劇場活動配合的每週一次。活動內容包括「簡單的韻律體操活動、全園角落內容介紹、一般性的常規介紹（例如：上廁所的方法）、唱歌等等」（頁15）。兩班一起的團體時間則以增進參與者的互動為目標。老師們認為團體活動在這個幼兒園的「課程推動上，可以說是扮演著『溝通整合』的角色」（頁15）。除了這個統整性的說法外，這群老師多半表示，她們是透過對幼兒的細密觀察來掌握幼兒的興趣與需要，並以此做為衍生課程的依據；至於各類的團體活動或團體討論在這個過程中的具體角色，並沒有交代得十分清楚。

　　雖然這些教師的敘述與高敬文的分析裡並沒有以團體討論為焦點，但是仍然可以稍稍掌握到，成長學園各班的團體討論在這些教師的專業成長歷程與課程發展過程中，必然有一定的位置。如，有位老師提到了她在帶領新班時心境上的轉變以及

運用團體互動的情形。她原來的做法是刻意安排認識老師、認識環境、工作人員等課程，「讓孩子不致因害怕而產生一些情緒」（頁53）。後來，她覺得「應該讓孩子自己去摸索、調整」（頁52）。因此「便讓孩子自己去碰，等孩子情緒出來後，再作團體互動討論。透過討論，讓孩子學著接受自己的情緒，並且知道怎麼去安排、調整自己」（頁53）。除了運用團體討論來配合自己改變的帶領方式，這位老師原以為團體互動討論要在中、大班才能進行，但這個體驗使她發現「小班也可以做，而且效果也滿好的」（頁53）。更為與眾不同的是，成長兒童學園的團體互動除了是各班課程誕生過程裡的重要活動外，它也是全園、班與班之間互動的重要活動，也就是說全園著重社會發展的理念確實地藉著各類型的團體活動來落實。

　　劉玉燕（民84）和七位佳美幼稚園的老師分享了她們的「主題教學」衍生、實踐與變化的歷程。從老師的描述裡，可以看出主題的產生多半是老師基於各種時段裡對幼兒的觀察而產生的。團體分享時間常是幼兒將各種想法說出的情境，這樣的互動也影響了緊接著進行的分組活動內涵。也就是說，分享本身是一種完成（將各種想法轉化成話語表達出來），同時也仲介了後續活動的方向與內涵。就像劉玉燕所說的，「角落、分享、團體活動之間是環環相扣，彼此相輔相成」（頁146）。劉玉燕歸納出這種分享討論的三項主要內涵：A、分享角落玩出的內容；B、補充角落材料；C、激發情境設計（頁180-188）。在這種全班幼兒都參與、歷時約15分鐘的分享討論裡，老師多半提出開放式的問題，邀請全班貢獻想法。在這樣的過程裡，老師雖然提出建議，但卻將最後的決定權留給幼兒，或是老師跟著幼兒

的回應方向，但繼續提問，以豐富活動內涵或增添細節。它的主要功能約有一、「整合全班小孩的學習經驗」；二、幼兒得以分享經驗；三、幼兒能夠發展進一步的構想；四、老師可以瞭解幼兒的想法以做為引導後續活動的依據（頁180）；五、共同解決互動組織（如，太多人想進行某項活動）或活動中的具體問題（如，彈珠滿教室滾來滾去該怎麼辦）。整體而言，這些討論不但能將正進行的主題深化，聯繫各活動或角落的內涵，常常也是下一個主題產生的互動情境。值得注意的是，除了在全班參與的分享時段外，老師與一位幼兒或是老師與一群幼兒之間的討論幾乎是時時進行著的。這些散佈在各角落與各時段的討論也具有上述的功能。老師除了在全班分享時段接受幼兒的提議發展主題外，這些零星但頻繁的討論也是老師蒐集與瞭解幼兒想法，以建構課程的重要情境。此外，佳美幼稚園的老師在下午的時段也有教師間針對園內教學與幼兒行為而進行的討論活動（頁144）。

師大附設幼稚園的萌發課程裡，老師與幼兒的對話，以及團體分享討論都與佳美幼稚園的主題教學有著類似的形式與功能。同樣地，這些全班或老師與一位或一群幼兒間的討論也與主題的萌發息息相關。如，在討論的情境裡，老師和其他幼兒都只做提議，而由全體幼兒舉手表決下一個主題。老師在互動中拋出開放性的問題或參與遊戲來「引導」幼兒走向更「複雜、豐富、層次又高的表現」等（頁69）。廖鳳瑞（民85）歸納出共同分享與討論的兩項功能：一、「使幼兒的經驗不流於浮泛」；二、「提醒教師要再提供什麼材料以延伸及擴展幼兒第二天的活動」（頁81），也類同於上述我對佳美幼稚園團體分享討論

之功能的整理。

　　此外，簡楚瑛在民國 83 年出書引介的方案課程，也同樣地看重討論在課程發展中的位置。簡楚瑛（民 83）在說明方案課程之實施程序時，就表示：可以更明確地訂出主題探究範圍的主題網，「可以透過團體以腦力激盪方式發展而得」（頁 29）。在介紹方案課程的活動形式與內容時，討論也不斷地穿插在各類活動中，以聯繫學生的既有經驗和當下獲得的新經驗（如觀看錄影帶、照片）；統整活動經驗並共同決定活動規則（如跳遠後討論與說明跳遠規則）；擬定後續活動與互動組織；幫助學生對已進行之活動進行再建構等（可參見簡楚瑛，民 83，頁 37 的實例說明與頁 48 的課程規劃與流程表）。

　　從這些對國外幼教學程的介紹與台灣本土的幼教課程發展經驗來看，團體討論約有下列幾項功能：

1. 幼兒有將經驗轉化為話語的機會。
2. 老師能與幼兒一起統整幼兒間不同的學習經驗。
3. 師生共同構思正進行之活動的延伸方式與內容，或決定下一個活動的主題。
4. 解決發生在這一班的各類問題。
5. 老師從上述各種功能不同的言談中，初步瞭解兒童的想法。

　　這樣的整理幫助我更加看重團體討論在幼稚園中的角色，如前述，**團體討論**本身是一種表達的完成，但也仲介、開啟了**後續**的活動。兒童的經驗和課程的發展似乎在這些幼稚園裡發生的團體討論裡得到了互動與聯繫的機會。但是，這些討論與分享是如何地在老師與幼兒之間的互動中被建構出來的呢？寫

書的老師們對團體討論的意義或功能都有見解，但是團體討論對幼兒的意義是什麼呢？這些議題並不是這些書籍的重點，但我卻越發肯定仔細探究這個過程的重要性。

以上幾節的文獻探討裡，已經顯現我對教室互動之重要性所持的立場與理論依據，下節將說明觀看團體互動的整體方式和運用的構念。

第五節　研究架構與主要構念

一、研究架構

第一節提及的有關社會互動的論述指出，**意義創塑的起源、本質和過程都是社會性的**。也就是說，知識的建構，無論是建構的媒介（話語）或建構的歷程（互動）都是與社會脈絡嵌合的現象。因為話語的使用和互動所在的脈絡兩者之間有相互構成、互相改變的關係，要瞭解教師與學生如何在教室裡建構知識與學校生活的意義，就必須瞭解他們在教室裡如何使用語言來組織與參與互動，而不能將話語抽離它被使用的脈絡單獨分析。就像Mehan（1979）所說的：「教育的事實在互動中構成，因此我們必須在教育脈絡中研究互動」（p. 6）。

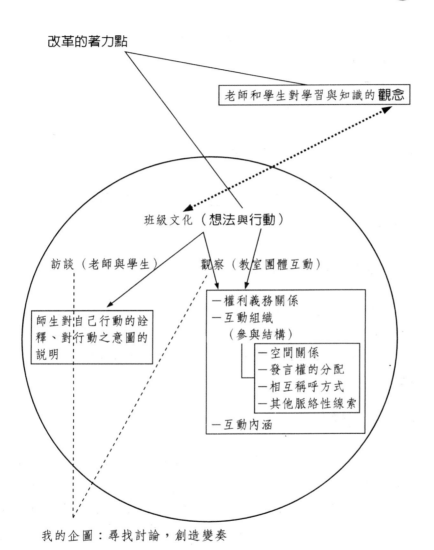

改革的著力點

老師和學生對學習與知識的**觀念**

班級文化（想法與行動）

訪談（老師與學生）　　觀察（教室團體互動）

師生對自己行動的詮
釋、對行動之意圖的
說明

—權利義務關係
—互動組織
　（參與結構）
　　—空間關係
　　—發言權的分配
　　—相互稱呼方式
　　—其他脈絡性線索
—互動內涵

我的企圖：尋找討論，創造變奏

圖19　研究架構圖

　　上頁的圖19簡要的表達出我在進入現場之際，對教室互動抱持的觀點。這個圖顯示，教育改革必須透過觀念與行動的改變來具體實踐。在繁複的教室互動歷程中，我帶著尋找討論發生的時刻，創造教室團體互動變奏的期望進入現場，以班級文化為主要脈絡（但並非關注的唯一脈絡），以觀察的方式來瞭解教室互動中師生的行動和行動的組織方式，以訪談的方式來瞭解教師和學生的想法和對自身行動的詮釋。期望改變了的教室互動方式與內涵能漸漸影響班級文化，進而造成師生對知識與學習之觀念的革新。

二、主要名詞與構念

　　第二節「國內外教室互動研究的趨勢」幫助我瞭解觀看教室言談的不同方式，同時也使我更加清楚自己是採取什麼樣的方式來界定與探討教室互動，以下是本研究使用的主要名詞與構念：

㈠節奏與變奏

　　「節奏」指的是，所觀察班級教室團體互動的慣常模式（包括形式與內容）；而「變奏」便是指不同於慣常的、改變了的互動方式。也可以說，節奏與變奏就是運用以下幾個構念來觀看與分析教室團體互動現象時，詮釋出的模式與變化。

㈡互動、教室互動與團體互動

1. 互動

　　構成互動之意義的要素除了口說語言外，還包括和口語同步發生的表情、動作、姿態、相對空間位置，以及附屬於口語的「副語言訊息」（"paralinguistic cues"），如音高、音量、語調等。前文已再三強調，互動與互動發生的脈絡是不能拆解的整體，在教室這個特殊的語言社區中研究互動，注意的層面還包括師生間相對的權利與義務關係、共享的班級文化和背景知識。關於脈絡，則請參見本節之㈥的說明。

2. 教室互動

　　根據上述對「互動」的說明，教室互動指所有發生在教室裡的互動現象。

3. 團體互動

　　就字面上的意義來看，團體互動原應指涉在多人參與的活動裡所有的互動現象。學校生活裡的團體互動情境很多，如升旗、早操、各類集會、表演活動、園遊會、上課、校外教學等情境裡，都可能發生團體互動。然而，**本書所聚焦觀察的團體互動情境**只包括三種互動情境：⑴一個一年級班級的國語課，⑵一個幼稚園班級的日記圖分享，與⑶同一個幼稚園班級的單元討論時段。

(三)討論

人可以和自己對話，也可以和自己討論；但本研究的討論指的是在一個人以上的團體之間發生的言談互動。即，在一人以上的互動情境裡，多人針對同一主題，產生多輪次的談話，而這些話語之間有意義上的聯繫、延展或開拓的現象。在各種輪替說話的形式裡（請參見(五)參與結構），從談話的過程中可能發展出新的主題。本研究探究的是教室中的團體互動現象，因此格外注意討論過程中，老師與學生的角色、發言權的分配、參與討論者之間的權利義務關係，以及談話內容如何建構等議題。在這樣的探究方向下，就內容而言，討論可說是一種探索的歷程，於其中，學生與老師或同學一起建構連老師也沒有標準答案的知識；就形式而言，學生不是被動地等著被指定發言，而是自己決定何時說話。就意圖而言，在討論裡，學生想要說話，而不是必須說話。

(四)課的結構

「課」主要是由話語構成的活動。從話語的功能來看，教室言談最小的單位是教師引言（teacher initiation），學生回應（student response），和教師評示（teacher evaluation），也就是所謂的IRE互動基本模式。Cazden（1988）指出，這樣的IRE三步驟程序是「各層級教室言談中最普遍的模式」（p. 29）。Mehan（1979）分析了Cazden到小學教學的上課實況，發現教師的評示（即E）不一定在學生做了回應之後立刻出現，它通常在某一

主題結束時出現。因此,他將某個主題之下,IRE 的組合稱為
「主題相關組」(引自 Cazden, 1988, pp. 39-40)。好幾個主題構成
一堂課的某個階段,階段則構成課。如果一堂課可以簡要地劃
分為 Mehan(1979)所說的開場(opening)、教學(instructional)
與收尾(closing)三個階段(引自 Cazden, 1988, p. 39),我們可以
用以下的圖來表示剖析課之結構的一種方式:

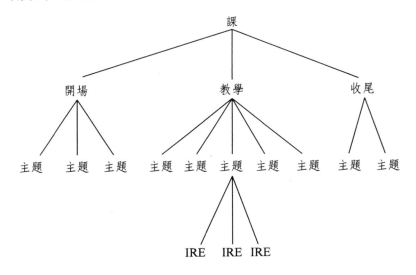

圖 20 課的結構

　　幼稚園的活動雖然不適合用其他層級的教育使用的「課」
來描述,但也還是充滿上述的 IRE 序列和主題相關組。所以本
研究仍借用此種剖析課的概念,來分析小學與幼稚園的教室團
體互動現象,觀察老師和學生的說話形式與內容如何構成(或
改變)課與活動。

㈤參與結構

Philips（1972）把在教師安排的活動裡，師生角色、權利義務關係、不同參與程度的各種組合情形稱為「參與者結構」（participant structure）。依照參與的人數，她從教室互動的觀察資料裡歸納出四種參與者結構的類型：

第一種：老師對全體學生的互動；
第二種：老師將學生分組，而一次只和某組學生互動；
第三種：老師接受全班學生與她／他進行個別的互動；
第四種：由學生自己帶領小組討論。

Erickson（1982）把這個構念稍做修改，更名為「參與結構」（participation structure），因為他認為在複雜的「參與」過程裡，除了參與者人數的變化外，還有許多層面會影響參與的內涵與意義。Philips（1972）、Erickson（1982）和Mehan（1979）所提出的參與結構和言談單位當然不可能全然涵蓋教室互動所有的情況。比如說，Au（1980）從她在夏威夷KEEP學程的閱讀課所蒐集的觀察資料整理出九種參與結構。她的歸類將Philips的四種參與結構類型做了更細微的剖析。

以上的分類都是從老師主導的角度來看互動。其實，在老師進行各種活動的同時，學生們永遠有自己的活動或計畫「暗地裡」或「公然地」進行著。而各種參與結構也可能以交錯的方式出現在同一個活動或同一節課裡。例如，陳秋月（民83）從國小二年級的188節課裡歸納出教師主控、教師副控與學生

主控三種參與結構。其中,由學生主控的參與結構多半是在原由教師主控的情境裡發生,而且「這種由學生主控的師生互動發生得非常迅速,稍縱即逝。老師和觀察者不留心注意,往往就會忽略這種言談互動的過程」(頁 149)。從學生的角度來看,雖然清楚老師在某個時刻對學生的期待,她/他們仍然有自己的事要進行、協商或互相知會。本研究關注的即是,當參與結構發生了變化,是否(如何)影響言談內容、師生的角色界定與師生權利義務關係的變化。

(六)脈絡(context)

互動的脈絡並不只是話語發生的物理場景或人的組合,「脈絡是由人做的事,在哪兒做,何時做所構成的」(Erickson & Shultz, 1977, p. 6)。定義它十分困難,但是體會教室互動的脈絡至少要掌握它的三個重要特質:

1. 脈絡在互動過程中由互動者(如師生)透過協商而共同建構,但也時時相互修改調整(Mehan, 1980, p. 131)。
2. 脈絡是持續變動的動態歷程。也就是說,脈絡不但在互動中不斷重構,也影響後續的互動。。
3. 不同層次的脈絡(如教室文化、學校文化、社區文化)相互交織重疊,盤根錯節,互相構成。

以上的敘述與圖表簡要地表明我在進行研究時對教室互動的想法與立場。這些想法在實地進入現場後漸漸地發生了變化,一方面因為在現場看到的現象使我加緊閱讀更多的文獻;一方

面也因為這些現象引發我思考文獻裡沒有討論到的部分。這些現象與本章文獻及後續文獻三者的對話將呈現於第七章。

第三章

研究歷程

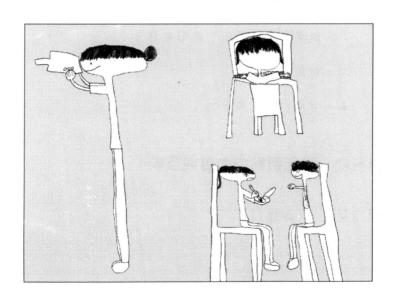

第一節　進入現場之前的準備與相關經驗

第二節　進入研究現場

第三節　研究者的角色

第四節　資料的蒐集、處理與分析

　　一、觀察：現場筆記、錄影與錄音

　　二、訪談

　　三、資料的處理與分析

第五節　多元觀點的並置與互動

第六節　故事簡介

　　「由於意義建構本身是一種互動的、脈絡化的文化行動，研究者不但必須從脈絡中詮釋行動者的行動，也必須知覺主觀在這個建構過程中的運作。在研究報告中因此必須清楚地交代自己塑義過程的脈絡：包括進入現場前所持的理論架構與觀點、進入現場的協商、與行動者的互動、與行動者關係的發展或改變、自己觀點的變化等」（蔡敏玲，民83，頁15）。Graue 和 Walsh（1998）也說，「我們可以知道的，本質上是和我們如何、為何觀看，以及我們如何與周圍的人互動緊密相連的」（p. 72）。我從這兩個教室裡所知道的、所學習的一切也是一個脈絡化的行動。我所扮演的角色和對這些塑義脈絡的書寫充斥於本書各處，如，為何選擇研究教室團體互動已在第一章說明，進入現場前、與研究中期所持的理論架構與觀點已在第二章說明。這一章的敘述只是把具體的行動與影響研究歷程中各項決定的想法提綱挈領地說明，其後的幾章也可看到我和現場師生如何互動、我的觀點與想法如何改變、以及我對研究者角色的再度省思。

　　這個研究是**一個集體塑義的歷程**，雖然最後面對大眾的報告文本是由我一個人撰寫，但是在歷時兩年的研究過程裡，除了我以外，一共有四位兼任研究助理（每年兩位，第一年是余曉雯與江淑萍，第二年是王瑞馨與鄭玉玲）參與資料蒐集的工作，另外兩位兼任研究助理（每年一位）則負責處理研究其他事項（如報帳、採買研究耗材、列印相關文獻等）。從 1996 年 9 月到 1998 年 2 月，我和助理們進入一所幼稚園和小學教室，進行為期一年半的觀察、訪談、文件蒐集。1998 年 2 月後，只在蒐集額外資料（如，在撰寫報告時發現疑點）或進行訪談時才進入研究現場（如，訪談行政人員、請三位老師閱讀報告初稿），這段期間主

要的工作是持續地處理、分析資料，並由我進行報告的撰寫。在例行性的初步分析資料過程中，我和助理每星期或兩星期舉行一次小組討論，各自提出在現場的學習與疑問，共同討論，由我來決定下一個觀察焦點、處理資料的重點（如仔細轉譯的部分）、和訪談的方向。其間，我們和現場的兩位老師（一年級的陳老師和幼稚園的章老師）以錄影的教室互動實況為本，三人進行了兩次分享與討論。如第一章所述，最初進入現場的目的在瞭解兩個班級團體互動的參與結構與互動內涵，並期望透過和兩位老師對自己和別的班級之互動實況的思考與交互討論，能看到教室互動改變實際發生。這樣的預期，影響了蒐集資料和處理資料的方式。研究歷程的各個程序詳細說明如下：

第一節　進入現場之前的準備與相關經驗

　　除閱讀相關文獻、研究外，我在進入現場前的那一學期參觀了兩所幼稚園和一所小學教室中的互動實況，以便思考當時仍在構思階段的研究主題是否具有重要性與可行性。在這個研究之前，我曾在一所山區的原住民小學進行一年半的研究，主題也是互動模式。離開那個山區一段時日之後，以下這幅畫面一直還在心中：

圖21 一個山區學校一年級六人小班裡的一種教室互動情境

在一個只有六名學生的一年級教室裡，我看到這樣的景象：在老師不在教室的時候，拿著教鞭的班長演出日常老師嚴格控制學生說話權利的場面。這個研究提醒我：班級人數少並不見得就能夠發生鼓勵思考與討論的教室互動；而教室互動形塑的班級文化則體現在學生相互的對待方式上。

以下的兩個場景可以描述我在其他小學和幼稚園教室的短暫參觀得到的印象：

老師：奇怪，你們講話都不會舉手的啊？一點點聲音也就算了，
　　　那麼多人，嘰嘰喳喳！

圖22　一個市區小學六年級國語課的一種互動景象

　　市區的學校裡，也看到老師抱怨學生不遵守發言規則的景
象。面對為數眾多的學生，發言權的掌控似乎成了多數老師必
須要做的事。
　　下一張圖裡，我們看到一所私立幼稚園的團體討論時段。
從圖片中可以看出，在老師對圍成圈圈的全班小朋友說話的同
時，有兩位男孩在圈圈外說話：

圖 23　圈圈之外的同儕討論景象

　　從第二章裡整理的相關研究文獻、過去長程的研究經驗和一些短暫的參觀經驗裡，我得到的初步印象是：無論班級人數多寡，小學老師似乎都非常關注教室互動秩序的維持；相對地，幼稚園裡的老師對兒童在團體活動中的暫時游離狀況，心態上似乎顯得較為輕鬆。但是，短暫觀看可以看到的班級人數、教室環境與某次的互動現象並不能幫助我瞭解教室裡的互動如何建構出老師與學生對知識與學習的認定。這些印象使得心中那個「我必須要長程進到教室裡去」的聲音更加堅定。除了上述的場景外，我在其他幼稚園與小學教室的參觀或觀察都給予我幼稚園的教室團體互動比小學教室團體互動開放的印象。在探討幼小銜接的文獻裡，學者比較幼稚園與小學學習形態時，認為在教學方式上，幼稚園「沒有固定教本，老師自行編訂教材，進度自訂，採分領域或統整活動教學，多屬動態學習」；而小

學「有教科書，按課本及規定進度教學，採分科教學，老師講課，學生聽講，多屬靜態學習」，在班級氣氛上，幼稚園「較自由、活潑、時間壓力較小」，小學則是「統一學習、自律安靜、作息分明」（蔡春美，民82，頁671；盧美貴，民82a，頁220）。文獻和經驗裡得到的初步印象促使我決定同時尋找一個幼稚園教室和一個小學教室，以便能夠和兩位老師相互激盪對教室互動之想法。這時的我認為，幼稚園裡較活潑的互動方式「應該」能夠帶給小學一些啟發與，創造一些改變。

　　第一章已提到，1996年12月，我將這些經驗寫成「眾聲喧譁中，看誰在說話？——幼稚園及小學教室互動方式的節奏與變奏」一文，在教育論壇上和許多老師分享。會前與某些老師的接觸以及論壇上聆聽某些老師的分享讓我初步瞭解，老師在自己主導的活動中，極力維持對發言權的高度控制，無法接受「合法」發言之外的其他聲音，主要有幾個理由：一、吵鬧聲本身令老師覺得不舒服；二、學童討論的聲音會影響其他同學聽老師說話的權利；三、擔心學生私下討論的事和上課主題無關；四、課程的進度迫使老師常常必須中止與主題不甚相關的發言。這些看似普遍的擔憂在教學過程中會如何地影響教室互動與學習呢？學生們對這些互動中的控制又有什麼樣的感受呢？抱持著這些仍停留在表象層次的瞭解，我開始找尋願意接受長期凝視的小學和幼稚園班級。

第二節　進入研究現場

　　尋索願意被長期凝視的班級、老師與小朋友是在1996年暑

假快結束時進行的。盛暑之下，走訪了一家距離我的工作地點很近的幼稚園。過去曾在這家幼稚園參觀過，認為園裡的互動方式應有和小學老師相互激發的層面。當天正好遇見所有的老師在開會，我簡單地向老師說明研究想要瞭解什麼，怎麼進行，希望老師們考慮一下。也在場的教學主任表示園長出國去了，最好等到園長回來再說。

於是，先尋找可能的小學現場。抱著一線希望，我先在永慶小學新生報到當日到學校詢問進行研究的可能性。選擇永慶國小的主要理由是：它是一個十分「普通」的都市型學校，較可能有大多數學校裡可以看到的「一般」現象（但並非「一樣的」現象）——如班級人數多。另一個原因是過去在研究所修過我的課的一位小學老師在這個學校任教。我的想法是，由熟識的老師來引薦研究參與者應該會給予老師在考慮時較大的空間，較不會帶給她們無法拒絕的壓力。新生報到當日，我先在我的學生陳老師的班上觀察小朋友第一天接觸學校的情形。當天因為學校建議家長親自帶孩子上學，教室裡充斥著孩子們的父母或祖父母，我在人群中也不顯得突兀，現場的大人小孩或許以為我只是家長之一，專心地看著孩子上學的情形。報到結束後，陳老師帶著我拜訪了兩位她心目中的適當人選，兩位都是師院畢業的老師。

我說明研究目標與主要進行方式後，第一位老師表示自己的教學無甚可觀之處，而且也很「怕」有人到班上來作研究。她提及過去的經驗，表示曾到她班上輔導的兩位師院老師，兩人常因意見不同而爭執不下，讓她感到無可奈何。接受觀察對她而言似乎是不愉快的經驗，我想，包括我在內的研究者都應

該更小心省察自己在研究場所的出現帶給現場行動者的影響。離開了這位老師的教室，陳老師告訴我，另一位王老師有很多參與研究的經驗，或許可以試試看。這位曾經參與建構式數學教學實驗研究的王老師表示，她剛剛調到這所學校，長年與高年級的孩子相處，這是她第一次帶一年級，適應新環境加上面對不同年齡層的小朋友讓她感到壓力很大，但是願意考慮是否參與我的研究——終於浮現了一線希望。

　　幼稚園和小學老師兩者都懸空的情況下，加上研究所尚未開學，研究助理尚未找定，我於是決定先到陳老師班上觀察，以便稍稍認識小朋友初上學的狀況。

　　同時，我也在一個星期之內造訪那所私立幼稚園多次，但是都沒能見到園長。兩天之後，終於見到，卻是壞消息。園長聽了我的說明後表示：雖然她個人認為我的研究值得進行，但老師們平日忙碌，晚上又要參加進修，而且已經有另一名和這所幼稚園較熟悉的老師預備在該園進行研究，可能就無法參與了。失望之餘，我仍然在陳老師的班上繼續觀察，偶而也到王老師的班上觀察。我和兩位老師約定共進午餐，請她們在飯後閱讀我的研究計畫，並提出看法。王老師認為自己是屬於比較傳統權威型的老師，可能不適合這樣的研究。陳老師則表示，有人觀察她的教學完全不會干擾她，她說可能因為自己太投入，常常會忘掉教學以外的事。我一向深信，質性研究裡對於現象的瞭解與詮釋主要是透過人的互動，因此**行動者的意願**對於研究的進行而言，**應該是凌駕其他顧慮的最高指導原則**。基於這樣的立場，我於是選定陳老師的班——一年三班做為主要的研究現場之一。

　　幼稚園的難題仍在，陳老師問我為何不試永慶國小附設幼稚園？第二日隨即問了，兩個教室裡有個班級沒有人在，另一個班級的老師告訴我：「我沒有意見，園長說可以就可以。」第二日，陳老師聽了我的轉述之後，告訴我幼稚園的章老師（兼任園長）和她住在同一社區，彼此稍有認識，下課後便和我一起到幼稚園詢問章老師的意見。章老師首先問：「課程上要做什麼配合？」我簡單說明研究的方向與進行方式，告訴她不需要特別做什麼來配合我的觀察，「就照你們原來的樣子，我會先做廣泛的觀察，再決定討論的重點」（回溯筆記，1996-9-16）。就這樣，在 1996 年 9 月 16 日確定了另一個研究現場。得到兩位老師的應允之後，才在陳老師的介紹下，向校長說明研究的目的與進行方式，校長表示：「她們老師說好就好。」他唯一的要求是必須由我任教的師院正式行文到永慶國小。陳老師告訴過我，有一次，有位老師直接打電話詢問校長在該校進行研究之可能性卻遭到拒絕。校長當時的答覆是：「我們學校不做實驗。」（現場筆記，1996-9-12）

　　這一段尋找研究共同參與者的艱辛歷程，不但提醒我珍惜這樣的機會，幫助我稍稍認識這所小學和幼稚園接受外來者的方式；更重要的是，這些老師的回應，以及對其他研究者的感受影響了我在整個歷程中選擇的角色與行動方式。

　　選定了現場只是進入現場的一個起點，而「進入現場並不只是一個特定時間、地點的行動」（蔡敏玲，民 85a，頁 11）。進入一個物理空間之後，還需要持續的努力與機會，才有可能更深入、廣泛地進入現場的各種世界。在我進入現場一個月後（1996-10-12），正好舉行第一次的家長會。陳老師主動邀請我

對家長說明研究進行的情形；我於是問幼稚園的章老師要不要我也到場說明，但她說只要她向家長說明就可以了。當天研究所有課，向學生說明延後了半小時上課後，急忙趕到一年三班的教室，發現整個教室裡坐滿了家長。我在陳老師簡單介紹後，首先和家長道歉，表示自己在還沒和他們溝通前，就在教室裡觀察。「大家是不是覺得教育環境不盡理想？」我看到很多家長點頭。「在這樣的限制下，如果要等到體制上的大變革，恐怕要等很多年。在這期間，我們怎麼辦呢？不教書，不上學了嗎？～～～我想瞭解的是，在目前這樣的環境下，我們可以怎麼做，就是說，在其他條件還沒有改善的時候，也能創造出比較好的教室互動狀況。」我向家長說明看的是全班，如果將來將焦點放在某個孩子身上，會先取得孩子和家長的同意。同時也強調研究報告問世必然隱匿所有姓名，以保護老師和小朋友。家長們看著我，時而微笑點頭，我說完時，家長們鼓起掌來，使我感到有些意外。有幾位家長還問我，需不需要他們做什麼樣的配合；有的家長則問我目前有什麼結果（回溯筆記，1996-10-2）。未通知家長就先開始觀察的我，面對家長時心懷愧疚；他們的支持則更加深了慎重的心情。

第三節　研究者的角色

如前述，質性研究是一種脈絡化的社會歷程，研究者的角色並不是單方能夠一廂情願地界定的事。Denzin與Lincoln（1994）認為，研究派典影響整個研究歷程，但研究者的「個人生活史」（personal biography）則影響她／他對這些派典的詮釋與應用。研

究者永遠不能規避這樣的事實——她／他是使用某種語言，從某一社會階級、某種社會性別、某種文化及種族的觀點來發言（p. 11）。所有的凝視都是透過上述這些位置形成的視框來進行，因此他們說：「沒有客觀的觀察，只有社會性地嵌置（socially situated）於觀察者與被觀察者之世界的觀察」（p. 12）。我在過去的研究裡已體會到，研究本是一種「彼此凝視與關照的旅程，我參與了她們，她們也參與了我」（蔡敏玲，民 85，頁 2）。我要如何面對這種無法避免的相互滲透，在這個研究中表達、溝通與瞭解呢？我同意 Denzin 與 Lincoln（1994）的說法，也清楚研究者和現場行動者在研究之外的其他社會角色與位置都會影響到雙方在研究歷程中的言語與行動。雖然每一種角色都是在文化裡形成，人們對各類角色也有某種預期；但我相信人與人之間的實際互動，仍有潛力修改這些對角色的既有期待，研究者的角色亦然。這樣的知覺、上述進入現場前的一些體會、以及我的研究主題與企圖是影響我在這項研究中的研究者角色最重要的因素。

　　研究主題是教室內的團體互動，**我的企圖是看到討論，或更具體地創造討論**；但不只是在教室裡，我期望整個研究歷程也能是一場Cazden（1988）所說的「**真正的討論**」，希望我和現場師生的互動不是一種請她們面對問題，提出答案然後接受評量的歷程，而是共同探索、彼此成長的對話。雖然抱持著人不論處於何種被社會界定的位置都不過是個學習者的立場，我卻不敢忽視自己身為師院教師的位置可能帶給現場老師的壓力（尤其，一年級的陳老師還曾經是我在研究所任教時的學生），倒是第二節裡提及的那位老師對研究者的印象反而帶給我一些壓力。我

原本就無意以「我認為你們可以……」或「我認為你們應該……」的方式和現場師生互動，也不認為在教學實務的決策上我能比現場老師更有智慧，這些顧慮使我更加小心翼翼，也影響了我在這個研究中選擇採取的姿態與行動。

在這些顧慮下，我在訪談學生、老師和校長時，特別是與兩位老師進行三方討論時，大部分以提出自己沒有標準答案的問題，或因應老師的邀請而做建議的方式和老師進行互動。觀察的時候呢？由於扣除我在師院上課及處理與職責相關的事後時間有限，助理也是兼任的身分，無法在學校裡長程居留。在這樣的狀況下，我認為短時與多人參與反而會造成現場生活節奏的混亂，便決定做被動的觀察者。也就是說，我和研究助理們在觀察時，除了做為一個人必須有的醒覺與責任（如看到有危及其他人的情況，立刻插手協助防止傷害發生），多半保持「不主動參與現場活動」的原則，只在一旁靜靜觀看。這樣的角色類似 Corsaro（1985）所描述的「回應式角色」（"reactive role"），即，現場師生向我們說話或請我們參與時，我們才回應。例如，第二年學期末時，有天因為腸病毒的緣故，教育局臨時通知停課，幼稚園的老師忙著收拾讓孩子帶回家的東西，因而要我幫忙為小朋友分配點心，我立刻洗手協助。除此之外，我們幾乎沒有實質參與兩個教室裡的活動。

自己保持被動的姿態，但是我在和老師及學生進行訪談時，卻都表達了期望對方主動提問的立場。一年級的學生常常問我：「你為什麼要到我們班？」，藉機我向她／他們解釋「我來是要看一年級的老師是怎麼教的，學生是怎麼上課的，學生是怎麼想的，這是我做的一個研究，就是我的功課吧。」（錄音，

1997-6-3）。有一次，我也和兩個女孩討論了老師這個角色的意義。

> 子妤：妳爲什麼到我們這邊錄音？然後還有第二個，爲什麼妳認識我們老師？
>
> 我：妳們老師是我的學生。
>
> （孩子聽了大笑起來）
>
> 子妤：那妳跟她（指一旁的助理曉雯）是朋友啊？
>
> 曉雯：她比我大。
>
> 子妤：那爲什麼妳們兩個看起來年紀一樣？
>
> （孩子們又大笑起來）
>
> 我：的確是差不多啊！～我只是比她先唸書，先學了一些東西，所以當她的老師。
>
> （我告訴子妤稱呼我阿姨或老師都可以）
>
> 儒芝：我想問妳一個問題，好不好？如果我的爺爺的話，看誰先早唸書，那他會不會當妳的學生？
>
> 我：可以呀，可以呀！
>
> 儒芝：不，妳可不可以當她的老師？
>
> 我：可以啊！看他想學東西我會不會啊！如果不會的話也沒有用。
>
> 子妤＞我：假如我媽媽是妳的學生會怎麼樣？
>
> 我＞子妤：妳媽媽當學生可以啊！
>
> 子妤：像這樣的年紀還當
>
> 我：還當學生妳覺得怎麼樣？
>
> 子妤：就是現在假如妳在教她的話會怎樣？

　　我：不會怎樣啊！

子妤：年紀剛剛好啊！那爲什麼陳老師沒有跟我們年紀剛
　　　剛好？

　　我：妳可不可以教家琪（指在場的另一位一年級學生）？家
　　　琪可不可以教妳一些東西？

儒芝＞我：我可以當妳的老師，因爲我，

子妤＞我：我也可以當妳的老師啊！

　　我＞儒芝：妳可以教我什麼？儒芝妳爲什麼說妳可以當我
　　　的老師？

儒芝＞我：因爲如果我有會的東西妳不會，我就可以教妳。

　　我：對啊，對啊！

　　從這些學生的疑問與笑聲裡裡，可以看到原先孩子們以爲
學生必是年幼的，而師生的年齡必有一段差距。這樣的認定在
談話裡漸漸打破，就算年長如媽媽、爺爺仍然可以當學生；而
年幼如她們也可以當我的老師。孩子自己提出的問題使得認定
中老師與學生和年齡之間的必然聯繫漸漸地被重建，而師生間
非絕對位置的想法或許也開始在她們的心中萌生。我接著回應
子妤的另一個問題，「爲什麼要錄音？」

　　我＞子妤：妳覺得呢？妳有沒有猜過？

子妤：沒有。要討論一些事情？

　　我：對，要想一些事情。

子妤：要想什麼事情？

　　我：要想妳在學校的生活過得到底是怎麼樣。

子妤：然後呢？

　我：要好好地想一想。

子妤：然後想完了之後，

　我：那當然要知道妳們到底覺得怎麼樣啊！對不對？是
　　　不是？因為那是誰在過的？學校生活是誰在過？

　　　　　　　　　　　　　　　　　{子妤：我們。

　　　對，所以我要知道妳們到底覺得怎麼樣？這樣對不對？

子妤：和你以前比啊？

　我：ㄏㄨ？

子妤：和妳以前的學校比啊？

　我：和我以前在學校比啊？

子妤：嗯！

　我：不是ㄟ，只是想看看妳們到底怎麼樣。

子妤：喔！（錄音，1997-4-29）

　　子妤緊追不捨的問話，給了我一些提醒。她不斷地問我，
「然後呢？」當時回答得不甚貼近她的問題的我，重聽這段錄
音時，也開始逼問自己，要自己更明確研究的目的何在。她對
我要將她的學校生活和自己過去學校生活做比較的推論，也使
我開始問自己：我在做這樣的比較嗎？過去自己念小學的經驗
會影響我現在對小學生活的觀看嗎？這些孩子的問題，也成了
我問自己的問題。我們不主導，孩子們好像更能主導談話內容
的走向。

　　另有一次，我自行決定了一個臨時起意的行動──一年三
班有位小朋友到日本旅遊沒來上課，我便坐在他的位置上，體
會聆聽老師上課的心境。其他的時候，我們雖然被動，兩班的

小朋友倒是常常主動地和我們問好、道別或幫助我們收拾攝影器材。我們和攝影機的位置大部分的時間都在小朋友身後，從很少有孩子回頭看我們的情形看來，兩個班級的小朋友似乎很快地就習慣了我們的存在。不過下課時，一直到第一年下半，仍有小朋友喜歡從攝影機的鏡頭觀看自己的同學，或來和我們說說話。其他有關研究者角色在這個研究歷程中的其他層面將出現在本章以及其後各章的描述裡。

第四節　資料的蒐集、處理與分析

　　Graue 與 Walsh（1998）認為使用「data collection」這個名詞來描述質性研究的現場工作是有問題的，因為「資料並非『外存於彼處』等著被客觀的研究者來採集。」（p. 73）他們認為，資料是透過研究者與現場行動者的互動，由研究者詮釋而衍生的（generated）。我同意這樣的觀點，不過仍然採用「蒐集」一詞來說明資料衍生、被建構的過程。

　　蒐集資料的主要方式是：觀察教室互動的實況，訪談學生、老師、及學校其他人員，以及蒐集相關文件。記錄的方式包括現場手寫筆記、錄影、錄音、電話訪談筆記等。蒐集的主要地點是兩班的教室，但也儘可能擴及師生和同儕在校內互動的其他場所，如走廊，運動場等。在得到校長和老師的認可後，我也參與了校內其他活動，如全校性的家長座談會和親師懇談會。除了在現場寫現場筆記外，離開現場後，我和助理總是儘速撰寫回溯筆記，記錄研究者當日觀察的整體想法、對某些特殊事件（如果有的話）的感受、以及被現場現象引發的情緒或聯想到

的理論等。

　　以下將逐一說明資料蒐集的方式與不同種類的資料。

一、觀察：現場筆記、錄影與錄音

　　整體而言，觀察的範疇是由較廣泛的教室互動漸漸聚焦到團體互動。

　　第一個月　在現場的觀察只在一年級的教室進行。最初半個月為了不要過分驚動剛上學的孩子，多半以手寫筆記的方式記錄觀察；半個月後，才開始運用攝影機輔助記錄。觀察的層面首先是廣泛地觸及這個班級的各種不同科目的課程，如國語、數學、音樂和社會課。

　　第二個月　確定願意參與研究的幼稚園後，再加上敲定研究助理的人選，我們的現場工作才開始延伸到幼稚園教室。在助理和我都必須在師院上課的情形下，我便先選擇了星期一早上的日記圖分享和星期二早上的討論時間兩個時段。在一年級的教室，仍然繼續上個月的觀察範疇，這個月觀察的課有自然、道德與健康、音樂與彈性時間。

　　第三個月　我讓兩位助理分別到一年級和幼稚園的教室做一整個上午的觀察，期望她們能掌握兩個班級活動的較長程脈絡。這個月我們進入現場的時間較少，將較多的時間用來整理現有的資料，並開始進行訪談工作。

　　第四個月　初步資料的分析使我決定把在一年級教室的觀察焦點縮小到國語課，而幼稚園仍然持續觀察討論和日記圖分享兩個時段。就像高敬文（民 85）所說的，「質化研究者雖然

有個人的研究興趣和理論的偏愛,但真正確定的研究問題,卻是要在研究過程中,慢慢呈現的」(頁61)。研究教室互動方向雖然早已確定,但聚焦於團體互動的這項決定,除了受到過去研究經驗與理論的影響外,現場的實況與觀察的可能性也是影響的因素。在一年級只看國語課,主要是因為在時間有限的因素下,在各個科目中我選擇過去曾有研究經驗的範疇(蔡敏玲,民85)繼續探究。幼稚園選擇了兩個團體互動的時段,除了第一章提及的過去經驗和第二章提及的理論與實務上的重要性這些理由外,可以說是我對現場互動節奏的初步瞭解後,顧慮到對現場的干擾程度而引發的決定。在這個幼稚園教室裡的其他時段,多半屬於幼兒自由活動而老師極少介入的情境。例如,早上到園後的角落時間、星期一早上畫日記圖、團體活動後的工作時間、點心時間等。在這些幼兒自行活動的時段裡,兩位老師多半坐在桌前填寫文件,或是暫時離開教室處理公務,有時也和某位幼兒小聲地說話。也就是說,這些時段裡的互動形式不是各桌幼兒進行的同儕互動,就是老師和某一位幼兒進行的較私密性的談話。如果我們不靠近某桌的幼兒,同步發聲的話語使我們無法聽清楚幼兒在說些什麼。但是如果走近某桌幼兒,或是走近正在進行較私密溝通的師生,不但是一種明顯的干擾,甚至還有些無禮。所以,在過去經驗、理論與現場狀況三方面的情形交織之下,我仍然把觀察焦點定置在日記圖分享與單元討論這兩個時段。

　　第五個月及以後　我們仍然延續縮小焦點的觀察。1997年的暑假前兩個月,我們減少觀察的次數,將較多的時間與精力放在訪談兒童,以及資料的整理與閱讀上。

　　暑假過後，進入資料蒐集的第二年。焦點不變，但是原先的兼任助理因為忙於自己的研究請辭，由研究所一年級的新生取代。對於現場並不熟悉的兩位協助資料蒐集的助理，她們對現場的觀感，正好幫助我瞭解這兩個班級給人的最初印象。這一年，原先的一年三班的小朋友成為二年級的學生，幼稚園的孩子則成了一年級的學生，有些仍在永慶國小就讀，不過已分散到各班。在研究興趣與目的的考量下，我把觀察的重點放在換了一群孩子的幼稚園班級，在 1997 年的 9 月、10 月、12 月都在這個教室觀察。11 月則在二年三班觀看了一課共以七節課來進行的國語課。

二、訪談

　　表 1 是訪談工作的進行簡表部分的內容（完整表請參見附錄一）：

　　如上表所示，我們在進入現場一個月後，先對與我較為熟識的陳老師進行訪談，接著才訪問幼稚園的章老師和張老師。對這三位老師的第一次訪談，主要的目標是對她們的背景進行較廣泛的瞭解，並詢問她們對教室互動的看法，包括她們對自己角色的認定，對學生的期望和組織教室互動的一般性原則。在初步整理觀察資料後，我們分別於 1996 年 11 月和 1997 年 3 月和兩位老師進行三方討論，由我選取錄影帶裡的幾個片段，顯示老師沒有回應學生主動發言的幾個場景，由兩位老師藉著觀看錄影帶，回溯當時做決定的直接理由，並相互討論她們在做出這些決定時，直接的與間接的脈絡。

表1 訪談工作記要簡表（部分）

時間	對象	訪談者	地點	記錄方式	重點
1996-10-28	陳老師（一年三班教師）	敏玲	國北師院教室	筆記、錄音	經歷、對教室互動的看法
1996-11-15	（大）章老師（幼稚園教師兼園長）	敏玲	幼稚園教室	錄音	求學及工作經歷、描述一天的教室生活、對教室互動的看法
1996-11-15	（小）張老師（幼稚園教師）	曉雯 敏玲	幼稚園教室	錄音	求學及工作經歷、描述一天的教室生活、對教室互動的看法
1996-11-22	陳老師和章老師	敏玲 曉雯 淑萍	陳老師家	錄音、錄影以錄影資料為討論重點	對教室互動實況的詮釋與討論
1997-3-14	陳老師和章老師	敏玲 曉雯 淑萍	章老師家	錄音、錄影以錄影資料為討論重點	對教室互動實況的詮釋與討論
1997-3-18	一年三班三位小朋友	敏玲 曉雯	圖書室	錄音，給小朋友看她們上課時的影帶	喜歡上的課；喜歡陳老師或同學帶領的國語課，理由；上學的意義

　　1997年3月起，我們把訪談的焦點轉至兒童身上，以三個月的時間，分別訪談了幾位幼稚園的小朋友和一年三班全班。對幼稚園的孩子，我的做法是以攝影機的液晶顯示畫面讓孩子

觀看自己在討論中的情形,並請她/他說明正在發生的事、可以做些什麼、不可以做些什麼等,以便瞭解兒童對教室活動規則的知覺和詮釋。對於一年三班的兒童,我只使用一次讓孩子看影帶的方式,其餘則以團體訪談的方式,詢問兒童:喜歡上的課、為什麼、喜歡陳老師上的國語課或是小老師上的國語課、為什麼、上學的意義、教室裡的規則等問題。

第二年,原打算和二年級陳老師及綿羊班的兩位老師約定共同時間來進行討論,因著時間無法配合,便無法繼續進行。我們除了就觀察和初步資料分析的疑惑分別訪談兩位老師外,主要對學校裡的行政人員進行訪談。不在原先計畫之中的是,因為幼稚園兩個班級老師進行老師互換的教學,我因此決定參與她們的教學研討。兩次的研討,除了聆聽,也應老師的要求,提出我的觀感,和四位老師之間針對教室互動有了兩次的討論。

三、資料的處理與分析

資料的處理與分析過程雖然絕對不是一個線性過程,不過,就時間發生的先後而言,大致可以分為以下幾個步驟,雖說這些步驟仍是循環進行的:

㈠觀察資料的處理:標記最深的印象

從現場回到學校後,如果我自己是觀察者,就立刻將當天的現場工作登錄在電腦的表格裡,包括觀察的日期、觀察者、記錄方式、主要內容、已做的事、待做的事,以及閱讀資料時

萌生的問題或評論如下表 2（詳見附錄二的幾個例子）。

表 2　1997-10 觀察資料大事記要（部分）

1997　10 月分錄影帶資料大事記要與工作狀況

日期	星期	原標示大事（加上敏玲對資料的疑問或評論）	資料蒐集者	大事記要	工作狀況
1997-10-6	一	討論玩玩具的規則 畫日記圖 9:33 李雲跑來問二年 17 班的教室在哪裡 吃點心 要改變模式，兩班老師要換班教學。 10:17 孩子來看攝影機 10:27 章老師說，常規都還沒有建立好 日記圖分享	敏玲	8:50・玩玩具 9:10・開始畫圖 9:35～9:50 ・小張老師寫日記圖 9:58・點心 10:33 ・大章老師要孩子回家問，你是怎麼生出來的 10:42～10:52 ・日記圖分享	
1997-10-7	二	剛吃完點心 彈琴唱歌 討論課	敏玲	10:09 ・唱歌、比動作 10:12～10:40 ・討論「出生」 10:40～ ・畫數字	☆請玉玲轉譯討論的部分

　　如果是由助理觀察，我要求她們一邊處理資料（將攝影帶的資料轉錄成錄影帶，以便重複觀看）一邊撰寫回溯筆記和大事記，我則閱讀她們的現場筆記。

　　標示主要內容（或說，下標題）對我而言，是詮釋的第一步，這個行動幫助我萃取當天觀察中現場事件記錄的精髓，或是提醒我注意互動現象中值得繼續探究的層面。就像是為文章下標題一樣，我在自己或助理的現場筆記上寫下一個主題，如：「一長排想說話的孩子」、「正經路上急轉彎」、「我不想聽了」、「一片羽毛輕輕落下，可能的討論輕輕揚起」；或是一段話：如「那些唇與舌（人不留意）的開開合合，以及其間確定流瀉出的，但可能永遠聽不清楚的輕輕歌聲」。這些標題或短篇幅的敘述有些是我在觀看資料後的最深刻感受，有些也正好直接運用現場的師生說出的話。因為清楚這些對現場事件的主觀感受可能受到我下標題當時的情緒左右，或因著自身觀點失之偏頗、虛薄，因此我請助理寫下當日觀察的「大事記」，以便有多重觀點來表徵觀察所得。

　　第一次觀看資料時，除了「下標題」，我也寫下關於研究工作的備忘事項，包括當天的觀察在過程中的重要性（如，「我第一次使用攝影機」、「曉雯第一次覺察到改變」）、和後續工作（如，「轉譯 9:10～9:20」、「要問陳老師為何這樣做」）。到了第二年，我把這些備忘事項直接放在觀察資料整理表中（詳見附錄二）。這些大事記、標題和備忘事項在觀察進行一段時間之後，格外顯出它的功效。除了做為下一步分析的引子，這些綱要也提醒我再進入現場時要記得看什麼，問什麼。

　　觀看資料時還有一項重要的工作──我和助理的紙上交談。

如，有一次曉雯在觀看一年三班晨間「彈性時間」活動時，在回溯筆記上寫著：

> 　　原帶著一些期待，以為詩會釋放出老師和孩子們較多的想像空間。後來才發現，這樣的上法其實更教條。對沒有見過竹子的孩子們來說，他沒有任何的基礎去運用想像以描繪出竹子的形貌。詩說竹子像站衛兵，竹子很可能就只是那樣了（當然，他日後的經驗很可能再給予他新的刺激，我只是要說，他的想像力在還沒發揮的時候就先經歷了一次的殘害。）（回溯筆記，1997-11-4）

　　我把「殘害」二字圈起來，並在空白處寫下：「這樣說是叫人不能服氣的。我大致同意，也能體會你的感受。但請小心（對你我都是）。似乎，你用一種有些模糊的底（這顯然是由你作為學生與老師的經驗所建構出的）來貶低所觀察到的現象。除了悲傷，你還能有什麼其他感受嗎，曉雯？」曉雯和我針對這樣的不同觀點在例行的小組討論中有了一些爭執。我認為她的用詞有些無情，因為這些觀感全然在某段距離之外針對個別事件而發，卻忽略了這個事件所在的脈絡（參與研究已有一段時日之久的她應不致全然無覺）；另一方面，我認為她也低估了處於這個情境中的孩子自身也有能力做出各種反應，而不是全然被動地等候灌輸。兩天後，曉雯另外又寫了一次回應。曉雯承認「用詞過於粗魯，並且當時的想法也的確太粗糙了」；但也有她的堅持：

　　　　就算有個別的幾個孩子不因爲老師的做法而受到
影響，也不能因而就放過對行爲反省的機會。就像體
制的問題絕不是推諉給個人的自覺就可以解決的。

　　這樣的紙上對談以及每週或兩週進行一次的小組討論，幫
助我和協助資料蒐集的助理們在思考教育環境與互動事件的辯
證關係時，心態更爲謹慎，觀點更爲細緻明晰。更重要的是，
這些對談也稍稍能掌控我們在書寫觀察所得時，肆虐大膽的主
觀流瀉。就像我在她的觀察報告中寫下的：

　　　　曉雯，我想我們的主觀是很容易察覺的。在我感
覺並非一直乖乖守在軌道內行走的妳，不知爲何也和
保守的我一樣，一看到現象裡有出軌的痕跡或可能性，
心中就有小小震動，喊了出來，就在紙上（資料閱讀，
1997-5-12）。

陳老師：曉雯那句話給我的震撼很大，就是説那個竹子排排站是殘害
　　　　兒童。我一直覺得説，孩子他沒有看過一樣東西的時候，我
　　　　們只能用很多抽象的東西去解釋的時候，可是我們要給他的
　　　　並不是説一個固定的，你只能這樣聯想，其實孩子他會有他
　　　　的想法。
我　：可是她後來想法也改變了呀，報告裡有提到，爲了這件事，我也
　　　　和她有些爭執。

(二)訪談資料的處理：預設的與浮現的主題

　　訪談的進行，無論是對成人或學童，大部分都由我預先擬

定提問的大方向，有時更是針對整理觀察資料中產生的疑問來提問，因此資料形成時，多半已有主題。當然，在訪談進行中，仍會有意外浮現的話題。這些預設或逐漸浮現的主題其實也只是一些較大的類別。我一面閱讀訪談資料，一面便將覺察到的較細類目記錄在電腦檔案裡。在整理出較細的類目後，便在電腦上將屬於這個類目的所有敘述（或說對話資料）複製，剪貼到一處，再次地觀看一個細目下的資料，以瞭解這個類目的意義和性質。如，訪談一年三班學生的資料時，我原先設定的訪談方向包括：上學的意義、最喜歡的課／為什麼、喜歡陳老師或是小老師上的國語課／為什麼、喜歡幼稚園或小學／為什麼。但是在閱讀資料時，則因為孩子的敘述浮現了以下的細目：

表3　資料預設類目與浮現類目舉隅

訪談方向	上學	上課	國語課
由資料萌現的類目	學校的任務	上課的規則	國語課的分工
	所謂偉大的或好老師	很吵的時候	自己當小老師的感受
	好學生的定義	別人講話時	對同學擔任小老師的感受
	獎卡的重要性	專心與不專心	
	不喜歡上學的王偉	乖與不乖	
	進凱的壓力		
	第一名重不重要		
	當班長的滋味		

　　除了閱讀資料的歸類外，訪談時也會有非常明顯的（salient）
訊息跳出來，吸引我的注意力，這些強勢訊息在閱讀資料時不
減其吸引力，自成一個類目。如，這個班級的小朋友在和我談
話時，多半非常能說，不但常常反問我問題，同儕之間也常有
相互糾正、爭論的情形。這些例子便引出了「小朋友的談話風
格」這樣的類目。

(三)後續分析：閱讀／書寫／閱讀

　　分析是在蒐集與處理資料的同時，時時進行著的。上節所
描述的「下標題」、「備忘事項」、「紙上對談」、「歸納」
等行動，立刻影響其後的資料蒐集方向與方式。這樣交互循環
的過程在蒐集資料的兩年中不斷地重複著。一年半之後，除了
訪談工作繼續進行，我開始較為密集的後續分析。這次的資料
密集閱讀與報告撰寫幾乎是一個密不可分的過程。分析的單位
則是依照現場生活的節奏來決定。如，某次上樓梯準備進入一
年三班教室觀察時，我一邊這樣想著：「如果要寫這個班級一
天的生活，怎麼寫呢？需要在現場待上一整天嗎？既然他們的
日子是用節來分割的。」（回溯筆記，1996-10-22）我們在一年級
的觀察，雖然曾經有幾次是在教室裡從到校、升旗、上課、午
休、上課一直看到放學，但是我終究發現這個班級的日子，單
位其實是一節節的課。所以，分析一年級師生的教室互動主要
是以一節節的課為單位。幼稚園則以活動為單位，如日記圖分
享、討論課等。

　　我可以用「大小嵌合，來回穿梭」來形容這個階段的工作：

*1.*除了將所有的資料「至少」再閱讀一次，除了注意所有類目的內涵，也構思這些類目之間的關係。接著便以現有類目和類目間的關係（包括觀察與訪談資料產生的類目）為經緯，撰寫一年三班和幼稚園綿羊班的生活，以及兩個班級教室互動的模式。

*2.*撰寫教室互動模式時，除了以原有的類目為基礎整理出綱要，更仔細分析過程中選擇出的仔細轉譯部分（例如，以說話的輪次為單位進行分析），剖析互動內涵的質地。

*3.*整理出節奏後，再處理變奏的部分。一年三班的教室互動變奏最後聚焦在小老師帶領的國語課，幼稚園綿羊班則聚焦在由兒童帶領的日記圖分享。閱讀變奏資料時，我特別留心轉變發生歷程的細節和變化情形。

*4.*接著，才著手撰寫學校文化這個較大的脈絡。

*5.*最後，則從學校文化的脈絡和文獻裡顯露的其他社會脈絡的想法再度思考教室團體互動節奏與變奏的意義。

可以看出來，我的閱讀與撰寫先寫脈絡，再深入細節，再寫大脈絡，然後再思細節在脈絡中的意義。在各層次的脈絡間往返穿梭，是書寫這個文本的主要動作。

和「大小嵌合」的行動同步進行的是，我對現象精義的構思。在不斷閱讀資料的過程裡，常常也向自己發問：「妳看到什麼了？能用什麼樣的意象或隱喻來表達這種瞭解、這種詮釋？這樣的隱喻適當嗎？能夠表達出所瞭解的每個層面嗎？」和初步閱讀資料的下標題動作不同的是，這次的精義萃取，因為已在現場一段時間，也已對大量的資料做了一些整理，因此萃取的脈絡不只是一節課或一個活動而已，而是有較延展、豐富的層次。在這個階段裡，對於資料裡的一節課、一個活動、某類

情境、某種模式乃至整個研究過程都持續這樣提問，而這種自
我對話的思考一直到報告付梓前都沒有停歇。這些思考在電腦
檔案裡寫成了「**綱要暫看**」，也成了許多小標題的內容。這種
建構隱喻的行動幫助我用最少的文字表達出我能力所及之最大
量也最貼切的意義。

第五節　多元觀點的並置與互動

　　國內外的質性研究方法論的論述常提到"triangulation"這個
概念。譯文包括「三角校正」（歐用生，民 78）、「三角交叉
法」（王文科，民 79）、「三角測量法」（如黃瑞琴，民 80）、
「三角校正法」（高敬文，民 85）。此外，學者在介紹質性研究
方法之應用時，也強調來源多元的資料，「對結果的呈現及其
意義的理解是較為有利的」（陳伯璋，民 79，頁 100-101）。交叉
使用多種資料、多位研究者、各種理論、多種研究方法（Denzin,
1984; Lincoln & Guba, 1985）的目的是什麼呢？要測量什麼？要校
正什麼呢？對意義理解的有利之處是什麼呢？首先在 1978 年提
出這項概念的社會學家 Denzin 在 1994 年的時候，已經對當年自
己提出的概念做了修正與澄清，他說"triangulation"並不是一種
確立效度的工具或策略，而是對效度的另類思維與行動（p. 2）。
也就是說，從研究派典的角度來看，質性研究無法套用「效度」
的概念來看研究的品質，確保詮釋的力量；多位研究者運用多
種方法、蒐集多種資料、檢驗各家理論的做法其實是為了「確
保對現象的深度瞭解」（p. 2）。或是，像 Flick（1992）所說的，
「是為了尋求額外的意義，而不是要肯定某種單一的意義」（引

自 Stake, 1995, p. 115）。同樣地，Richardson（1994）也提議改用
「水晶」這個隱喻來指陳質性詮釋的意義會「成長、改變但並
非無形」的特質（p. 522）。她說，「水晶這種錐體不但能反射
出外在，其內裡也有各種折射，因而創造出不同的顏色、模式、
以及朝向各方的光線」，將建構的現實看成水晶，使我們對主
題「有更深化的、更複雜的、終究是非全面的瞭解」，「吊詭
的是，我們知道的更多但也對我們所知的存疑」（p. 522）。

　　「水晶」的隱喻很精確地指出我對多元觀點的看法。從建
構論的立場來看，我在研究歷程運用多種方法、參照不同觀察
者的瞭解，而在這個文本中呈現各種觀點與理論的用意並不是
用來比較或檢證誰的建構才是真的。質性研究的對話不但存於
研究過程中，也將發生在研究報告與讀者之間。當然，有些事
實性的資訊，如教室的分組人數、班級人數、老師的年資等是
需要「確證」的，但各人從各種情境裡對現象建構的意義是無
法檢證的，它是一個不斷開啟的對話歷程。就像黃政傑（民76）
指出的，三角測量法除了「確證」，還有「精緻，與創新的作
用」（頁 139）。基於這樣的想法，上述提到的，在研究歷程中
參照文獻、和現場師生與研究助理對話、運用各種方法蒐集資
料，主要的目的是：並置各種觀點以開發現象的複雜本質並拓
展後續的詮釋空間。

　　除了過程中的各類對話，報告初稿於 1998 年 12 月完成後，
我在 1999 年一月間將初稿送給研究中的陳老師、章老師和張老
師，請她們先閱讀之後，在方便的時間通知我到學校和她們談
一談。其間也請幾位研究生（包括現職國小教師和仍在研究所唸書
的研究助理瑞馨和玉玲）對這份報告提出評論。這樣的做法的確

使我和現場三位老師對研究主題有了更深入、細緻的瞭解，也瞭解自己在書寫上和讀者較難溝通的地方。目前這個文本裡，我將把她／他們的質疑與意見和我的描述與詮釋並置交錯呈現（她們的意見以灰色而界線為虛線的框框表示）[1]，以便我自己、參與研究的老師和助理，以及讀者能和報告文本開啟另一段對話[2]，或許會對文本產生進一步疑問與意見，但相信這些疑問或意見將成為繼續開啟後續行動的動能。

第六節　故事簡介

如果把兩年來的研究想成是由各類大小事件編織成的故事，我究竟參與了什麼樣的現象，能在兩年後說出關於這兩個教室什麼樣的故事呢？

很簡單的說，我尋求教室互動的變奏，在一年內親眼看到了團體互動變奏的發生，然後也看到這種變化之發展的限制與複雜層面。一年級的教室裡，陳老師提前在一年級上學期開始讓「小老師」帶領國語課；幼稚園的班級裡，我們則看到老師在日記圖分享和討論課裡，讓小朋友帶領討論。故事的進展是，學校換了校長，在原班不變（有一位學生轉學）的二年級國語課裡，除了第一年裡看到的、伴隨變奏而來的一些問題，也發現

---

[1] 陳老師和我對初稿的討論是在 1999-1-29 進行，章老師、張老師和我的討論是在 1999-2-11 進行。其餘研究生的意見則是在 1999-1 月間陸續以書面的方式交給我，我也在 1999-1-23 對她們的評論提出回應。

[2] 這些插進的話語或許有時會打斷閱讀的順暢，歡迎讀者自行決定閱讀策略，隨時插進你們的思緒。

更多細微的改變。在換了一群小朋友的綿羊班裡，似乎不變的是：我們看到第一年的節奏與變奏在這個教室裡重複演出。兩個班級裡，變奏發生的限制與困境依存，這些變與不變究竟有什麼意義呢？

以上這種簡單粗略的敘述，只是大事記要，接下來，我將以較細膩的方式來呈現我們在兩年裡的學習，以及引發的思考和疑惑。以下的第四、五、六章便是這個研究的發現與詮釋。

在呈現詮釋的時候，也穿插以電腦軟體從影帶擷取的圖片。要說明的是，我因為知道以這個方法製造出的圖片並不細緻，圖片中的人不容易辨明，才運用它來作為表達的工具。同時，我也請研究助理與現場老師再度檢視，聽到張老師說：「應該還好，因為小朋友我都看不清楚」，我才比較放心。一年三班的部分，則因陳老師認為「很明顯」，再以電話和她溝通後，另外做了處理，所以關於一年三班的圖片會更不清楚。下表是我們在處理與呈現資料時所使用的轉譯符號：

表4 轉譯符號表

符號	意義	實例
T	老師	T：請把桌上的東西收起來！
Sx	某位說了話但我們無法確定是誰的學生	Sx：我已經收好了。
Ss	說話者是一人以上的學生	見下例
S1 S2 S3	雖然不知道說話的學生是誰，但以數字表示先後發言的是不同的學生。S1是呈現的例子裡第一位說話的學生，依此類推。	T：先不要，先不要，等一下再， S1：沒有帶白板筆。 T：阿？沒有帶白板筆啊？ Ss：有！ S2：我有…
＞	說話者對某人說話	T＞曉明
…	聽不清楚的話	S1：…線。 T：再說一次。 S1：人行線。
～	省略一句話	不能放在那邊～也不能拿玩具追來追去
～～～	省略一段話	
｛	同步說話	T：那小蟲在你牙齒裡面你覺得怎麼樣？你的感覺是怎麼樣？（晏如搖頭） ｛S1：很不舒服。 ｛S2：不太舒服。
注音符號 （n）	閩南語、發語詞和語助詞。以注音符號表示。後加英文字母"n"時，表鼻音	ㄟ，放了一天假，綿羊班都不知道該怎麼說話了嗎？
——	語氣停頓	可是變成說，——，很像生力軍補充得就比較慢。

第四章

一年三班教室
團體互動的節奏

第一節　永慶國小

一、基本資訊

二、行政人員和老師的互動

第二節　一年三班的陳老師和小朋友

一、陳老師

二、一年三班的四十五個孩子

第三節　國語課的團體互動節奏

一、國語課的進行方式

二、談話內容與參與結構

三、秩序與控制

四、流動的小水滴

五、「小眾」參與

第一節　永慶國小

　　民國四十四年八月成立的永慶國小，是位於都市大樓叢林中的一所又大又老的學校。從校門口的方向進入的話，三面環繞的建築圍成ㄇ型，學校建築物外是一棟棟更高的商業大樓，像是三個巨人逼近校園而來。這樣的樓峰相疊，把永慶的天空圍成一個小小的長方形。

一、基本資訊

　　方形的天空下，下課時分操場上千頭鑽動，三千七百多個孩子離開了教室，各自尋找小小的活動空間。這些孩子來自三種類型的班級：

表5　永慶國小班級數與學生人數表

班級類型	班級數	學生總人數
普通班	99（一到六年級）	3610
美勞班	4（三到六年級）	119
啟智班	3（低、中、高年級）	13

　　和這群孩子共處的老師有一百七十七位，其中有一百四十八位是女老師，二十九位是男老師。除了六位具有研究所的學歷外，具有大學學歷的佔多數（一百零六位），其餘的六十位老

師是專科畢業，或許是在師專時代接受師資培育。全校約有四分之三的老師教學年資在十年以上，如下表：

表6 永慶國小教師年資表

教師年資	人數	教師年資	人數
30 年以上	12	10～14 年	36
25～29 年	14	6～9 年	20
20～24 年	39	5 年以下	24
15～19 年	32		

　　除了以上的資料外，我們無法取得或閱讀其他的基本資料。訓導主任告訴瑞馨和玉玲：「書面資料要到教務處註冊組拿。」但是教務主任卻表示：「這種東西大概不會給你。」說著就告訴了兩位助理表 5 的資訊。「有沒有家長職業、學歷的調查資料呢？」教務主任說在輔導室。輔導室的老師說正本不能給，於是就手抄了和教務主任給的資訊一樣的資訊給助理。兩位助理想想，又回教務處註冊組，但是有位老師說組長有課，短時間內不會回來。助理想到了到人事室碰碰運氣，她們說明要這些資訊是因為研究的需要後，一位小姐便一邊手抄表 6 的資訊，一邊說著：「快忙死了，學校老師的薪水還要key in……」，助理們感到很不好意思，小姐還說，家長的職業類別、學歷等資料，學校實在沒有調查，也無從給起。助理趕忙說謝，不太順利地取得十分簡單的學校基本資料。

　　就像陳老師告訴我的，這是一個「老齡化」的學校。兩年前，我問她學校的特色時，陳老師先表示學校的老師「教學經

驗豐富、資歷豐富」，由此而提到年輕老師少的現象：「我在
這個學校已經待了第十年，可是呢，只有隔壁班的老師，～她
年紀比我小一歲，其他年紀都比我大。都已經是教學經驗十年
以上的老師，那個教學經驗很豐富，可是變成說，——很像生
力軍補充得就比較慢。這兩年開始，校長發現好像不太對了，
所以他會留幾個名額，留了一半吧，會給應屆畢業生。所以這
幾年才看得到新進來的老師。二十個吧。否則的話，人家會覺
得這個學校是滿穩定，滿穩固的。」

二、行政人員和老師的互動

　　這所外型老舊，人事較穩固的學校，在 1996 年我們進入現
場時，已歷經三任校長；加上 1997 年 8 月調任到永慶的蕭校
長，一共有四位校長主理過這所學校的校務。陳老師告訴我，
「第一位校長準備退休，所以他就比較不要求我們，第二任校
長比較對外，做公關」；但是第三位校長一來，「整個風格都
變了。」陳老師認為，永慶國小老師的「自主權」一向很大；
但是因為林校長為學生辦了很多活動（如「好書交換、義賣、遊
藝會啦。」），而林校長在辦活動時會對老師有所要求，老師們
「就比較戰戰兢兢。」

　　這位在陳老師口中「很有原則」的林校長，「常常巡堂，
幾乎每個禮拜都會巡個幾次吧。」我在陳老師的教室觀察時，
也遇到幾次校長從走廊走過去。教務處調閱學生作業時，林校
長會仔細閱讀，「甚至他還去做筆記。～我們批改的東西，他
都會做筆記。然後，我們成績單，我們寫的評語，很多細節的

部分，他都會注意到。」早會的時候，他便會對全體老師說，
「怎麼樣做會更好。比如說，評語要怎麼寫，然後，他會給我
們很多的指導。」教學上，林校長雖然不干預，但卻有要求：
一是不要坐著上課；二是不要使用麥克風。

　　雖然對老師有很多要求，不過，陳老師認為**全權大握**的校
長，「還是滿支持我們老師的」，如，家長打電話來，校長的
基本原則是先支持老師，因為他認為「我們老師其實都還滿認
真的。」至於教務主任呢？陳老師則表示：「教務主任很客氣，
很少跟我們說，你哪裡要改進。」（錄音，1996-10-28）

　　有原則的林校長雖然很快地就同意我在這所國小進行研究，
說明只要老師們同意而且由我所任教的學校正式發公文，就沒
有問題；但卻不願意接受訪談。

　　1997 年 8 月，也就是研究進行到第二年的時候，蕭校長由
台北市另一所國小調派到永慶，和她一起調到這個學校的還有
教務主任——翁主任，兩人都爽快地接受了訪談。

　　助理問永慶的「舊人」楊主任，兩位不同的校長，有何不
同之處？他笑了笑說：「有的人比較獨斷、果決；有些人比較
傾向於接受大部分老師的意見。像以前是林校長，合理的，他
會接受，不合理的，他就會回絕。主管的行事風格也會影響學
校的氣氛，像蕭校長一來永慶，老師有事會找她談，當面反應
給她；以前林校長在的時候，就比較少，因為他不一定會採納，
我感覺上是這樣。」（錄音，1998-5-6）。蕭校長到學校後，的
確開闢了很多和學校老師、和家長互動與討論的機會。開學和
學期末舉行的校務會議是校長和全體老師溝通的機會之一，但
是校長認為：「校務會議要討論提案，有全校的事情要討論，

還有工作報告，那校務會議，妳知道開會超過兩個小時以後，就沒有什麼效果了喔。」而每天的朝會，蕭校長又「不忍心霸佔時間喔，各處室的溝通事項已經夠多了。」所以她便告訴老師：「每一個學年跟科任老師，我分成七個梯次，我請他們一個學年，你們自己找時間來跟我談話，大概花一個下午的時間，我說，你們自己找，你們自己約，大概至少兩個小時，就坐在這裡，圍在一起喔。」談些什麼呢？「那我先聽他們的困難，因為他們總是要跟我說一些——嗯，比如說新的校長來了，他們有一些，有一些希望改變的地方是什麼。我會聽他們說，然後我再把我的想法，一個一個，就是他們提出來一個問題，我就給他們解決這樣子，就是——整個的溝通當中，就可以把我的想法說一遍喔。」七個會開完後，蕭校長又找了一個週三的下午對老師說明她的想法：「我說，這個下午就是完全，就是把我的想法跟大家說一下。像我剛剛跟老師說的，就是，你們如果沒有聽過，或是你們不能接受，也請你們暫時聽一下，然後把它們收著，將來也許你們想，我講的是不是也有我的道理這樣喔。」

　　新上任的蕭校長，認為這個學校的特色是什麼呢？

　　「老師好認真、好乖、很傳統。所謂的『傳統』，就是包含著：我們認為這套方法很好，我就照我這套方法教；但是最好是它都不要什麼活動，最好是它都不要給我們什麼特別的壓力，我們能夠輕鬆一點，還是能夠輕鬆一點好，這是老師的心態，我覺得都能夠接受。但是我希望給老師一些觀念，可能很多活動是對學生有益的事情，不是只有教科書上的東西才是學問，我想給他們這樣的觀念，但是他們的接受程度，不是每個

都願意。」（錄音，1998-2-11）。主動創造溝通機會的蕭校長，做什麼決定，「都會徵求一下老師的同意」；但是遇到有些她認為「不合理」的事，校長就認為不必徵求老師的同意。例如，她認為在教室不夠的學校裡，托兒所和幼稚園各有一間廚房是不合理的，她便會決定將兩間廚房合併，不必徵求老師們的同意（錄音，1998-2-19）。

> 張老師：校長說的話，關於放輕鬆的事，那可能是對小學老師，我們都很認分在做，我們也不用她町，我們老師都是做得很好，都不會那麼準時下班，其實也是做不完啦。
> 我　：這個應該沒有描述到你們。
> 張老師：我想，大體上她還是對著整個學校說嘛，因為我們才兩班。

> 我　：你會覺得你們很乖很傳統嗎？
> 張老師：我們是很乖啦，但是我們的做事方法也不見得說是很傳統。
> 我　：她說的傳統，就是說，維持原狀就好了，什麼都不要動，
> 章老師：可是在我們來講，我覺得我們的像教學方式、教材的選用，我們都經常在變啦！
> 張老師：對啊，我們是說，我們前面放的就是大單元，但是我們私底下，我們實際上上課的內容這些都會變啊，那我們的教法也是會變啊！

　　教學方面，蕭校長也同樣地尊重老師的「專業自主判斷」能力。但是她認為，學校有些老師似乎不敢在課程上做太大的變革。她認為她已經嘗試放手，但是「老師可以自己做決定的那種強度不夠。」這就是她所謂的老師「太乖」。另一方面，蕭校長也擔心「放了太鬆以後，老師的專業精神不夠的時候，

那這班學生就很吃虧了，因為他太自由，這是我怕的。所以我只是想先提昇一下老師對自己的這個責任，然後再來做改變。」（錄音，1998-2-19）

　　教務主任似乎就不認為永慶的老師「很乖」，認為處理代課老師最為棘手的翁主任，提到了新成立的教師會和他之間關於體育課應不應該讓科任老師上的問題引發的冗長討論。他認為，「蒐集老師意見」的教師會，「沒有辦法很理性，都是為自己爭。」他認為行政和教師之間「必然是一種互相的抗爭。」不過，在處理「上級」交代要辦理的事項時，翁主任和老師的溝通，就有「不同的途徑」。有些研習活動，他會決定指派哪位老師參加；有些則做意願調查。「如果是指派的，你要看是要用輪流指派法，或者是學年很簡單的大家聚在一起開個會說明一下就開始去做。」（錄音，1998-5-19）

　　訓導主任表示，他和老師的互動，「滿頻繁的」，因為生活教育和各類活動都需要老師的協助，感覺與老師之間「應該是沒有什麼距離」。如果觀念和老師不同，「事情有正面有負面，我們也是盡量，也沒要求一定要做到怎麼樣，尤其教育是一種良心事業嘛，意願還是很重要啦。」（錄音，1998-5-6）

　　參與者的意願的確會影響學校活動的意義。有一次在電話裡和陳老師商量訪談的時間，她告訴我校長作風很強勢，有時很傷害老師。曾有一些引起某些老師反彈的事，像是舉辦媒體前來採訪的大型活動。陳老師認為好像「只要有個活動就好了」，她質疑「但裡面的實質內容呢？」陳老師也和幼稚園的張老師一樣都認為校長「平常講話很客氣」；但是陳老師認為有些校長自認為對學生很有幫助的活動，老師不見得也如此認

為，這些活動看在老師眼裡，覺得「只是湊熱鬧、看熱鬧。～
有活動未必一定能夠幫助學習呀！」我問她：「你們有跟她溝
通嗎？」陳老師只是說：「這我就不太知道，教師會好像常常
跟她說，朝會時她又欲言又止。」陳老師說，校長常常強調自
己「是個很好溝通的人」。但是如果遇到她認為是好的事，她
的態度便是，「這就是好的，你們就是要全盤接受」，在這樣
的狀況下，陳老師表示：「其實我們是沒有條件去選擇的。」
（電話訪談，1998-2-23）

　　幼稚園的章老師倒是認為，「事實上，校長沒有給我們限
制什麼啦！」張老師接著說：「她也很難得查堂啦！」不過，
「說實在，她來這邊，難得看過她一次。」章老師說（錄音，
1999-2-11）

　　行政和教師之間或許不全然如翁主任所說的「是必然的抗
爭」；只是，在某方看來溝通活動熱絡的情境裡，也不容易發
生雙方都能盡情發聲的討論。在這個學校的一年級和幼稚園教
室裡，天天都能看到彼此的師生，是不是有條件共同建構討論
的情境呢？以下是我對一年三班的描述。

第二節　一年三班的陳老師和小朋友

一年三班有一位陳老師，四十五位學生。

一、陳老師

陳老師到這所國小任教已經十二年了，十二年來一直都擔

任一、二年級的老師。王偉告訴我，他媽媽說陳老師是全一年級最好的老師。淑媛也說：「我看我們陳老師是全校一年級最好的老師。」

> 我：什麼叫全校最好的老師呢？好是那裡好？
>
> 仲舒：好是要教出好學生，學生好老師也會好。
>
> 〜
>
> 我：淑媛，你覺得怎樣才算是把學生教好呢？你覺得怎樣才算是好老師呢？你說陳老師是全校最好的老師，你怎麼知道呢？
>
> 淑媛：因為老師比較不會常常罵人、打人、罵人。
>
> 仲舒：有，她常常打人。
>
> 淑媛：沒有，是常常打不乖的人。
>
> 如怡：常常罵人吧！（1997-6-26，錄音）

臉上總是帶著平靜微笑的陳老師是在進入這所國小時，主動向教務主任要求教低年級的。從政大教育系（輔系是英語系）畢業後，陳老師原有機會在國中、高中或高職任教，但是她認為自己「喜歡小孩子，因為小孩子比較純真，〜我一直覺得小孩子他們待人的方式是很直率的，所以我第一優先是考幼稚園，因為覺得是比較沒有受過污染的小孩。」參加幼稚園教師甄試的陳老師，通過筆試後，因為複試要考琴法，衡量自己可能出錯，就沒有去參加複試，於是「這條路就斷了。」朋友建議她可以參加國小教師甄試，她考上了，教務主任看了她的學歷就說，「『你應該去教國中嘛，那麼教高年級好不好？』」她還是詢問可不可以教幼稚園。折衷之下，她便一直擔任低年級的

教學，直到如今。除了比較喜歡小孩子，陳老師決定不在國中任教，還有另一個原因，她在大四實習課時，在一所國中裡三、四個禮拜的實習經驗，對她而言是個「很不好的經驗」，是個「滿大的挫折」。她發現學生的程度差異過大，國三的學生還有不認識二十六個英文字母的，「他們上課就是打牌啊，聽音樂啊，還自動把座位挪到後面去。」為了輔導那些經常考零分的學生，陳老師每天留到五、六點，「後來就發現問題很嚴重，不是短期輔導救得過來。」加上國中還有升學的壓力，陳老師表示「我不太願意面對太多的壓力」，也不喜歡班級間排分數，比成績之類的事。實習經驗讓她瞭解國中的環境並不符合她對工作的期待，對她而言，「你必須找一個很適合你自己的工作，而且是一輩子，所以你願意把它當成一個事業來經營的話，我覺得要我很能投入而且願意投入的。」這樣的經歷讓她更加確定，她「比較適合教小一點的小朋友。」

　　剛到永慶來的陳老師告訴我，在學習成為老師的過程裡，剛開始「幾乎是小孩子帶我的。～第一年，我幾乎是跟著孩子這樣成長。」一向沒有缺額的永慶國小，當年是因為一位二年級的老師要帶益智班，陳老師便接手帶了這個班級。「那個班級是滿好帶的，因為都已經上軌道了」。我問「上軌道」指的是？陳老師表示，指的是「在生活常規」上，孩子們都能自主自理，主動幫助老師。當年的她，收了牛奶錢，小朋友會主動告訴她，「『我知道去哪裡交，我幫你交。』」粉筆用完了，小朋友也會主動去拿，東西壞了，小朋友會說「『我幫你去總務處；或者說，老師你要什麼東西，我去教具室幫你借。』」除了這群善體人意的小朋友，陳老師的教學也受到一位老師很

大的影響，「我剛來的時候，很多人也不熟。那我隔壁班有個老師，他已經退休了。他其實告訴我很多，妳教學可以用什麼樣的方式，然後，怎麼樣化阻力為助力，如何跟家長溝通。不過那個老師，我來三、四年之後，他就退休了。」

平日同事之間對教學的討論則比較少，言談之間，陳老師似乎有些惋惜：「我覺得如果老師可以這樣互相談來談去，應該很有幫助喔！我們沒有，我們沒有那個機會。」沒有機會的意思是，學校沒有這樣的風氣，如果你提出教學的問題和同事討論，「因為我們學校當妳真的去跟人家討論這個問題，人家會覺得是個很嚴肅的事～那很多老師她們覺得說，妳好像很無趣，除非就少數幾個妳跟他很熟，或是比較志同道合，或是理念比較接近的人，否則的話，我們有時候把這個問題拿出來討論，人家會說，妳幹嘛那麼認真啊。」正式的學年教學研討會，「差不多一個學期有個三、四次吧～通常比較形式化。」每次約進行一個半小時的教學研討會，輪到做記錄的老師，就會先徵詢「應該」與會者的意見，請大家提出書面說明，「那我們就傳個紙條過去。」原意希望大家都參加的教學研討，有些老師要帶課輔班，有些要看病，因此真正坐下來談的次數反而有限，「我們真正有討論的話是私底下，就看老師個人。」陳老師和幾位談得來的老師，就是利用早會走回教室的那一段時間，互相溝通，「有的時候會討論一些學生的問題行為，或是說，碰到一個新的教材、新單元，有哪些地方，我們自己做得不好，我們會去請教人家說，你是怎麼做的～經驗的分享吧。」教具和評量工具，幾位老師之間也會「互通有無」，像小白板就是陳老師率先在學校裡使用，其他老師看了之後便請

她代為訂購。

> 張老師：小學裡的教學研討會，你寫到老師覺得話題太嚴肅的事。幼稚園裡，我年紀比較輕嘛，那我經驗也不足，所以我會覺得說，我主動去問三個老師，我多去看她們，我多聽聽她們，我有什麼問題的話，我提出來，三個老師或是其他老師，也會很熱心的給我意見ㄟ。

　　除了和同事之間的討論，陳老師的教學方式主要還是從實際的經驗萃取而來。第一年的時候，她將教學指引很詳細地看了一次，之後就把它丟在一旁了，「因為，你真的在教學的時候，你會有很大的彈性。」1996 年，因為第一次使用新的教材，陳老師又看了一下教學指引，「把教學指引丟了之後，教過後，通常會知道，ㄟ，這堂課要怎麼上，比較會吸引學生的注意力，然後我就會設計一些比較遊戲性的活動。」之後，就是在過程中，留心學生的反應，隨時修正、調整。

　　已經教了十二年的陳老師還是打算繼續教低年級。她認為低年級的老師時間比較集中，除了一堂科任的課和星期二整天外，其餘的課都集中在上午，下午的時間便可以集中應用。其他年級的課，有比較多科任的課空堂，造成許多必須等待上課的空檔，陳老師說，「我覺得我不太能夠忍受這樣子。我很喜歡就是做一件事就是一直投入，然後我希望一直做下去而不要在那裡等。」所以她不考慮教其他的年級。

　　喜歡小孩，願意一直教低年級的陳老師，對教育環境和實質也有理想。她希望，「第一個當然是班級人數減少。」覺得在這樣大型學校進步不多的她，想著或許應該找一個學校人數

少一些的，一個班級，十個或二十個小朋友，因為「我們真的想照顧每一個孩子，心有餘而力不足，顧得了那邊，就顧不了那一頭。」第二個希望是，「我希望有一個比較開放的空間，～其實我最大的理想就是，一個藍天啊，綠樹底下上課，我不喜歡在教室，可是我們沒有辦法。～最好每天可以在外面上課，可以跟泥土啊，跟大地這樣接觸。」這個有一百多個班級的學校，連上體育課都要仔細規劃好時段，在不是排定的時段裡，根本無法彈性地使用操場。陳老師因此嘆息：「或許理想歸理想吧！」（錄音，1996-10-28）

在藍天綠樹下上課是陳老師的理想；在教室內面對爭相說話的四十五個學生是陳老師每天必須面對的現實。

二、一年三班的四十五個孩子

一年三班的四十五個孩子，整體給人的印象是：總是急著說話，而且也很能夠說話。每當陳老師提出開放性的問題，讓很多孩子回應，瑞馨說了：「就像點燃鞭炮似地，小朋友的答案便霹哩啪啦地響著。」（資料閱讀，1998-7）。這群孩子不但熱切回應，而且常常在老師還沒說話前，就先提了問題。有時，則溢出老師的教學軌道，突然提出天外飛來一筆的問題，玩起腦筋急轉彎。比如說，老師正在教生字並且讓學生在作業簿上寫下造的詞，有個女孩舉手問老師「晚」怎麼寫，老師在黑板上寫這個字，有個男孩突然問老師：「校有校規，動物園有什麼？」老師說：「我們現在先不說這個。」有個孩子還是做了回應：「烏龜！」一群孩子大聲地笑了（錄影，1997-4-21）。

除了在教室裡的長期觀察，幫助我瞭解了這群孩子熱切的表達慾望和能力；訪談時也見識到他們主動提問，同儕間互相糾正、反駁、澄清的現象。例如，我提出一個問題，小朋友會在同儕回應後，繼續延展問題：

我：喔，為什麼，家琪你喜歡上國語的什麼？
家琪：可以教生字。
子好：教生字有什麼好呢，小魚魚①？（錄音，1997-3-18）

又如：

我：為什麼你覺得當小老師很好玩，小萍？
小萍：嗯，
敬軒：哪裡好玩？
我＞小萍：哪裡好玩，對對對。
李欣＞敬軒：跟老師一樣啊，你！
敬軒＞李欣：我在說她，不是在說你。（小萍還是沒有說話）
（錄音，1997-6-27）

小朋友常常在同儕做出簡短的回應後，向同儕把問題解釋得更清楚一些，有些孩子很快地就掌握住我想知道的資訊是在哪個方向：

如，我問文平「小學和幼稚園有什麼不一樣？」

---

① 「小魚魚」是子好對家琪的暱稱

文平：當然不一樣。

我＞文平：我是看你覺得的不一樣，跟別人有沒有不一樣。

王偉＞文平：就是說，你覺得有哪裡不一樣。

我＞文平：嗯！對，就像王偉說的那樣子。

保真＞文平：對，你覺得有哪裡不一樣，就像我說的那樣子。

王偉＞文平：對，你不是說就是不一樣，你要說它有什麼
　　　　　　地方不一樣。

保真＞文平：而且，玩具有什麼變化，還有～～～

（錄音，1997-6-17）

在訪談過程中，也有些孩子主動表示要提出問題，而不只
是回答我的問題而已，如：

我：那小老師上課，你覺得怎麼樣？

俊宏：無聊。

我：無聊啊？那無聊的時候，你都做些什麼呢，俊宏？

俊宏：沒做什麼。

慶華：我問一下這個問題，好不好？

我：好啊！

慶華：俊宏，你說不喜歡當，你說不喜歡小老師上課，那
　　　為什麼你要當小老師？為什麼不去找不會輪到過的
　　　呢？為什麼不讓他們？為什麼你要當？你喜歡老師
　　　上課，不喜歡小老師上課，那你還當小老師？那你
　　　就是喜歡啊！（錄音，1997-6-28）

　　看得出來，慶華認為俊宏的回答不合邏輯，便提出問題來質疑他的說法。除了主動質疑，熱切表達，我們還常常聽見一些介於幻想與現實之間的同儕私語。

　　開學時分配工作櫃時，老師交代小朋友，要用乾的抹布來擦工作櫃。有個女孩馬上說了：「老師，那我的抹布是濕的，」老師告訴她：「那妳就用濕的擦。」小女孩得意地看著坐在她對面的女孩。同桌有個男孩，手上拿著抹布告訴另一個女孩：「我的是這樣，那你的是怎樣的？拿出來看一看嘛！」小女孩執意不肯，我看見她的抹布好像已經用過了，溼漉漉地蜷曲在她的抽屜一角。另一個女孩接著說：「我的是新的，好香！」儒芝突然插進一句話：「如果你用白毛巾洗臉，」男孩接著說完這句話：「臉就會爛掉，就會夢到鬼，醒來就會有鬼的影像。」（現場筆記，1995-9-7）

　　除了這些說話大聲又急切的學生，其實也有很多像小萍一樣，不是不說話，就是回應非常簡短的孩子。夾雜在這些高談闊論的孩子間，她／他們的話語或許只有用其他的方式才聽得見。

　　在這個教室的聲浪裡，也常有學生和老師協商互動規則，或是提出抗議的聲音，特別是在不是陳老師的課裡，這樣的聲音更大。有次音樂課，上課的方老師告訴大家，她要講的故事是「勇敢的小獵人」，有些孩子爭相喊著「老師！老師！」其他的孩子則用很大的音量喊了出來：「不要老師了啦！」有個孩子喊著：「老師重講！」（現場筆記，1996-9-12）

　　或靜或動，這群孩子對學校的價值體系也有不同的接受度與感受。我問孩子們：「你們覺得在一年級上課的時候，你們覺得怎麼樣？」

松青：很無聊！～太無聊，太簡單了，英文也太簡單了。

開元：很快樂。

冠宏：還好。

我　：那松青，上課很無聊，你都做什麼？

松青：嗯，我今天有帶獨腳仙啊！～我無聊的時候就會看牠。

（錄音，1997-6-23）

或者問孩子：「你喜不喜歡來上學？」（俊宏點點頭）

我＞俊宏：喜歡，你比較喜歡上學的哪裡？在教室裡還是
　　　　　下課？上課還是下課？

俊宏：下課。

我　：下課？為什麼？

俊宏：每個人都會喜歡下課。

我　：是嗎？有的人比較喜歡上課。

慶華：對啊！像我就是。（錄音，1997-6-23）

　　第一次考國語小考那一天，我一進教室，有個女孩跑來告訴我王偉「不乖」的事，說完就跑走了。看見迎面而來的班長，我問他是不是今天要考試，他說是。再問考哪裡？他說：「忘了！」（現場筆記，1996-9-24）。有些孩子對考試漠不關心；有些卻承受著考試的壓力。有一天，訪談一群男孩時，以中突然問我：「能不能講一下親子關係？」我說可以，他就告訴我生活裡的一些經歷：

以中：我爸媽都好可怕喔！我爸有一次把我打得流血。

　我　：為什麼要打你？

以中：因為我跟我妹，然後要去餐廳的時候，就先搶到那
　　　個位子，然後也先拿到那個衛生紙。啊我妹就跟我
　　　一直搶，一直搶，然後最後我爸不知道怎麼樣，突
　　　然一巴掌揮來，我就流血。
　我：你有沒有跟你爸說，其實是你先找到那個位子的？
以中：有啊！我就跟他說啦！他就不管。然後我媽是更可
　　　怕的，我媽要求我什麼都要考得很好。然後我有一
　　　次就很好奇問她，她要求我做那麼多，那她小時候
　　　的成績是怎麼樣？然後她就跟我說她小時候都考第
　　　一名或第二名，那然後她就說暑假的時候，回那個
　　　外婆家，拿那個給你看她的成績。
勝武（在一旁聽了同學的話後，微笑地說）：我爸爸媽媽很好
　　　ㄋㄟ！就是有一次我都考不好，上學期我考八十分，
　　　然後我媽媽都沒有打我。然後我爸爸都沒有打我。
　　　然後我媽媽打我的時候，我爸爸還會拉人，給我ㄒㄧ
　　　ㄡˇ。」（錄音，1997-6-3）

　　比較喜歡上課的慶華則對一年三班有很多的評論，一次說
不完，要求我再讓他說一次。雖然只是我和三個男生的小團體，
他開始說話時，還是像是站在台上一樣地說：

　　　大家好，我是李慶華，我的興趣是打籃球和打很多球，
　　我喜歡做的事就是看書，還有打電腦、打電動玩具、出去
　　玩。我不喜歡一個人待在家裡太久，喜歡看各種書，故事
　　書和寫評量是我最大的興趣了。～我很喜歡來上學，我不

喜歡請假。我從上一年級到現在，從來沒有請過假。不遲到，不早退。

說完了之後，他突然就說起對一年三班種種不滿的地方：

> 我覺得一年三班該加強的地方就是秩序、整潔，整潔工作要做好，要認真聽，坐姿要端正。不能，這樣子，因為老師不希望我們以後都不是好同學，這樣老師就是白教我們讀書。我們的知識就學不好，以後就不會出名。

我於是問一旁的耀偉，認為有什麼要改進的地方，戴著近視眼鏡的他批評起班上的進度：

耀偉：太慢，上太慢了。～因為我們安親班寫評量的時候，
　　　都比我們教的多一課。我們教完第十七課，就要寫
　　　第十八課。

我：這樣子啊？俊宏，你覺得呢？國語課有沒有什麼要改
　　進的？

俊宏沒說話，慶華接著又說了：

> 我覺得一大堆。就是，我們國語課，我希望小朋友都能快一點，讓老師國語課能夠上得快一點，因為現在全一年級別班都已經教到總複習了，我們才教第十八課，就連生字詞語簿都還沒寫。我覺得我們應該快一點，讓老師把國語課上得快一點。並且我們要好好地唸書，這樣子你可以把它記到頭腦去。說不定以後還有同樣的科目，這樣我們可以念得非常好。

　　訪談結束後，慶華一邊走還是一邊告訴我同學上各種課的很多「超級大缺點」，我答應了下次再讓他說一次（錄音，1997-6-23）。下一次，他先批評了班上的秩序，接著又對班級有很高的期許：

　　　　我覺得我們班都很用心。不過雖然我們都沒有得名，不過我覺得我們班還是最棒的，因為我們這樣練習算是在練習，以後如果你一直練習的話，以後真的會得第一名，一定會得名。～然後整潔得第一名，秩序得第一名。每一次都得第一名。然後兩次如果都拿到獎牌的話，希望我們班可以更加努力，然後把別班都超越過去，我們不能一直落後在最後一個。以後會變得很笨，不會，什麼都學不會。

　　聽了慶華的一番長篇大論，我轉頭問俊宏：「你覺得得第一名很重要嗎？」

　　慶華：我還是幫他說好了。
　　我：你不用幫他說，俊宏有俊宏自己的想法。
　　俊宏：不重要。（錄音，1998-6-28）

　　我接著問俊宏為什麼不重要，但是他卻一直保持沈默；倒是慶華還是想要不停的說。這個班級的孩子是很有自己的想法，但是卻總是大聲說出來的意見才能被聽見，面對積極爭取發言機會的慶華，我發現自己也很難不讓那麼想表達的他把想法說出來。

　　必須天天面對這群意見繁雜，表達意願強烈的孩子，陳老師調整了她的理想來面對這樣的現實：「我滿贊成不要有固定

教室，就是滿開放的，可是因為班級人數多，學校場地有限，我們受很大的限制，很多構想沒有辦法付諸實際行動，那我在這邊就是取個平衡點，在一個以靜態方式進行，又可以控制得很好的狀況下，你又可以進行所謂比較活動式的課程，比如說，讓孩子參與，就該有個原則吧。」（錄音，1996-10-28）。

陳老師口中的參與活動的原則，落實成這個班級的互動規則，我們可以從以下國語課的團體互動節奏裡看出來。

第三節　國語課的團體互動節奏

研究的主要目標是探索變奏的可能性；而要嘗試變奏必須先掌握節奏，以下是我根據一年半的資料整理出的，這個教室裡團體互動的節奏。

上課鐘響，學生整理桌子，老師整理學生。（曉雯，現場筆記，1996-12-13）

和九〇年代的台灣社會一樣，這個教室團體互動的節奏，在「傳統管束」與「現代探索」交錯的樂音中躍動。我在多次閱讀、整理一年的資料後，赫然發現第一天的觀察筆記已經把這個班級的互動文化與特徵都記錄下來。這一天的第一節是國語課，一進教室，發現桌椅的排列已經不是開學日那天的個別座位長條形狀，而成了六個倒 T 型。除了開學那一天，在我們進行觀察的兩個學期裡，四十五位小朋友都是以這樣分成六個小組的方式分坐在教室裡：

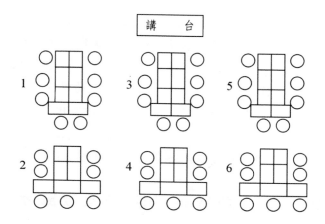

圖24 一年三班座位圖

【第一節課】

黑板上放著一些注音符號卡，8:50 上課鐘響，立刻有學生舉起手來。

　　T ：什麼事？
　　Sx：還有一個小朋友。

孩子的意思是，還有人沒進教室。陳老師便開始點名，「喊到的名字，請你喊ㄡˋ。」兩分鐘後，有兩個孩子走了進來，陳老師看了他們，提醒大家要掛上名牌。老師告訴大家，今天不用帶書包，有些孩子還是帶了，他們說要上補習班。

　　T ：昨天回家有看國語首冊，有預習的舉手。
　　　　（很多手舉向空中）
　　T ：家裡只有兩個人的舉手。

Sx：我家裡只有一個人。

T　：只有兩個人，你跟爸爸或你跟媽媽的舉手。

陳老師繼續分別問了，有三個、四個、五個、六個人的舉手，然後指定個別學生描述家裡的人。

8:59

T　：從小到大，爸爸媽媽愛不愛你們？

　　　（有個「不愛」的聲音，明顯地跳了出來。）

松青：我長大的時候，不是小時候。

T　：什麼時候？

松青：有弟弟了。

T　：可是那天爸爸還送你上學啊！

松青：只有那天而已。

T　：在家裡呢？

松青：在家裡只會要我作功課。

柏時和慶華接著分別舉手說明了類似的現象，陳老師要全班給說話的孩子「愛的棒棒」。宛文也說了：「我爸爸只愛弟弟，不愛女生。」

9:01

T　：從小到大，爸爸媽媽怎麼樣愛你？

麗婷：照顧我。

T　：爸爸媽媽怎麼照顧你呢？

Sx：從小到大，爸媽都會幫我買玩具。

　　李欣告訴老師她想上廁所，老師要她憋一分鐘。陳老師並且一邊指定學生回答；一邊在各組間走動。

慶華：我打破玻璃，都不會罵我。

9:03

T ：有其他小朋友在回答問題時，請你轉一下，看他的眼睛。有些人自己都快睡著了。

　　兩分鐘後，陳老師宣布要點一些不說話的小朋友。大部分被點到的孩子都說「照顧我們」；柏時自己說了：「我們應該要感謝他們。」陳老師接著問：「我們要怎麼感謝他呢？」回應的孩子得到了全班「愛的沖天砲」。下一個問題是：「你怎樣愛你的爸爸媽媽呢？」有八個孩子對這個問題做了回應，包括「幫爸爸摺棉被」、「媽媽在哭的時候，我會拿衛生紙幫她擦眼淚」、「我會照顧妹妹，幫忙搬東西，搬電視」等。話題漸漸轉到了「幫爸媽做些什麼事」，五個孩子說了他們的經驗。

9:16

有孩子表示坐得不舒服，陳老師稍微調整了孩子的座位。

9:17

T ：第一課的課文題目是什麼？

很多孩子不但把題目說了，連課文也整個兒地背了出來。陳老師接著在黑板上放了五個注音符號拼成的字；ㄔㄨㄣㄇㄢ。9:20 還沒唸呢，又有孩子說想上廁所，陳老師重新聲明規則：「下課要上廁所！」說完了規則，開始帶學生讀牌上的音。

我的現場筆記上這樣記著：「有個女孩和對面的男孩說話，disregard what T was saying.」我請曉雯閱讀資料時，她把"disregard"這個字圈了起來，並且打了個問號。問號打得很好，我怎麼能這樣肯定說話的孩子不顧老師在說些什麼？陳老師恐怕也很難衡量吧。

接下來就是老師請學生一邊唸字音，一邊用手指把音調畫出來。

9:25

有個孩子說肚子痛。陳老師問她：「我們再忍耐一下好不好？早餐有沒有吃？如果再不舒服，你就趴下來。」接下來，陳老師帶全班唸音、要全班比出音調──就這樣唸音、比出音調，重複了幾次。

9:26

下課鐘響。

【第二節課】

第二節課一開始，9:40，陳老師用雙手中指輕點肩膀，告訴孩子們：「請・你・跟・我・這・樣・做。」

Ss：我‧會‧跟‧你‧這‧樣‧做。
（學生一面說，一面和老師一樣點肩膀）
T ：請‧你‧跟‧我‧這‧樣‧做。（陳老師拉拉耳朵）
Ss：我‧會‧跟‧你‧這‧樣‧做。（學生拉拉耳朵）
T ：請‧你‧跟‧我‧這‧樣‧做。（陳老師雙手交叉往胸前放）
Ss：我‧會‧跟‧你‧這‧樣‧做。（學生雙手交叉往胸前放）
T ：好，全班坐正，看哪一組小朋友最乖？

看了看全班端坐的情形，陳老師說：「沒學過注音符號的要好好學；已經學過的，要耐心聽。如果不一樣，要照老師教的。」

9:42
陳老師開始帶全班唸黑板上掛著的拼音句子，一邊唸，一邊用指示棒指著音，ㄆㄛ ㄇㄛ ㄈㄛ ㄜ ㄍ ㄆㄛ ㄇㄛ ㄈㄛ 。
陳老師請慶華來唸。
陳老師請第六組唸。
陳老師請一個學生唸。
陳老師請第四組唸。

9:49
陳老師請一個學生唸。
陳老師請第五組唸。
陳老師請一個學生唸。
陳老師請第四組唸。

陳老師松青唸，松青：「我不想唸。」

T ：不行不想唸，老師唸一次，你唸一次。

陳老師請第一組唸。
陳老師請全班唸。

9:57
　　換了一個句子：ㄒㄩㄊㄢㄅㄚㄙㄨㄥ 。陳老師先請全班一起唸，接著指定某組一起唸，最後指定個別學生站起來唸。
　　王偉突然在位置上說他要唸，唸了，陳老師賞了張印花票。孩子們爭著要唸，陳老師讓四個想唸句子的孩子都唸了。

9:59
　　陳老師忽然請第二組起立，然後坐下，這時有隻蜜蜂飛了進來。學生們看著蜜蜂，有些挪動身子閃躲，有些談論起蜜蜂來。

10:00
　　陳老師告訴全班，請大家用眼睛，用耳朵來聽。問大家是不是感受到風吹？「涼不涼？舒不舒服？」，她接著說除了有風外，還有蜜蜂。並且要大家不要怕蜜蜂，只要不去理牠，蜜蜂自己就會飛走。「那麼，還怕不怕蜜蜂呢？」陳老師又問。有個孩子還是一直說：「我好怕。」

T：你比較大還是蜜蜂比較大？

（孩子說不怕了，陳老師要大家說說看為什麼不怕蜜蜂，三個孩子說了自己的理由）

T：好，現在講話的，我開始登記喔！

第四個學生說了為什麼不怕蜜蜂。

王偉＞T：妳給我的一張紙被電風扇吹走了。

10:02

陳老師請第二組唸。

全班一起唸ㄆㄟ。之後，兩個孩子說爸爸沒有和他住在一起。

T：爸爸長什麼樣子？
S1：…
S2：比較高，賺的錢比較多。
S3：爆炸頭。
S4：爸爸有長鬍鬚，帶了一副眼鏡。
S5：有很多肌肉。
S6：很壯，很會吃東西[2]。
…

---

[2] 陳老師在這些學生回應後，大都將學生的話重複一次，然後點下一位學生回應。手寫筆記裡只記下學生的說話內容。

10:10

李欣走到老師面前和老師說話，老師要她先坐下。

Sx：爸爸搬得動鋼琴。

接著，陳老師請全班唸ㄆㄛ，再請全班唸ㄇㄛ。

10:12

T ：媽媽長什麼樣子？

四個孩子說了媽媽的樣子。

10:13

陳老師請全班唸ㄜㄚ。

李欣走向老師，她說想上廁所。王偉走向老師，沒說要做什麼，好像只是想和老師說說話。

10:16

下課鐘響。陳老師告訴全班：「請小朋友不要動老師桌上的東西。」而且提醒大家：「記得要上廁所。」

【第三節課】

一開始，陳老師請小朋友說說看，為什麼不要邊走邊講話。
………………………以及很多很多節課。

　　如前述，一年三班的互動文化與節奏，在這幾頁的手寫筆記裡已然十分明顯。我在閱讀自己的筆記時，發現自己只記錄了課堂上由老師主導的事件，顯示在這樣的空間裡，人有限的注意力很容易只被環境中較顯著的聲音或景象所吸引，這樣一想，我似乎也比較能夠瞭解陳老師面對的現實。以上這些以手寫筆記記錄的三節課，雖然可以看到一年三班互動的特徵，卻沒有涵蓋其他的變化情形。以下是我對這個班級教室團體互動現象的整理，其間也包括課的變化情形：

一、國語課的進行方式

　　就像這兩節課裡看到的，國語課大致由問答與唸誦兩種活動交織而成。在第二章裡提到Mehan（1979）對課之結構的分析模式有三個主要階段。下表呈現的是這個結構裡「教學部分」的活動。國語課一課的教學大半以下列的方式進行，每種內容的進行有時不只使用一節課的時間：

表7　一年三班國語課的活動形式與內容

形　　　　　式	內　　　　　容
問答	老師拋出的問題，學生說出的個人經驗
問答、實際演示	課文（老師將課文轉化成一個具體的情境）
問答、唸誦	句子
指定某位學生拼讀、帶寫、分析字的構成、確定部首和筆畫、讓學生書空、造詞 **或**，誦讀、（師生）書空（確定筆順和筆畫）、確定部首、造詞	生字
唸題目（老師解釋題目）、指定某位學生回答、全班將答案唸一次、在習作本上書寫	習作

　　老師首先藉由拋出問題的方式，讓學生回應出與課文內容相關的個人經驗，再藉由問答或其他方式（如實際做出文句指涉的動作），將學生的經驗和課文內容聯繫起來，接著以各種方式介紹出課文的意義，再依序進行句子與生字的教學，最後以書寫習作來做統整與結束。生字教學與習作練習的進行模式較為固定，多半依循表7所描述的兩種方式，少有變化。只是，陳老師在要求學生練習寫生字時，除了用手在空中書寫，她也常常邀請學生建議還可以用身體的哪個部位來熟練某個生字的筆順，學生的建議包括使用手肘、鼻子、腳、臀部等。這是生字教學裡，學生顯得興趣勃勃的一個時段。活動其他的變化多半出現在陳老師介紹課文時。如，有一課的課文是「小白貓，

小白貓，坐著倒比站著高」，陳老師花了約半個小時的時間把
這段文字的意義具體呈現出來。她先呈現了一張坐著的小狗圖
片，請學生描述圖片內容。接著讓學生用語言清楚表達教室裡
的老師或同儕是站著還是坐著，接著邀請兩位學生到教室前方
一坐一站，讓同學一起說出人是站著或坐著高。接下來，她又
邀請學生到教室前方，在第三組的桌上表演坐著的狗和站著的
狗，讓學生一起說狗是坐著還是站著，是坐著高或是站著高（錄
影，1997-9-18）。課文內容是一則笑話時，老師則先請全班一起
把笑話讀一次，接著指定某位學生用自己的話把課本裡的笑話
說一次，再邀請其他學生說說其他的笑話（錄影，1997-9-30）。
課文內容提到跳舞、唱歌時，陳老師也會讓學生以實際演出的
方式來介紹課文的意義。

　　如前述，國語課的活動不脫誦讀、問答、演示與書寫。在
非國語課（如數學課、社會課、自然課、道德與健康等）的上課活
動裡，則省去了誦讀，問答成了最主要的一種活動。在這些課
裡，陳老師以問答的方式先介紹出她設想的一個具體情境，再
進行後續的教學。如，在數學課裡，陳老師以問答的方式配合
黑板上的圖片來架構出上菜市場買東西的情境，再讓學生數算
自己買了幾個黑板上展示的水果或蔬菜。

　　就像陳老師自己說的：「我用的方法，其實很多是用問答
的方式，就是老師拋問題，聽聽看學生是怎麼接這個問題，他
們有什麼樣的想法。」（錄音，1996-10-28）。問答既是這個班級
最主要的團體互動方式，我最期望的便是這種問答方式的變化
能夠發生。

二、談話內容與參與結構

　　談話內容的合理性，多半由老師來決定；但談話的內容有時也因突發的狀況（如飛進教室的蜜蜂）而發展，有時則因學生的回應而導入新的方向（如，老師提出「爸爸媽媽如何照顧你們」的問題，因著學生的回應而轉向「你們要如何感謝爸爸媽媽」的話題）。最顯著的參與結構是老師和全班之間的互動，也就是Philips（1972）歸類的第一種參與結構，以及Philips（1972）歸類的第三種參與結構：老師和某位學生之間的互動，即，陳老師拋出開放性的問題，然後邀請全班爭取發言權，再由她指定一位學生回應。在這樣的參與結構裡，四十五位小朋友常會等不到老師點名就喊出自己的想法來。孩子告訴我，說話之前先舉手的感受：「舉手好累喔！點了那麼多人，還要等，舉手好酸喔！」「對嘛！舉得手都快斷了。」「還要用左手頂著。」（錄音，1997-6-26）。

　　老師雖然不一定回應由學生提出的活動或話題，但也不一定明確禁止。這些狀況下，參與結構與話題都會因學生發言被老師接受而改變。例如：

　　（Ｉ）Ｔ＞全班：好，現在，小朋友你們是站著，還是坐著？
　　　　　　　　　（王偉站了起來）
　　（Ｒ）Ss：坐著。
　　（Ｉ）Ｔ＞全班：有人怎麼樣？（指著王偉）
　　（Ｒ）Ss：站著。

（Ｉ）Ｔ＞王偉：王偉，麻煩先請坐下。（Ｒ）（王偉坐下）
（Ｉ）Sx：做相反欸，他是木頭人。
（Ｒ）Ｔ：好，做相反，（慶華舉起手來）慶華。
（Ｉ）慶華：我知道，站著比較矮，坐著比較高。
（Ｒ）Ｔ：來，慶華你來再說一次。

　　在這段對話之前的兩分鐘，陳老師以一張圖片來顯示課的開始。在這兩分鐘內，全部的言語互動都是陳老師與全班之間的一問一答。慶華可以說是選擇了一個很合適的時機，在老師重複說出某位同學的意見，還沒有開啟新話題之前，舉手說出了這一課的要義。他可能猜想到老師要他們起立、坐下並不斷要他們描述這些動作的用意。之後，陳老師便配合慶華的引言，開始下一個階段的教學。在這個例子裡，有個沒有被指名就說話的學生（Sx），陳老師雖然沒有繼續開展他提出的這個話題，但也沒指責這種「違規」說話的情形。又如：

（Ｉ）Ｔ＞全班：欸，他認為這隻狗是站著，你認為他是
　　　　　　　站著嗎？（出現很多說話的聲音）
（Ｒ）慶華：他是蹲下。（柏時走到黑板前）
（Ｒ）柏時：（指著圖片）這隻狗是跳起來。（說完便走回
　　　　　　座位）
（Ｅ，Ｉ）Ｔ＞全班：這隻狗是跳起來嗎？
（錄影，1996-9-18）

　　在這個例子裡，陳老師同樣地並沒有指責慶華與柏時不待指名但時機正好的發言。對於孩子說出他們的想法，經常是專

心傾聽的陳老師，有時便是這樣接受學生的主動引言（initiation）或回應，並將小朋友的話語融入其後的互動內涵中，有時則沒有回應這些沒有被指定發言但依舊此起彼落的聲音。例如：

> T＞全班：什麼叫做親切的語氣？（很多學生舉起手來）成彥。
> 成彥：不要用吼的。
> 思遠：要很溫和。（T走到思麗身邊）
> T＞思麗：你媽媽講話親切嗎？（錄影，1997-2-27）

值得注意的是，當老師容許不按規則的發言時，非但參與結構改變，更重要的是，引入的學生談話內容也給原先在提問時有預期內容的談話增加了新的內涵。除了上述的例子外，有一次我們在前述少有變化的生字教學時段看到了這樣的情況。老師教「年」這個字，然後依照慣例在書空後讓學生造詞。王偉突然走到黑板前寫起字來，老師讓他寫，並請其他同學在作業簿上造詞。王偉寫了一個錯誤的年，告訴老師說很多人會搞錯，老師謝謝他的提醒。一分鐘後，他又走到黑板前問老師：「中華民國是不是已經八十六歲了？」老師點頭說對，然後繼續讓學生造詞。示範錯誤的寫法，從語文教學的角度來看，或許並不是很適切的做法；而陳老師對王偉的問題也無暇再做發揮。但是從學生帶入額外的互動內涵這個角度來看，正如曉雯所說的：「當孩子們造詞時，他們是在老師預定的路線上走，像是在做填充題或配合題；可是王偉的動作卻使得路線有了分支，於是有了補充題或延伸題的意義。那個時候，才覺得教學像是一種師生的合作。」（曉雯，觀察筆記，1997-4-21）

　　除了老師和全班或老師和某位指定回應的同學兩種參與結
構外，陳老師有時也運用小組討論的方式，讓六組學生分組討
論並將討論結果畫或寫在每個人都有的小白板上，再以組為單
位，由某位組員代表說出並呈現小白板上的討論結果。這種分
組方式在自然課與社會課裡最為常見；在後來聚焦觀看的國語
課則比較少見。陳老師認為小組討論的方式並不能引發討論，
反而引發同儕間的爭執：

> 陳老師：分組，真正去討論，可是你可以發現喔，孩子在討論時就那
> 一個兩個。～～～～國語課我很少用，可是社會課我用的次數
> 比較多，可是說真的，它的效果不太好，所以我用的次數會
> 不多。那怎麼樣的狀況呢？孩子他在一組六個人當中，其實
> 有一、兩個會一直講話，可是他講話爭執的焦點是我要去報
> 告，還有我不要去報告，還有說我們兩個一起報告。我要他
> 們是就一個主題討論，可是孩子他們很難去掌握那個主題，
> 然後就會發現每個孩子都各寫各的，每個孩子都各寫各的。

　　陳老師因此指定每一組只用一個白板，但結果卻是「拿出
那塊白板的小朋友，就是他寫然後他報告。」（錄音，1997-1-29）

三、秩序與控制

　　小朋友爭先恐後的說話，常會形成吵雜的情境，這些同步
發出的聲音卻使得陳老師「整個情緒下沈，很低落。」她說：
「我覺得那樣子的我，我真的不曉得，有時候我會站在那邊發
呆，有時候他們太吵的時候，我會呆在那邊幾秒鐘，我真的會
這樣。」認為自己是個「很重視常規的人」，陳老師推測或許

就是因為「整個班級鬧烘烘很吵的時候，我不曉得——那個感覺很不好，或許我很怕那種吵雜的聲音。」（錄音，1996-10-28）

　　小朋友自己也不喜歡班上吵雜的情境，有次我問小朋友：「如果上課很吵的話，你們會怎麼樣呢？」

芳馨：會很難過啦！～因為太吵的話，我們班四十五個人，加上老師總共四十六個。

我：難過，你是心裡難過還是覺得，

芳馨：很吵很難受，就是然後每次都是一直吵來吵去，我都很難受。然後我就摀著耳朵（嘆了一口氣）還是聽到了，很吵，非常的吵，然後老師說講話的出去登記。

道如：我覺得很煩惱，就是煩啊煩啊，不知道什麼時候停。然後一直煩一直煩，煩煩煩，然後還是要等老師處理。～然後看到他們去登記，又覺得他們很可憐。

傳維：我都覺得，覺得很討厭。～因為只要班上一吵起來，我就不知道要聽，教哪一個生字我都搞亂了，因為每個字都寫了幾筆幾劃。

我：可是你們自己也會吵嗎？

道如：會，會。

傳維：有的時候會，我沒有一次被蓋哭臉。

　　　（孩子爭相說著自己沒有被蓋哭臉的事）

我：我是說你們自己會不會跟同學講話？

道如：我會跟芳馨。

傳維：我會跟我對面那個很像羊的人。

我：誰啊？

傳維：陳秉紅，她的臉很像羊，講話像牛。

（錄音，1997-5-20）

　　師生都察覺到吵鬧的負面影響，但知道自己有時也會參與吵鬧的學生卻不必擔負讓課程順利進行的責任。第一學期的第二個月，我們觀察到陳老師在音樂老師進教室之前，頻頻交代：「班長、組長，待會兒記得管秩序喔！」「現在，桌面收乾淨，把你們的那個唱遊課本拿出來！」「好，現在全班小朋友起立，起立！桌上收乾淨，有音樂課本而已，其他通通收起來，有做到的人才能坐下。」陳老師一直等到音樂老師進了教室，班長喊口令時，仍不放心地指導著：「ㄟ，班長口令不對喔，應該要跟老師說什麼啊？」臨出教室還向班長說：「班長幫我看喔！待會兒這堂課不乖的，我要蓋他哭臉，每一組的組長！」這天的音樂課，我們一直看到如下的情形：

　　老師問全班是不是每個都帶白板來了。大部分的學生齊聲說：「有！」說著，就有很多學生把小白板拿出來。

T　：先不要，先不要，等一下再，

S1：沒有帶白板筆。

T　：啊？沒有帶白板筆啊？

Ss：有！

Ss：我有！

S2：我有…

S3：我也有…

S4：我沒有…

Ss：…

S5：老師！

S6：不要講話啦！

Ss：…

S7：老師，楊以中撞我。（有學生敲響板的聲音）

T　：來，哪一組的響板在響？那扣分，對不對？

（各組組長紛紛跑到黑板左側的計分板登記不守規矩的同學）

T　：不要坐在這裡，回去，回去啦！（錄影，1996-10-17）

　　害怕吵雜聲浪的陳老師，在讓孩子表達想法的同時，因而也不時地傳遞各種規則與約束，控制著兒童的聲音與行動。她認為，和全班之間的互動一定要有些原則，才能讓活動繼續進行：「如果我讓你說話，你就可以說話。如果說，我沒有允許的話，我希望他們能夠專心聽我說話。因為我一直覺得說，孩子要能動能靜，可是你靜的時候，起碼要尊重人家說話。」（錄音，1996-10-28）。

　　有一天，我進了一年三班的教室，看到兩位小朋友站在放滿教具的黑板前：

T＞全班：王偉為什麼站在這裡？

Ss：愛──講──話。（現場筆記，1996-9-12）

上課愛講話會被罰站，孩子們其實很清楚說話的規則：

我：你們會不會常常跟同學講講話？上課的時候。

松青：講話會被登記。

我：講話都不行嗎？

松青：除非是跟老師講話，或是舉手大聲，或是大聲站起
　　　來講話。（1997-6-23，錄音）

思麗：如果你講話就要被叫，都會被登記。

孟婷：都會被叫起來說造句。

思麗：對啊！然後你不專心也會被捉起來造句。

（錄音，1997-5-27）

　　因為陳老師不要學生在上課時喊：「起立、敬禮、坐下」，
因此常常需要花時間來告訴大家：要開始上課了。於是有了「木
頭人」的規定。甚麼是「木頭人」？孟婷告訴我：「就是已經
上課，你站起來，老師說木頭人，你就不能動啊！他會被登
記。」（錄音，1997-5-27）。登記是依組別和組裡各人的代號，
用小塊磁鐵或粉筆在黑板左邊的計分板上做紀錄，由陳老師或
她指定的組長來記錄同學上課的表現。常常在鐘響之後，陳老
師就一邊拿起粉筆做出要在計分板上記錄的姿勢，一邊問道：
「我看哪一組最乖。」或是進行木頭人的儀式。記缺點是個別
記；但是陳老師對表現很好的組，則是以團體獎勵的方式，在
各組記優點。「我希望說，他們在一個團體當中，她學的其實
就是一個比較紀律的東西。所以，記優點的時候，以一組為單
位，我希望由一組的影響讓他知道說，我是在一個團體裡面，
我是團體的一份子，～可是記缺點是要個別記，我不能用連坐，
那會有很大的問題。」（錄音，1996-10-28）。記滿三個缺點，老
師就會將小朋友在下課時留下來拖地板。陳老師認為，這套制
度是「提醒的功能大於真正的獎懲。」

　　教室裡的互動規則，大方向似乎無可避免地要將每個個體帶入「請學生跟老師這樣做」的一致模式裡。即便學生對規則了然於心，但是在將學生「學校化」的過程中，還是有著跳動不安的小水滴，像是常要上廁所的李欣和四處遊走的王偉。

> 陳老師：我們的規則，其實一個老師也是在教學過程中發展出來。你
> 　　　　知道我第一年帶的那個班，那個訓導主任經過我教室他都要
> 　　　　進來，我跟你講，他一直講起立坐下起立坐下。
> 我：第一年沒有啊！這個你在訪談中沒有講過，～～～
> 陳老師：我第一個班學生程度非常好，我真的也讓他們暢所欲言。在
> 　　　　學習過程中是教學相長，未必說是老師在帶領什麼。那我必
> 　　　　須要說，一個規則的發展，它是一個老師經驗的累積，她覺
> 　　　　得這樣一個運作下面，你要的目標容易達成。比如進度也好，
> 　　　　或你要傳達什麼，或是讓孩子稍微專心。其實孩子本身非常
> 　　　　不喜歡吵雜的環境，～～～我們沒有一個人願意，可是我們
> 　　　　經常製造出我們不願意的東西出來。

四、流動的小水滴

　　淑萍在 1996 年 11 月的時候第一次進入一年三班的教室觀察，她的筆記第一頁寫著：「有一位穿淺綠背心的小男生，在老師和報告的小女生周圍走來走去。老師先用手指示請他回座，但沒有效果。老師似乎也沒有很在意，那孩子仍在晃來晃去。」第一次造訪這個班級的淑萍立刻就注意到王偉了。

誰都可以察覺走來走去的王偉。

停不下來的小小身軀是不是也說明了停不下來的小小心靈呢？

王偉因為在教室流動的範疇大，而且行動總是較令人意想不到，因此比較容易吸引全班以及我們的目光。其實，跳動不安的小水滴此起彼落，以多種方式在課堂裡流竄與發出聲響。

小水滴的聲音，偶而影響河的流速，比如老師帶讀課文，有些孩子表示「跟不上！」，老師便做了調整。有天早晨到了體育課的時間突然下起雨來，陳老師宣布體育課留在教室裡上。慶華嘟著嘴說：「每次體育課都沒上！」有小朋友提議戴上帽子就不怕雨淋了。陳老師接受了，並立刻要全班到走廊上排。我還在收拾攝影器材的時候，發現全班又走回教室裡，原來是老師說他們太吵，會影響別班上課，要他們安靜地重來一次。（回溯筆記，1996-10-22）

小水滴的躍動和大河的整體流向一直相互撞擊著，力量並不均等就是。

有一次，老師和學生說著話的時候，我看到眼前有個女孩，默默唸著樂譜，好像是以極微弱的音量在唱著歌。

> 研究生（現職國小教師）：我是覺得，對在教室中沒事走來走去的份子而言，用「流動的小水滴」來形容真是太客氣了，好優美。好似他（她）們讓沈悶的教室空氣活潑起來。事實上，每一個老師對這樣的份子，都是頭大無比，欲極端限制其自由而後快。在實務工作者的眼中，小水滴是大麻煩。

五、「小眾」參與

　　那些唇與唇（沒引起注意）的開開合合，以及，其
間確定流瀉出的，但可能永遠聽不清楚的輕輕歌聲。
（資料閱讀，1997-9）

　　沒唱出的歌可能永遠沒機會被聽見；相對地，「老師，我
想跟你講話！」、「老師，我有話要講！」的聲音便顯得清晰
可聞。愛說話的這群孩子，有幾個孩子在一年半的觀察裡，總
是比較容易得到發言的機會。無論是在大多數由陳老師主導的
情境，或是少數幾次的小組討論裡，總是有幾位學生佔據了大
半的發言時間。上述陳老師拋出開放性的問題的情境裡，最後
總是選擇一位孩子發言，因而就經常形成老師與某位孩子對話
的情境，其他的孩子不見得也在情境中。

　　第二學期，我們於是徵求願意在上課時戴著無線麥克風的
孩子；結果，回應熱烈，孩子搶著要戴。有位在平日的觀察裡
很少爭取發言權的女孩，透過麥克風，我們聽到了她對小老師
的各種回應，像是，「那麼兇！」，「字寫得太潦草了！」，
以及一長串的「好無聊喔！」「好無聊喔，我想畫畫！」「好
無聊喔，我想畫白板！」（錄音，1997-3-17）

陳老師：我是覺得說，你很細心地把幼稚園她們每個人就是幾分鐘發
　　　　表啦，幾秒鐘，我覺得你可以做那樣的，為什麼你沒有幫我
　　　　做一張（笑）。

我：好，我可以幫你做。③

陳老師：我是想瞭解說你對「小眾」的定義是什麼。是哪個人出現的
　　　　次數多？還是說其他多數人都沒有發言的權利？還是沒有去
　　　　說話的一個機會？因為你這樣直接去定義小眾參與，我們會
　　　　覺得可能就那三、四個或一個兩個，

我：就像這個畫面（指圖 31，頁 219），其實可能不只是他，而是他
　　動作比較大，容易看得見。他就在那邊畫畫，其實也不能說他不
　　參與，因為他可以一邊聽、一邊做其他的事，只是說，這個活動
　　並不能緊緊抓住每個孩子。當然，這也可以從另外一個角度來詮
　　釋，說你給予他們相當大的自由度，決定自己要做什麼。

　　提到節奏與變奏的問題，我過去的助理，在 1996 年從師範
學院畢業，開始在國小任教，也擔任一年級的老師，她問我：
「我連節奏都掌握不住，不要說變奏了，怎麼辦？」陳老師的
教室互動是有一定的節奏，我向她提了這位新手老師的困境，
她說：「我是沒有想到變奏的問題，我比較安於那種，就是比
較固定的節奏。」

③　陳老師對「小眾」指涉不清感到不太滿意。我雖然在和她談話時答應可以做
　　一張和第六章的表 11 類似的表，但訪談後又把資料看了、思考了幾次，卻發
　　現要界定一年三班在某一個話題上有幾個人說了話、說了多久、有多少人在
　　參與是相當困難的，因為沒有說話或做著其他事的小朋友並不見得沒在聽，
　　也不能說她／他們沒有參與。表 11 統計的是每個分享日記圖的學生主領互動
　　情境的時間，並不是對全班參與情形的界定。陳老師和我對這個話題的討論，
　　也請讀者參看第六章裡呈現的後續部份。

　　在種種不理想的情況下，變奏是可能的嗎？學生人數較少，又有兩位老師，而且沒有課程進度壓力的幼稚園，情況又是如何呢？

第五章

幼稚園綿羊班教室團體互動的節奏與第一次間奏

第一節　綿羊班的生活

一、小朋友對上學的看法

二、大章老師

三、小張老師

四、課程與作息

五、綿羊班的早晨

第二節　討論課的節奏：節奏明確的「小學先修班」

一、互動形式與內容

二、老師的角色

第三節　日記圖分享的節奏：老師分享孩子的生活

第四節　間奏一：三方討論變奏的可能性與困難之處

一、老師忽視或打斷學生話語的幾種理由

二、帶領全班討論的其他難題

三、兩位老師的解決之道

四、我的建議

第五節　教室團體互動的變奏：真的發生了

第一節　綿羊班的生活

一、小朋友對上學的看法

　　第二年第二學期末的時候，我把學生的成績交了，兩位助理把作業、報告交了，我們終於有了時間，到幼稚園去和孩子聊一聊。為了不要干擾孩子的作息，我決定使用午睡後的點心時間和孩子談話。到了教室外時，教室的門鎖著，探頭從紗窗往裡看，教室裡黑漆漆的，孩子們想必還在睡覺。問了教室旁廚房裡煮著點心的阿姨，她說：「可以叫他們了！該起來了。」我們還是在走廊上等著，我看到教室外的壁報邊緣上有幾隻紙蝴蝶，翅膀捲了起來，大概是放久了，而壁報中間寫了四個大字：珍重再見。珍重了，要離開這個教室的孩子；所幸一定要再見面的，因為他們都還要在同一所小學就讀。再度見到的，除了幾位編在一班的同學外，上學對這群孩子而言是不是會有新的意義呢？要對共度幼稚園生涯互道珍重的孩子們，到底認為「上學」是怎麼樣的一回事呢？

　　我和助理在屋內燈亮後走了進去，小張老師告訴我們因為腸病毒疫情嚴重的緣故，明、後天都要停課，她要忙著幫孩子收拾被單等雜物，讓家長帶走。我談了訪談的事，她說她要忙的事很多，請我幫忙盛點心給孩子，「都交給妳了好不好，蔡老師？」我一邊提醒孩子們洗手；一邊幫他們舀芋頭稀飯。孩子們多半要我盛少一些，吃了午飯就睡覺才起來的他們，可能

還不覺得餓。我心裡一直掛念著，對這群孩子而言，「上學」是甚麼呢？

　　孩子吃著點心，我和助理分成幾桌坐下，問孩子：「你覺得幼稚園是什麼？」

　　信鴻：幼稚園可以出去玩，然後幼稚園寢室裡還可以看電視，還可以玩玩具。

　　或是問：「你覺得來上學是做什麼？」

　　子衷：玩玩具啊，騎機車。
　　日瑜：畫畫。
　　～～～
　　趙明：上課。

　　趙明用了「上課」這個詞，我並不驚訝，因為老師們在訪談時，也用這個詞來描述幼稚園裡的作息，只是不免感到有些擔憂，難道幼稚園已經為她／他們預演了小學生活的種種？

　　另一桌的女孩們所說的上幼稚園做的事，也和男孩說的相去不遠：

　　我：阿姨來問你們，你們上幼稚園是來做什麼的啊？
　　淑明：來玩。
　　～～～
　　仲茹：來上課。
　　我：上什麼課啊？
　　仲茹：一起唱歌跳舞。

先瑾：教那個。
我：教什麼？
先瑾：教畢業歌。
敬雁：來上吃餅乾課。
我：敬雁，還有什麼？
敬雁：來上吃點心課。

～～～

（孩子們笑開了，一個個重複地說著「來上吃餅乾課」，一面
　不停的笑）

仲茹：老師教我們玩遊戲。
小薇：還有一些別的老師來教我們跳那個，左轉右轉…那
　　　個屁股扭扭，那個范曉萱的，還有豆豆龍。
我：誰來教你們唱？
小薇：美華老師。她每天都綁一個高馬尾耶。

（我問先瑾還有沒有什麼，把麥克風靠近她，要她說）

先瑾：老師以前還有跟我們玩氣球傘，現在就沒有玩了。
瑞馨接著問：「你覺得上幼稚園的感覺怎麼樣？」
仲茹：很好！
瑞馨：為什麼感覺很好？
仲茹：老師教我們上課又教我們玩。

　　孩子們的印象裡，上幼稚園不外乎上課和玩，加上零零星
星一些較深刻的個別印象。「來上吃餅乾課」讓小朋友們覺得
好笑；似乎「吃餅乾」和「上課」是兩件不協調的事。但是無
論是上課、吃點心或玩都有些能做的事和不能做的事。例如：

> 我：那你們說，吃點心的時候可不可以講話？
> 仲茹：不能。
> 我：那我們現在不是在講話嗎？
> 小薇：是妳要問我們講話，老師妳幹嘛？
> 我：那你們平常沒有講話嗎？
> Ss：沒有。
> 我：那下午吃點心的時候你們也沒有講話嗎？
> Ss：有。
> 小薇：然後老師要我們不要講話，然後我們就ㅂㅂㅂㅂ，就
> 　　　小聲講話。

　　此外，趙明告訴瑞馨在玩玩具的時候，「不能打架，～還有不能丟玩具」；信鴻說玩積木時，「不能亂丟，然後要收拾，不能放在那邊～也不能拿玩具追來追去、跑，還有打架，還有那個玩玩具的時候，老師說收拾的時候，她就沒收放在那邊」；喜歡在娃娃家扮演出「還珠格格」①的芷嫻，告訴我，在娃娃家「不行用跑的，不能用ㄒㄒㄒㄒ……會弄很吵，然後老師就不准我們玩了。」老師說故事的時候，趙明告訴瑞馨，可以做的事是「把耳朵變大」。燕妮則告訴我，如果上課時沒有舉手就講話，「會得腸病毒！」（錄音，1998-6-24）

　　這些能做與不能做的事透露出孩子們對學校文化與規範的初步認知，也顯示媒體傳遞的訊息交織在兒童對生活意義的建構和體現過程中。小薇對我的抗議（「是妳要問我們講話，老師

---

① 「還珠格格」是在 1998 年四、五月間於電視台播出的一齣連續劇。孩子們對其中的角色如數家珍，也告訴我她們曾經演過的角色。

妳幹嘛？」）似乎顯示：「老師」自己引起的談話並不能用一般
的班級規則來規範。孩子怎麼會知道這些能做與不能做的事呢？
讓我們來看看綿羊班的日常生活。

二、大章老師

　　第一天到幼稚園觀察時，兼任園長的大章老師在我還沒提
出任何問題之前，就主動向我介紹幼稚園的作息情形，並且讓
我看了兩位老師自行設計的圖表，像是兩個星期一次的親子作
業，以及出席圖、心情圖等讓孩子寫與畫的圖表（現場筆記，
1996-9-30）。1996年9月16日，我向大章老師徵詢在她的教室
進行觀察的可行性時，一口答應下來的大章老師曾問我，是不
是需要她們進行怎樣的教學來配合我的研究，我說，她們平日
怎麼做就怎麼做，並不需要做特別的安排。

　　永慶國小附設幼稚園一共有兩班，綿羊班是其中之一，每
班有兩位老師，綿羊班的老師是大章老師和小張老師。在姓氏
前加上「大」「小」，是因為兩位老師的姓，讀音相同，為了
避免全班三十位小朋友喊老師時分不清楚的情況，就依年齡做
這樣的區分。

　　自稱半路出家的大章老師在民國六十二年就讀於師大國文
系的夜間部，白天則在一家私立幼稚園擔任助理老師的工作。
那是一個大學裡沒有幼教系，唸私立幼稚園要考試的年代。她
的工作主要是協助行政，教學上「都沒有說真正的去帶過」，
而是園長在上課時，「我在旁邊看，就是有什麼要協助的，我
就是協助她。」園長讓她參與的部分是教小朋友唸兒歌和說故

事,「那琴也是利用下午時間同事教,～就是練,練出來。」
下午大班的導師準備教材時,她就在教室裡看小朋友寫字,「那
時候寫的國字,就是跟現在小學一年級那種一樣,格子稍微大
一點,那寫,寫到很難,我記得還有青菜、麵粉那些都在寫。」
大章老師就是這樣在園長身旁邊看邊學,「慢慢地從那個時代
這樣練出來。」後來因為大班增班缺老師,園長「就把她升上
去試試看」,大章老師才開始參與正式的教學工作。「我在那
個環境待了三、四年以後,就慢慢地有所謂的體能教學,～接
下來就是所謂的音樂教學。」音樂教學就是「它那個好像就是
唱遊,唱遊當中,它還有帶入樂器,就是在大班就要吹奏笛子、
口琴啦。」學期末時,在音樂發表會裡,「你整班的小朋友,
你訓練到他都會吹口琴,就起碼可以吹一首曲子這樣上去。」
大學畢業後,園長對她說:「你不要到小學,不要到國中去,
你就留在我這邊。」

　　大章老師就這樣留在幼教界。後來,幼稚園搬家到另一個
地方,園長把所有的老師帶過去,在那所幼稚園大章老師又待
了十三年。大章老師認為,在那所幼稚園裡,「教學方法上有
一個新的突破。」就是以教室為單位,成立美勞中心、自然科
學中心、語文中心和益智角,然後各班排好日期在不同的中心
上課。當時,美勞、音樂和體能都聘請專任老師來上,「它有
一套教材就是一系列的,那我們協助他,那我們多少學一點。」
推動奧福教學時,大章老師也利用一個禮拜一個下午的時間到
永和佳美幼稚園學了一段時間,「那我所有的教學,大概都是
那些點點滴滴這樣學來的。」公立幼稚園成立的時候,大章老
師顧慮到退休福利等比較實際的問題,於是就參加甄試,考上

後，在一所國小附幼教了兩年，民國七十七年到永慶來，迄今已有十年（錄音，1996-11-14）。

三、小張老師

小張老師考大學時，原先考上淡江大學中文系，因為考量將來的出路，便和同學一起報考國北師院的幼二專。民國七十六年畢業時，正好遇到台北市大量增設公立幼稚園，她參加甄試，筆試第三，加上琴法和說故事，以第一名的成績考上。最初四年，她選填靠近娘家的一所國小附幼，婚後，在民國八十年調到永慶來。她認為，兩個幼稚園都是採取大單元教學的方式，因為過去四年的經驗，到永慶時覺得比較駕輕就熟（訪談，1996-11-15）。

四、課程與作息

兩個班級的四位老師，如何決定課程呢？綿羊班的兩位老師告訴我們她們的課程屬於「大單元教學」。單元主題的擬定，小張老師說：「配合季節時令嘛，然後還有孩子比較需要的東西」（錄音，1996-11-14）。大章老師還提到，「小孩比較需要加強的」，再加上幾年的經驗裡，覺得「孩子滿感興趣的，我們就會開始選擇」，此外，她也注意單元是否顧及「六大領域的均衡」，強調單元主題必須「結合社區資源」。單元內的實質內涵則由四位老師共同討論。大章老師告訴我：「我們在學期結束之前，大概討論說我們下學期要預備上些什麼，放假的時

候，你就可以去找一些資料。當你在找資料當中，如果有比較新、比較好的，那反正我們還沒有定案嘛，開學的時候，我們可以再把它排出來，認為插在哪裡會比較方便。」四位老師討論出單元後，由四位老師抽籤，各自回家寫某個單元的教案並蒐集資料，開學討論時，「要給各位老師看一下，這部分有沒有要增減，通過了就印刷，印給家長，每個家長都有一份。那上完之後，我們會再討論。」（見附錄三的例子）。課程進行中，每上完一個單元，四位老師會利用中午孩子午睡的時間檢討實施情形並討論下一個單元的細節。兩班的老師在各自班上分別負責自己較拿手的時段（錄音，1996-11-4）。學期中的教學討論也是利用中午孩子午睡時進行，「開開開，開到他們睡醒。」

醒著的孩子一天是怎麼過的呢？我從幼稚園教室大門旁邊的牆上看到一張作息時間表，這張表也是幼稚園發給家長「參考」的活動表：

表8　台北市永慶國小附設幼稚園幼兒作息時間表

午別	分鐘	時間	活動項目	備註
上午	10	08:00～08:10	入園、整理活動	
	5	08:10～08:15	升旗	
	30	08:15～08:45	快樂晨光	角落自由活動
	10	08:45～08:55	靜習	
	15	08:55～09:10	韻律活動	
	40	09:10～09:50	教學活動	1.團體活動 2.分組活動
	20	09:50～10:10	餐點活動	
	30	10:10～10:40	戶外活動	
	40	10:40～11:20	教學活動	
	10	11:20～11:30	整理放學	半日制放學
下午	10	12:00～12:30	午餐	
	10	12:30～12:40	整潔活動	收拾餐具、盥洗如廁
	30	12:40～13:10	午間故事	
	80	13:10～14:30	午休	
	10	14:30～14:40	起床	整理被褥
	40	14:40～15:20	教學活動	
	30	15:20～15:50	餐點活動	
	10	15:50～16:00	整理放學	

註：本園作息時間由各班教師彈性應用，本表僅供參考。

這張作息表的「原版」,「參考」性質的確很高。「分鐘」那一欄,原來都寫著「10」,我於是根據「時間」欄標示的時段做了修正。芷嫻和燕妮是這樣描述一天的生活:

我:來,你們告訴我,你們一天來學校,從一開始來到放
　　學都做些什麼。

芷嫻:我不知道我忘記了,我只知道今天。一開始是在裡
　　　面玩,打鐘打鈴是下課,就到外面去玩。鈴鈴打鈴
　　　了,再打一下就回來教室。

我:回到教室做什麼?

芷嫻:上課啊。

我:上什麼?

燕妮:就把椅子搬到中間。

芷嫻:然後呢就念故事。念完故事,老師就會說,燕妮,
　　　這個功課很簡單喔,這樣而已啊。

　　　(兩人說一人坐在第三排,一人坐在第四排)

我:然後坐在中間上完課以後呢?

芷嫻:然後把椅子搬回去啊。然後就寫功課啊。

我:寫功課?寫什麼功課?像什麼?

燕妮:簡單的功課啊。

　　　(我請她們拿給我看,但她們說老師都拿去打包了)

我:寫完功課以後呢?

芷嫻:就可以出去玩了啊,打鐘就可以出去玩了啊。

燕妮:有時候喔,我們寫完功課,沒有打鐘的話,就可以
　　　出去玩了。這是以前。我想說,你好像是以前來的

老師，我還記得你。

我：對，我以前有來過，看你們畫日記圖。

　　（燕妮唱起自編的畫日記圖歌，歌詞就是畫日記圖）

我：然後呢，去外面玩了以後呢？

燕妮：我忘記了。

我：吃中飯嗎？

燕妮：不是吃中飯。下一個打鐘以後呢就是睡覺，然後起來以後呢，玩到一半，起來，不是，玩到一半，回家，回家以後，來學校，放假。

　　實際的現場經驗告訴我們，綿羊班一天的流程其實和兩位小朋友的描述以及表 8 所標示的相去不遠，所謂的「靜習」是坐在風琴後的老師要小朋友趴在桌子上，「假裝」睡覺，聽到某種風琴旋律後，才再度「假裝」醒來，歷時約二到三分鐘。

　　一天的活動裡，三十位小朋友分成三組坐成倒ㄇ形。老師依照小朋友的年齡，把年齡較接近的一號到十號分成一組坐成一桌，依此類推。每個星期，老師會以組為單位讓小朋友換桌坐，雖然是整組一起移動，但同組的小朋友鄰座必須更換。老師雖然讓小朋友自由選擇鄰座，但是有時候她們「還是會給他調一下，因為在一起的話（笑）」（錄音，1999-2-11）。

　　下午極端有限的幾次觀察裡，很少看到「午間故事」的進行。孩子吃午餐的速度不一，吃完的孩子多半各自選角落玩，老師則從 12:30 開始，就搖鈴要孩子準備午睡。

我：你們等一下睡完午覺做什麼？

兆恆：就是去上廁所，上完拿便當吃。

我：拿便當吃午飯，那不是剛才已經做了嗎？我是說等一
　　下你回去睡午覺，然後起來要幹嘛？

兆恆：就是吃完點心以後，就玩，玩完就把要帶回家的東
　　　西，然後就在教室裡等媽媽們。

我：喔，來接你們，是不是？（1997-5-8，錄音）

　　就像兆恆告訴我的，2:40 老師喚醒睡著的孩子後，先讓小
朋友吃點心，吃完點心的孩子仍是各自到角落裡玩，一直到家
人來接。

　　這是一天的作息，老師桌子的透明塑膠墊下，有一張一週
的活動表：

表9　幼稚園綿羊班一週活動表

	時間	星期一	星期二	星期三	星期四	星期五	星期六
第一節		日記圖	圖書	音樂欣賞	寫前練習	摺紙	玩具分享
第二節		分享日記圖	單元討論	體能活動	單元故事	自然科學	戶外活動
第三節		影片欣賞	單元歌曲	工作	討論	作業	故事
第四節		影片欣賞	數量形	美勞	節奏樂	團體遊戲	故事

　　看得出來，兩位老師是以「節」為單位來劃分一個早晨的
活動。兩位小朋友因此用上課、下課、寫功課來描述她們的日
常生活。

張老師：我是覺得上課方式，我們應該還是滿活的啊。例如討論，你
　　　　要看團討嘛。然後你說，章老師她會以節來說，以課來說，
　　　　我想說那是我們跟大人說的話。事實上，我們跟孩子講的時
　　　　候，不會說這個是做什麼課，那我們桌上壓的那個，
章老師：有啦！我們還是有時候說，討論課，要來討論了！（笑）
張老師：我們在教學日誌上面，寫的也是寫團討時間啦，例如說，是
　　　　什麼活動，什麼時間，我們倒是不會說，那麼強調，
章老師：是一種習慣啦！
張老師：對啦，這是我們口語上說的，倒不會那麼強調說，這節是什
　　　　麼課。
我：這個是不是我們，幼教太受幼教以後的教育影響？是不是我們都
　　受到幼教之後的教育影響？我倒是希望其他層級的教育向幼教的
　　課程發展精神學習。

張老師：對啦，旁觀者清嘛，你們寫了，我們就知道，自己哪裡要反
　　　　省。
章老師：活動時間的劃分很難劃分。～～～～那像這幾年我們發現，其
　　　　實孩子最大的問題是在飲食上面。她可以這個東西不吃，9點
　　　　40吃到11點，如果你讓她自由去的話，她今天可能只有在
　　　　吃的上面，就是這樣子。

　　對小朋友們而言，這些節次分明的幼稚園生活究竟有什麼
意義呢？我們先來看看綿羊班的早晨。

五、綿羊班的早晨

　　每天早晨，孩子們從7:30分開始就陸陸續續地進到教室裡

來。這個時間，小朋友可以自由選擇想去的角落，自己玩。這個教室裡有娃娃家、益智角、積木角、圖書角和觀察角。兩位老師表示，是根據孩子的興趣和教室區隔的方式決定了這五個角落。

8 點 5 分是全校的升旗典禮，綿羊班的小朋友站在教室外的走廊上排成一長列，面向操場的方向，唱完國歌後，老師便要小朋友向右轉，進教室。小朋友參與這個典禮只有短短三分鐘。除了星期一，升完旗後，老師會帶小朋友到教室外的遊戲場做體能活動。在星期一的早晨，老師便會要回到教室的小朋友開始畫日記圖，畫完後，再畫心情圖。畫好的小朋友一個一個地把圖畫拿到兩位老師其中之一的面前，老師問小朋友畫了些什麼，然後就把小朋友的說明寫在圖畫邊邊。就像是小朋友告訴我的：

我：～～～畫日記圖要做什麼？

仲茹：可以畫天氣，還有，

小薇：就是畫你去哪裡玩

仲茹：就是畫你今天開不開心，然後星期一我們會畫日記圖，就是日記分享圖，然後我們畫星期六，星期天去哪裡玩了。然後老師會在下面先寫一遍。

我：畫你去哪裡玩，還有什麼啊？小薇，妳日記圖都畫什麼？

小薇：都畫出去玩啊。…有時候也會畫在家裡。（錄音，1998-6-24）

和老師說完圖畫內容的孩子可以到地毯上的娃娃家或積木角玩。到了 8 點 45 分小學下課鐘響的時候，老師便讓想上廁所

的孩子排隊，一起去上廁所。8點50分鐘聲又響，老師便開始
整理環境，也讓孩子們幫忙，但是大部分的孩子還是在地毯上
玩。9點的時候，大章老師搖搖手搖鈴，提醒孩子們回座或上
廁所。9點10分，大章老師坐到風琴後，琴聲一起，孩子們便
趴下來，像是在睡覺的樣子。兩三分鐘後，換了一種旋律的琴
聲又起，孩子們應聲而起，開始團體活動。和著風琴聲，老師
向小朋友問好，唱著當天的天氣（如，老師唱：「今天什麼天？」
孩子和：「今天太陽天。」）和日期。一首接著一首的歌謠配合
著齊一的動作，重複唱好幾次。有時會有男女對唱的歌，男生
一邊，女生一邊，演出大野狼和小紅帽的故事。集體唱歌做動
作的活動結束前兩三分鐘，大章老師會讓孩子一邊把椅子排成
倒ㄇ型，一邊繼續帶著孩子唱歌。9點35分，琴聲止，大章老
師開始對全班說話。

　　星期一的早晨，進行的是日記圖分享，日記圖分享後就是
看錄影帶的時間。看錄影帶的地方是在教室旁的一間地板是木
板的房間，這個房間在兩個教室中間，也是午睡的場所。老師
說：「小女生先進去，好，小男生輕輕地走進去。」坐定之後，
老師宣布：「今天先看大人的，再看你們的卡通。看的時候先
不要講話，明天我們要討論看的影片。好，每個人先站起來，
手叉腰，看看你們會不會碰到旁邊的小朋友，好，請坐下。」
這天先放映的「大人片」是交通影片，有關車子行駛該注意的
事項，接下來又看了一部反賄選的片子，然後才是小朋友的「小
叮噹。」小朋友看錄影帶大笑時，隨即會有老師發出「噓」的
聲音。有些孩子邊笑邊踢地板，有孩子就抗議了：「他們都很
吵，我都聽不到！」老師便常常提醒孩子們：「小朋友不要踢

地板，很吵喔！」或是，「每一個小朋友都用眼睛及耳朵欣賞，如果你用嘴巴說，我們就聽不到了。」

　　星期二是討論課，星期六是玩具分享，其他日子的早晨則穿插著說故事、工作時間和寫前練習等活動。

【寫前練習】

　　寫前練習時段裡，老師在一塊白板上教授注音符號與阿拉伯數字。大章老師說，寫前練習主要是培養小朋友「識字的那種專注力。那我現在發現他們現在喔，識字能力不是很好，認字的能力。那注音的話，其實講嚴格，我們是根本不能教，完全不能教。」在這個班上進行的注音符號教學，最早是應家長的要求，「第一屆的時候，因為以前托兒所有讓他們，有請一個正音班的老師暑假的時候教。」大章老師徵詢學校的意思，學校就連幼稚園一起發通知，「那發下去之後呢，沒有老師教，這怎麼辦哪？那你叫他們退，我說我這樣子我又跟家長說不過去，托兒所的有老師，那我們這邊沒有老師，我就說不管，我就賴給你，因為已經都答應了，這是你批准的文，你一定隨便找一個小學老師都可以，然後就找了劉老師。」結果，家長們非常滿意，「可是喔，外面的家長在抗議，他說你要開班要開十六班，不能只開兩班，讓所有的一年級學生都有先學的機會，然後第二年開始，我就決定不辦了。」但是，幼稚園的家長還是要求能教小朋友認字，因此，幼稚園便開始有了寫前練習的時段。老師們的做法是要小朋友在描有注音符號的字卡上沿著字的邊緣「刺字」，「刺字也就是一種專心度，順便也把筆順

稍微瞭解一下，那我們不強迫你，沒有讓你去寫就對了，那認完之後，ㄟ，我們會講說，ㄟ，我們教過的字你可以想想看跟ㄅ有沒有關係，他們都會念爸爸，那我們就稍微寫一下，不敢留在那邊，就趕快收起來。」另外，老師也將學過的兒歌和注音符號用電腦打字、放大，交給小朋友，進行讓小朋友把認得的字剪下來貼在剪貼簿上的活動，「那你可以把這個字弄一個造型，一朵花啦，你下面可以畫一個花盆啦怎麼樣，那你剪貼完了就讓老師看，等於說你也是一幅作品。那老師再問，這幾個字你認識嗎？真的認識你才剪，不認識你就不要剪，這樣子，看他那樣子每一個禮拜的字有沒有就是說進步一些，就多認一點，因為閱讀能力也滿重要的。」大章老師告訴我：「反正，就讓他練習啊。因為也是要做一個寫前的準備。說實在，妳如果說不讓他寫，家長又很擔心」（錄音，1997-3-14）。這些寫前練習的活動或許就是燕妮和芷嫻口中的**簡單的功課**吧。

【說故事】

說故事的時間裡，大半由小張老師配合單元主題，以圖畫書來對小朋友說故事。

有一次玉玲問祥永在說故事的時候能做些什麼：

祥永：我沒有說過故事。
玉玲：我是說老師在說故事的時候呢，你們可以做些什麼？
祥永：我們什麼都不能做，只能聽老師，那個，說故事。
（錄音，1998-6-30）
信鴻則是這樣回答瑞馨：喔，要乖乖的聽，不能亂跑，上

課的時候不能去喝水。

日瑜補了一句：不能尿尿。（錄音，1998-6-24）

張老師：對，就像你裡面說，老師在討論的時候，例如說，老師說故事的時候，那個，你們問祥永說，老師在說故事的時候你們在幹什麼？他說不能說話（大章老師笑）聽老師說啊。我覺得我自己會檢討是不是我們這樣子，又好像壓抑到他們了，壓抑到他們說話的權利了。但是我們也很想說，這課程能夠很完整的上下去。

～～～

章老師：那剛剛她講的，就說，老師在講故事，那他不能說話的那一段。這個時候我們常常是有分段式的，我們講的時候你聽，聽完之後，我們可以針對這個再討論。

我：我想，這是我在詮釋上可能還要再細心一點，就是說，是不是孩子記得的都是比較負向的？是不是都只記得被禁止的？

【工作時間】

大章老師告訴我，工作課並不是角落教學，而是較有結構的預設活動，有時是全班一起上，有時一半的孩子做某個活動而另一半做另一種活動，有時是分組進行的活動（現場筆記，1996-9-30）。

工作時間裡的工作，從我們的觀察看來，通常是有標準製作方式的手工藝。十月時，配合慶典，做的是燈籠。老師先講解做的方式，接下來的時間，小朋友便各自在位置上做燈籠。孩子們在工作時間裡，十分專注於手邊的工作，同坐一桌的孩子之間很少交談。偶爾互相看看，問聲：「你畫什麼？」「你

塗什麼顏色？」畫完的孩子，就拿著材料請老師幫忙完成最後的步驟。有些孩子做完了，提著燈籠四處遊走，有些則在娃娃家玩丟球的遊戲。等到大多數的孩子都完成了，大章老師便帶孩子到寢室做體能活動——玩氣球傘，小張老師留在教室照料還沒完工的孩子（曉雯，觀察報告，1997-10-9）。我看了觀察報告，寫下了幾句話：「燈籠就是燈籠，氣球就是氣球，無須空間，沒有時間。」再看資料時，又聯想到Liora（1998）提到的，小學裡三種藝術課程取向之一——作品取向的課程。Liora（1998）認為在這種課程的藝術活動裡，活動「全然由老師事先規範，而且主要的目標在於模仿一個『模式』，……它很少邀請學生提供意見、想像和創造力，或是對想法或材料做實驗。…老師把目標全然放在作品的技術面，幾乎很少關切作品之表達性或詮釋性的敏感度（pp. 14-15）。綿羊班工作時間裡的工作似乎也屬於這種著重「記憶、連貫性、熟練度、和小肌肉技能」的活動。（p. 15）

　　第三章已提及，在這個教室進行了兩個月的觀察後，我們發現早晨的各種活動裡，老師比較常和學生互動的時段裡，能讓我們能聽得清楚又不至於過度干擾的有三個時段——星期一的日記圖分享、星期二的討論課和星期四的單元故事。但是因為星期四上午我和助理三人都必須上課，因此只抽空零星地觀察過幾次。往後的一年多，我們的觀察焦點主要是放在日記圖分享和單元討論這兩個時段。

第二節　討論課的節奏：節奏明確的「小學先修班」

　　有個星期三早上，老師先進行討論，再進行日記圖分享。因為那個星期的星期二正好是假日，沒有進行預定的討論課；加上假日後的早晨，老師通常會讓孩子畫日記圖，因此在一個早晨裡，我們看到了這兩種團體互動情境。

　　這天，在分享日記圖之前，老師和小朋友介紹了單元主題——我們的身體，然後開始討論男生和女生的不同。討論進行了 12 分鐘後（9:14～9:26），因為小學下課鐘聲響起，大章老師便請在討論時坐成矩陣的孩子們「先輕輕的把椅子搬回去」帶孩子們唱唱歌、動一動，唱到「火車快飛」這首歌時，正好上課鐘響了。大章老師便要小朋友「把火車開到你的座位上去。」大章老師要孩子坐在自己原先的座位上（即前述，ㄇ字型的樣式），把臉朝向老師，繼續剛才的討論：

9:40:41

T　：剛剛我們說到男生跟女生不一樣的地方對不對？從小的時候開始看起，小的時候，男生跟女生不容易分的出來，什麼時候開始比較能夠分的出來呢？

Ss：長大！

T　：多大，你猜？

Sx：一百歲！

T　：一百歲，我的人可能就要躺在地上去了。

（小朋友同時講著各種可能：有人喊「七歲」，有人喊「六歲」、
「三歲」、「兩歲」等）

9:41:30

T ：我不想跟小朋友討論了，因為都在下面講講講，我不
　　想上課了，我想休息，好累。綿羊班怎麼放一個假回
　　來就變成這樣，老師好累喔！
　　（有些小朋友說：「一個假」，有的說：「兩個假」，聲音
　　此起彼落）
　　（老師搖響手搖鈴）

T ：來，你要這麼大聲，老師上課很辛苦，你還是把椅子
　　搬到中間來。一分鐘給你們。
　　（小朋友搬動椅子到風琴前排成矩陣式的座位隊形）

9:42:08

　　（老師搖響手搖鈴）

T ：來，下面如果喜歡一直說的人，我會請他到這邊來。
（錄影，1996-11-13）

　　老師認為「綿羊班怎麼放一個假回來就變成這樣」；我們
在一年半的觀察裡，無論在討論課或日記圖分享時段裡，卻常
常看到這種互動「暫時中斷」的情形。當老師拋出一個問題，
而有很多小朋友做出「統一」的回應，或是一個小朋友做了某
種回應而被老師接受時，老師與一群學生或是老師與某位學生
的互動節奏便不斷地反覆。但是當很多不同的聲音齊響時，休

止符就出現了。上面這段討論，當小朋友的回應並不統一時，老師便開始宣布「不再討論」將成為「眾聲喧譁」的後果，設法用手搖鈴，讓孩子安靜下來。

綿羊班裡的兩位老師將討論時間稱為「討論課」，大章老師在訪談間，也常使用「節」為單位來描述課程的切割方式。加了一個「課」字，似乎暗示著課程安排預備著小朋友將來上小學的道路。回溯筆記裡，我寫的「小學化」和淑萍所寫的「小學先修班」，可能得之於這個教室裡看到的秩序，不同於我們對幼稚園的印象；反而較接近對小學教室的傳統印象。相對於一年三班有時表面看來較為「混亂」的場面，在綿羊班裡我們看到的是隨著老師的琴聲或鈴聲的提醒，行動有序的畫面。孩子的人數較少，使得老師處置主題外的，或是未被正式認可的發言更為有效，或許是綿羊班裡秩序井然的原因之一。

這樣的景致十分迥異於我在撰寫計畫時，心中那種「幼稚園的互動方式應較小學為開放」的認定。

不過，章老師在我問及對教室互動的原則時，不斷強調孩子的主動性，「就是讓他們參與，他的選擇，不是老師的選擇。那不要就是老師做的非常多，我們盡量是，小朋友你發表說你認為應該怎樣做會比較好。然後我覺得說，老師盡量站在一個欣賞的角度，不要太多的不准哪！」（訪談，85-11-4）。上述的景象，若不是因為正好遇上小學下課時間，綿羊班的團體互動時段，小朋友通常坐成五乘六的矩陣型：

圖 25 幼稚園綿羊班討論時段的空間安排（錄影，1996-11-13）

　　除了這樣的空間安排，綿羊班日常的討論「課」究竟是怎樣的狀況呢？

一、互動形式與內容

㈠互動的規則

　　討論課的互動形式，除了老師發問，要小朋友集體回應外，最常出現的參與結構便是像下面的互動片段裡看到的，由老師發問，請小朋友舉手，然後由老師選擇可以說話的小朋友來回應老師提出的問題：

T ：戴安全帽是爲了要怎麼樣？我看誰知道？請舉手，來，
　　　李雲來説。　　　　　　{Ss：安全。
李雲：比較安全。
T ：比較安全，立宗。

10:51:47

立宗：騎摩托車才不會，頭腦，開太快，然後然後才不會
　　　掉下來，撞到地上。那次，我從我跟我姊姊，去坐
　　　車的時候，看到有兩個人騎得太快，然後沒有看到
　　　紅燈，然後就然後就被撞到了。

T＞立宗：撞到有沒有怎麼樣？

立宗：他就頭腦，他就受傷了，然後腳斷掉一隻了。

T＞立宗：那頭有沒有怎麼樣？

立宗：沒有。

T：好，請坐下。還有誰要説的？張柏揚。

柏揚：因爲摩托車只有兩個輪胎。

T＞柏揚：只有兩個輪胎，所以要戴安全帽。好，王偉庭。

偉庭：摩托車都會開太快，所以跌到地上的時候，戴安全
　　　帽比較不會受傷。

T ＞全班：他講得很完整喔，你如果戴安全帽，頭比較不
　　　會受傷。還有沒有人要補充？

Sx：沒有。

T：偉哲。

～～～

10:53:49

T ：現在，你們講得都差不多，我來看看有沒有人有不一樣的想法？來，小綿羊班的小朋友通通請起立。坐下，請起立，手叉腰，通通站起來，屁股扭十下。

（學生邊扭邊數）

T ：手舉起來，拉拉，往上拉十下。

Sx：好舒服喔。

（老師帶大家伸展身體）

老師常在感覺孩子們扭動不安的時候，要小朋友起身，動一動再繼續討論。夾雜在問答聲中的是老師對互動規則一再地重申，像是「張軍，小朋友在討論的時候，人家在發表意見，請你安靜的聽，你才聽得懂，人家在講什麼，他講過的，你就不要再講了。」老師沒有請小朋友講話時，小朋友只能用耳朵傾聽的方式來參與：

T ：頭腦是很重要的器官。

大宏：頭腦是很重要的。

T ：我乾脆讓吳大宏來講好了，對不起喔，請你，老師在講的時候，請你用耳朵好不好？

Ss：好。

T ：你要講的時候，我會請你舉手，然後再讓你講。（錄影，1996-10-12）

但是到了 1996 年的最後一天，大章老師宣布在新的一年裡，她要用新的規定來讓小朋友說話：

9:42:58

T ：新年我要來問小朋友，你有什麼新希望。現在眼睛閉
　　起來想。我等等，我不要再請小朋友。我現在通通把
　　你的號碼排拿起來。我待會用抽籤的啊，抽到的人說。
　　新年新希望～你在新的一年裡面，你希望，最希望做
　　什麼事情？
　　（幾個小朋友說「想到了」或「想好了」）

9:43:57

T ：我抽籤ㄌㄡ！

9:44:01

T ：好，我今年我也想要有新的辦法，所以我要從新的開
　　始（一邊用手像洗撲克牌般洗號碼牌）

9:44:10

T ：好眼睛張開來，想到的請舉手。
　　（有小朋友舉起手來）

9:44:13

T ：好，手放下。如果我抽到你，你還沒想到，我們就先
　　請下一位（一邊用手像洗撲克牌般洗小朋友的號碼牌，抽
　　到了許兆恆，兆恆一直抓頭，說不出話來。）

9:45:39

T ：好，請潔西先來說說看。（錄影，1996-12-31）

只是，在一年半的觀察中，這種以抽籤方式來決定發言者的方式仍然很少使用，老師多半還是以指定某位小朋友說話的方式來進行討論。

(二)互動內容之一：單元主題

討論課的主題多半都是配合著正進行之單元的主題，或是節日。單元主題是「快樂上學去」時，討論上學的安全事項；單元主題是「身體」時，討論身體的各個部位；單元主題是「出生」時，討論人如何被生出來等。

在這種有預設課程的討論裡，兒童的切身經驗常常不見得能夠被納入討論裡，除非這個經驗和老師計畫進行的討論有一定的關聯。例如，下面是老師在「快樂上學去」這個單元裡，和小朋友談論上學時該注意的事項。

10:41

(1)T ：昨天，我們在討論說，我們班有好多個小朋友是走路來上學的，對不對？

(2)Ss：對！

（說完了「對！」，小朋友紛紛說起自己的經驗：「我是騎摩托車來的！」「我是走路來的！」「我是⋯」）

(3)T ：我想，不要討論課了。我們現在可以回到位置上去休息，那麼大聲！王均嚴，你的手指頭放哪裡？

（小朋友安靜下來）

(4)T　：昨天，我已經問過了，所以，我都知道哪個小朋友
　　　　是走路來，哪個人是坐摩托車來，現在不要說，所
　　　　以，我等一下要繼續來問，繼續來討論。昨天在看
　　　　這個（指著圖片）小朋友在排路隊上學，有沒有？懷
　　　　如，來看看這個圖，跟這個很像喔。這也是。這些
　　　　人啊，動物，他們要過馬路，是不是？走這個什麼
　　　　地方？

(5)Ss：斑馬線。

(6)T　：有的是斑馬線，有的是什麼？

(7)S1：…線。

(8)T　：再說一次。

(9)S1：人行線。

(10)Ss：斑馬線。

(11)T　：人行穿越道，再說一遍。

(12)Ss：人行穿越道。

(13)T　：ㄟ，有的不一定是斑馬線，有的是人行穿越道喔！

(14)S2：穿越道是什麼？

(15)T　：就是穿越，就是只能走過去的意思，就是

(16)S3：跟過山洞的一樣。

(17)T　：嗯，不一定過山洞，就是從這一頭到那一頭，就叫
　　　　穿越過去。就像剛剛去爬那個爬架，如果你從這邊
　　　　爬過去，那叫穿越過去。（錄影，1996-10-12）

在這種老師心中已有既定的討論範疇與內容的互動裡，老師似乎比較期待小朋友做出齊一、共同的回應；較個殊的生活經驗不見得能夠同樣容易地被融入老師所認可的討論之中。如，老師拋出第一個問題時，並不期望小朋友在齊聲說「對！」之後，又在「此時」敘說自己上學的經驗，老師因而宣布討論暫停，告訴他們：「現在不要說」。而當小朋友說：「人行線」（(7)、(9)），或提出問題（(14)），或在老師還沒把話說完就回應時（(16)），老師卻平順地將這些話語納入她其後的話語裡，成為討論內容的一部分。從資料看來，當大章老師拋出問題時，小朋友回應的內容和時間似乎是老師決定回應與否的依據。這樣看來，兒童敘說的生活經驗如果要在這個班級的討論裡得到回應，首先必須和老師預設的主題有相當程度的相關。

有一天，小張老師在「新年新希望」這個單元裡，選擇了一本描述一年四季植物與蔬果的書來和孩子討論，正說到蘿蔔的事：

T ：它說在冬天的時候，吃蘿蔔最好喔！

S1：那個紅蘿蔔發芽了。

T ：它說紅蘿蔔和胡蘿蔔是大家都很熟悉的根菜植物。你多吃一點的話，對你的身體很有幫助喔！

9:49:50

圖 26　幼稚園小朋友舉手想分享個人拔蘿蔔的經驗之一

（坐在第一排的許兆恆舉起手來）

T ：這個是什麼蘿蔔？

Ss：白蘿蔔。

T ：白蘿蔔是長在樹上還是長在哪裡？

Ss：土裡面。

T ：太棒了！白蘿蔔長在土裡面，因為它長在地底下，所以又叫做菜頭。

Ss：菜頭。

T ：這個如果長得小小一粒，像一顆球，球形的蘿蔔可以當水果吃。還有長得小小的櫻桃蘿蔔，它的味道比較辣一點。這是白蘿蔔開花了，這是蘿蔔田，專門種蘿蔔的地方。

9:50:31

許兆恆：我有一件事。

T　：（指著書）這是什麼蘿蔔？

Ss：紅蘿蔔。

T　：紅蘿蔔的肉含有什麼，你猜！

Ss：維他命。

T　：維他命多少？

{Ss：A。

{Sx：C。

T　：ㄟ，好棒喔！維他命A對身體有什麼好處？

Ss：身體。

T　：身體什麼地方？

Ss：眼睛。

T　：啊，好棒喔，小朋友都知道維他命A對眼睛很好。它
　　　說，喔，我們吃蘿蔔的什麼地方？

{S1：白白的地方。

{S2：下面。

T　：這是我們吃它的部分。如果它身上一根一根鬚的，那
　　　　　　　　　　　　　{Sx：它的葉子可以餵小兔子。
　　　是它的根。那，這些根是做什麼的呢？

S　：幫助體質。

T　：它住在泥土裡的時候，這些根是要做什麼？

9:51:17

（許兆恆舉起雙手，站了起來）

圖 27　幼稚園小朋友舉手想分享個人拔蘿蔔的經驗之二

（小張老師一邊用手把許兆恆壓坐在位置上，一邊點他說話）

9:51:21

T ：好，許兆恆告訴我們。

許兆恆：我在新竹有拔過蘿蔔。

T ：對啊，我問你，你拔起來的時候不是有很多鬍鬚嗎？
　　它那些鬍鬚在泥土裡頭是要幹什麼的？
　　（許兆恆沒說話）

T ：好，何思祖。

思祖：拉泥土。（錄影，1997-1-17）

我們可以注意到，小張老師帶討論或說故事時，常常不需
要硬性規定先舉手後發言，就能順暢地將孩子的主動回應納入

討論。即便在這樣的情境下，想起自己的「蘿蔔經驗」而且很想說出來的許兆恆還是等待了一分多鐘，運用明顯的肢體語言才換得說話的機會。很巧妙地，小張老師還是把他的經驗分享統整到她正在詢問的事情上。面對三十個孩子討論的老師不太可能顧及每個孩子的切身經驗。曉雯認為，老師忽略某些聲音是因為「當發現大部分的孩子都很專注時，就會比較容不下其他的聲音。因為會很享受那種專心致意的感覺，而不希望受到打擾」（觀察報告，1996-1-17）。

上面這段互動裡，多數的孩子是聚精會神的，老師有時也實在聽不到孩子的細碎聲音。只是，兆恆舉起的手一直提醒我：有些孩子實在很渴望把自己的經驗說出來。

而且，孩子並不只是為了想說自己的經驗而說話，有些時候，他們在聽了老師的話後，對照自己的經驗，而對老師的說法提出質疑。比如說，大章老師花了約十分鐘討論騎機車戴安全帽的重要性，有個孩子說：「我爸爸每次騎摩托車的時候，他都好好騎，不會隨便騎一騎，然後都不會被撞到，就不用戴。」（錄影，1996-10-12）。這樣的回應使得老師把戴安全帽的理由說得更詳盡、完備。

(三)互動的內容之二：偶發事件

除了單元主題，偶發事件也會成為討論的主題。例如，有一次，在進行日記圖分享前，老師提到張大宏生氣的事：

T ：我們今天還是讓小朋友介紹你的日記圖。第一個，張大宏，張大宏今天來非常的不高興喔，我聽到了，我

先問張大宏一件事情喔，他今天早上他很生氣的趴在桌子上，他升旗的時候請他出去，他也不出去。然後後來我們大家都出去了對不對？他一個人就跑出去了，老師再怎麼跟他講話他都不理我，然後升旗大家立正，他就兩隻手怎麼樣？

Sx：插在口袋。

T ：插在口袋。生氣的樣子，唱國歌，手要放下來，老師請他手放下來，他也不肯放下來，老師就不跟他說話了，讓他自己去生氣，氣氣氣氣氣，氣得怎麼樣？張大宏，氣在肚子裡面好不好受？好不好受？老師覺得很奇怪為什麼生氣呢？那後來就說啦，要不要站起來說給小朋友聽？

大宏：我哥哥吃我的早餐我就生氣。

T ：吃你的早餐你就那麼生氣呀？

這個因為偶發事件而發生的討論，一直在大章老師和張大宏間進行著。張大宏說，哥哥趁他不注意時就把他的早餐吃了，生氣的他於是用鞋子打了哥哥。這時，大章老師開始邀請全班來對這樣的現象發表意見：

T ：好，他現在這個問題我們來想想看，他不說他很生氣，他就用打的，他還用說的，他跟老師說，他不跟他哥哥說，跟老師說，ㄟ，嚇了我一跳。哥哥吃他的早餐他就

大宏：我回家要把他砍了。

T ：張大宏，你覺得這種行為好嗎？

（大宏點頭）

T ：你覺得這樣很好？等一下不准下課喔，我們看到你媽媽的時候，我們要來討論這個問題喔。有這麼嚴重嗎？哥哥吃你的早餐你就要砍他，你知道砍他有什麼結果嗎？

S1：笨。

T ：沒有，我們來問他。我們來問他你知不知道這有什麼結果？

S2：下地獄。

T ：你去侵犯人家，你去砍人家，可能你就怎麼樣？可能你就犯罪了對不對？不是下地獄是犯罪，犯罪的話就會怎麼樣？

S3：就被關到牢裡。

T ：沒有，警察帶去要問你話啊！

S4：如果說，

T ：所以，砍人是不當的行為。知道嗎？張大宏？知道不知道？你最好你覺得很不舒服，你心裡很生氣的時候，你要怎麼樣？要跟哥哥說，你一定要說明你為什麼生氣。

大宏：我爸爸就不准我去跟他說話。

T ：所以你要學囉。今天我們要找爸爸媽媽一起討論，好不好？可以嗎？張大宏，可以嗎？（錄影‧1997-3-10）

　　在這樣的偶發事件裡，孩子的經驗是討論的主題，但是話說得最多的還是老師。老師對大宏提出問題時，雖然有小朋友做了未被指名的回應，老師似乎不像討論單元主題時那麼要求學生嚴守談話的規則。

　　另外一次，是一個女孩早上到校之後，就要家人接她回家。日記圖分享接近尾聲的時候，她又由媽媽帶到教室來。大章老師問她回家的原因，小張老師就代她回答：「她媽媽説她想大號不敢去，回家大完就好了。」

> T　：來，我來問問看，我們班有很多個小朋友女t，不敢在
> 　　　學校上大號的，請站起來我看看。你都不敢在學校上
> 　　　大號的站起來我看看。
> 　　　（有六位小朋友站起來）
> T　：那個魏信，你不是上過好多次嗎？爲什麼你站起來？
> 　　　（魏信沒有開口）
> T＞魏信：我在問你你爲什麼不敢在學校上大號？跟我説。
> Sx：…
> T＞Sx：我在問他。（魏信坐下）
> T＞魏信：請魏信告訴我，爲什麼坐下去？敢了是不是？
> 　　　　　敢在學校上了是不是？魏信，你爲什麼坐下去？
> 　　　　　你敢在學校上了是不是？
> 　　　　　（魏信沒有開口）
> T　：好，張大宏，你爲什麼不敢在學校上廁所？上大號？
> 　　　（大宏看著大章老師，身體微微前後轉動，沒有説話。）
> T　：請你説原因，老師要瞭解一下，爲什麼不敢上？你告

訴老師，老師才可以幫助你呀。請你說，沒有說的人
我不請他坐下。

（小張老師正好在張大宏的身邊整理東西）

小張老師＞大宏：是不會擦屁股呢？還是怕有人偷看呢？

T　：我請張大宏說。

張大宏：要坐好久，我在這裡不敢上，都在家裡上。

T　：要坐好久，你上廁所要坐好久才上的出來是不是？

張大宏：（點點頭）蹲好久。

T　：喔，是這個原因，那你就要克服一下，如果是這樣子，
　　　那你就要養成在家裡固定時間上。你都什麼時候上大
　　　號？

張大宏：我還沒洗澡就上。

T　：好，好，謝謝你，坐下，淑惠，妳有什麼問題？

淑惠：廁所太髒。

T　：太髒了，會嗎？我們廁所會太髒？

S1：會。

S2：牆壁還有大便。

T　：真的喔？我看都沒有啊，現在都請外面的人來打掃啊！

S1：第一間還有第六間都有。

S2：而且還有蚊子。

T　：有蚊子，會呀，一早去到那兒都會有蚊子啊，可是你
　　　上上幾個人以後就不會有蚊子啊，因為那是開放的，
　　　一定會有蚊子進去啊。蕭中凡，我在請淑惠說。

淑惠：可是第七間還有。

T　：那還有別間可以上啊。是不是？妳什麼時候上大號？

　　　　妳的時間是什麼時候？

淑惠：早上喝完牛奶。

Ｔ　：早上喝完牛奶，那妳都在家裡上囉，對不對？（淑惠
　　　點點頭）好，請坐下。李雲呢？（錄影，1997-1-20）

　　當孩子說出他們的學校經驗時，老師的回應似乎傳達出：
「不應該」不敢在學校上大號的訊息。雖然孩子仔細地敘說不
敢的理由，老師還是一一反駁，也就是說，**「應該」如何如何**
成了老師回應的基調。同樣是關於小朋友生活經驗的討論，在
上面這個事件裡，大章老師連小張老師替大宏說出的理由都不
接受，看來，老師面對未指名就發言的現象，回應的方式不盡
相同。

二、老師的角色

　　討論課裡的兩位老師，除了分配發言權、控制發言秩序外，
在討論過程中還有其他的角色：統整並豐富討論的內容，解釋
較困難的概念，並在適當的時候營造輕鬆的氣氛。小朋友提出
和討論相關的回應或問題時，老師有時立即做簡短的回應，有
時在許多人都說了想法之後，才在統整時一起做回應。常常，
老師聽了一些小朋友的分享後，設法提出新的內容，加入討論。
像是有一次，老師要大家說說：「冬天最想做的事」。幾個孩
子的分享都提到「做」的事，像是「看書」、「和妹妹玩」、
「玩辦家家酒」等，這時大章老師突然舉起手來，幾個孩子一
起喊了：「大章老師！」「冬天裡我最想吃麻辣火鍋」，說完

後，小朋友紛紛說起冬天裡「吃」的東西（錄影，1997-1-9）。下面這段互動，小張老師擴展了孩子對「臉上開出小紅花」的認識，並且豐富了書寫語言的運用情境：

9：41：20

（小張老師把一本兒歌朝向小朋友，一邊翻著，翻到某一頁時）

Sx：老師，這個沒說過！

T ：喔，這個沒說過，這個叫做『冬天的小紅花』，說一次。

T ：冬公公吹北風，寶寶身上暖呼呼，戶外運動暖身體，你來跑，我來跳，1234學體操，樂哈哈、樂哈哈，小小臉兒開出兩朵小紅花。

9：42：26

T ：你的臉兒什麼時候會開出兩朵小紅花？

Sx：冬天

T ：冬天，還有呢？

Ss：夏天

T ：夏天，它自然就會開兩朵花在這裡，是不是？

{Sx：啊

{Ss：不是！

Sx：我妹妹睡覺起來就會

T ：喔，睡覺起來的時候，喔，窩在被子裡好舒服，睡得好暖和，結果臉就開了兩個小紅花。

9：42：45

T　：那爲什麼夏天的時候也會開兩朵小紅花兮？

S1：因爲太陽曬

　　S2：熱

　　　　S3：很熱

T　：喔，因爲你有運動啦、你有出汗啦，或者出太陽曬啦，開了兩朵小紅花。

9：42：57

T　：那爲什麼冬天的時候，又，那時候不熱了啊，怎麼又會開出兩朵小紅花？

Sx：因爲很冷

T　：冷！

Sx：吹，一直吹

T　：喔，被風吹的好冷好冷，前幾天，星期一的時候啊，那個珮玹的臉上開了兩朵小紅花，她的媽媽以爲她是在學校跑來跑去，臉就紅了，星期二的時候又更紅了，她媽媽就給她擦了一點乳液，星期三的時候不得了了，紅裡頭還透著一點白白的，她媽媽就利用星期三的下午帶他去看醫生，原來她那兩朵小紅花，不是

　　　　　　　　　　　　　　　　　Sx：凍傷了

T　：不是凍傷廿，也不是太暖和了

Sx：她怎麼了？

T　：她是過敏，吃了東西過敏，現在長了好多小疹子是不是（老師眼睛看著珮玹），是不是？（其他小朋友也回頭

望著她）她的臉比較好了，她媽媽說，醫生伯伯吩咐
ㄟ，這個藥只能薄薄地擦，因為這個藥很強，會讓她
消炎，身體陸陸續續又長出來了，所以很多東西都不
能吃了，不曉得是什麼東西過敏，是不是？所以她都
自己帶點心來。好，我們再來唸一次，冬天的小紅花。
（錄影，1997-1-17）

　　還有一次，耳朵的介紹告一段落後，大章老師要大家想一
想：「我現在有一個問題來問你喔！萬一你在睡覺，或者你在
外面玩的時候，有蚊子、螞蟻，或者是什麼蟲子跑進去，你該
怎麼辦？」有個孩子說了：「會被耳屎黏住。」大章老師笑著
說：「會被耳屎黏住（笑著），你的耳朵變成強力膠了。」很
多孩子都笑了（錄影，1996-12-18）。

　　此外，老師還是學校知識與家庭經驗的聯繫者。通常在進
行討論之前，老師會要孩子把主題帶回家問父母，討論開始時，
她會先請孩子談談從父母那裡問來的資訊。討論結束時，有時
也會讓孩子再和父母將討論過的主題在家裡再談一次，如，讓
孩子們說了自己的新年新希望後，她說：「禮拜五的時候，你
的作業ㄋ，我這有一題讓小朋友，回家去跟爸爸媽媽講，請爸
爸媽媽幫你寫在那個，新年新希望ㄋ，也讓你的爸爸媽媽知道
你的新年新希望，好不好？」（錄影，1997-12-31）

第三節　日記圖分享的節奏：
老師分享孩子的生活

　　1996 年 12 月之前的幾個月，我們觀察到的日記圖分享時段的互動節奏其實和討論課非常類似。老師是發言權的分配者，也是最主要的發言人。如前述，在這兩種時段裡，最常出現的參與結構是：老師和全體小朋友，或是老師和某位被指名發言的小朋友之間的互動。參與結構是類似的，那麼，互動的內容呢？相對於討論課配合單元主題的進行而有預設內容的情形；日記圖分享既然是小朋友分享自己的假日生活經驗，我想，內容應該是以小朋友的經驗為主吧。我們的觀察推翻了我的猜想。1996-11-13 那天（也就是頁 160 提到的一個既進行單元討論又進行日記圖分享的那天），有關「男、女生不同」的話題進行了六分鐘，接下來是日記圖分享。

　　9:48

　　T ：以後老師，男生跟女生身體裡面不一樣的地方，老師
　　　　會再跟你們解釋。那，現在，我不再跟你講男生跟女
　　　　生不一樣的地方。等一下來看看你們的日記圖，看看
　　　　放假，你們到哪邊去玩。
　　　　（老師一面說著，一面將一本日記圖的一頁翻給全班看）
　　T ：我不多講啊，請你用眼睛張開來看。
　　Ss：哇！

圖 28 幼稚園綿羊班日記圖分享時段空間安排圖

T ：這上面怎麼有那麼多的數字啊？這是他去圖書館看書
　　所寫的字，請你來解釋一下好嗎，威禹？

威禹：這是我看了幾本書。

T ：喔，看了幾本書，這麼多啊！

威禹：看了七本。

T ：喔，看了七本書ㄋ，那麼屬害呀，看了多久呢？

威禹：去了很久。

T ：很久喔，早上去還是下午去？

威禹：早上。

T ：有人溜冰啊，他跟哥哥姊姊在溜冰，溜完冰他就去圖
　　書館去看書。

威禹：有我還有姊姊。

T ：哇，過了那麼充實的假日喔。很好厂n。
　　（T 從風琴上拿了另一本日記圖）

9:49:50

T ：石書婷，噢，你是畫你們全家都在看電視，石書婷已
　　經進步啦，給石書婷拍拍手。
｛（很多小朋友拍手）
｛Sx：…？
T ：可是石書婷不太會畫啊，她現在已經有進步啦，這個
　　是弟弟，這個是媽媽，阿這個是書婷，這個是爸爸，
　　書婷騎著的是大象，對不對？
（有些小朋友看著書婷說話，有的只是看著她）
（章老師拿了另一本日記圖）

9:50:39

T ：來，看看儒修畫什麼？
儒修：我出去玩了。
T ：儒修他是說，我們放假開車出去玩喔，這是什麼啊，
　　你猜！
Ss：颱風。
T ：他們遇到大颱風，所以所以這個樹啊，花啊，都搖來
　　搖去，好冷好害怕喔，厂n，怕得怎麼樣啊，所有的樹
　　都起來了是不是？
　　（很多小朋友笑了）

9:50:55

T ：很好啊，清涼喔。（大章老師拿另一本畫冊）小朋友人
　　家畫的你要欣賞ㄙㄣ，看看人家怎麼畫。

9:51

T ：這是博奕，他跟他姊姊去打籃球，他跟他姊姊稍微不
　　一樣就是頭髮對不對？男生跟女生的頭髮不一樣。（大
　　章老師拿另一本畫冊）

9:51:22

T ：看陳立凱的。

　　以上這四位小朋友的日記圖分享是綿羊班十分典型的日記
圖分享模式。可以看得出來，每位小朋友分配到的分享時間少
至 16 秒，多至一分鐘。其中，第四位小朋友博奕根本沒有「開
口」分享的機會。短短的時間內，主要由老師提出有一定答案
的問題，請畫圖的那位小朋友說明，或是請全體小朋友猜圖畫
的內容。

　　當小朋友因著圖片內容而熱切地回應時，老師就喊停，開
始提醒互動的規則，像是下面這樣的情形：

Sx：這什麼啊？

T ：他媽媽告訴我說他好喜歡打籃球噢，他希望能長高一
　　點，對不對，陳立凱？聽說打籃球會長高是嗎？
　　（陳立凱搖頭，但有小朋友說：「對！」）

T：沒有喔，那你喜歡打籃球是為什麼？

　　（很多聲音喊著：「我喜歡打籃球！」「我也喜歡打籃球！」

　　另外有些聲音談論著關於籃球的事，大章老師搖響手搖鈴）

T：越來越沒有禮貌囉！（錄影，1996-11-13）

　　這樣的分享，老師是最主要的說話者；分享者只能在回答問題時說話，老師成了分享者的代言人。其他的孩子似乎被期望不做回應，或是只在老師提問時，做全體一致的回應。

章老師：那個「其他的孩子似乎被期望不做回應，或是只在老師提問時，做全體一致的回應。」（笑）因為我覺得我們不會期望說，其他孩子不做回應，也不是期望他們說都是只要做一致的回應，只是說，我們比較要求說跟主題比較有關。那因為在前後這樣對照的話，我也知道老師建議的一個問題（註：是指我在第七章提出的建議），就是說，把大綱寫出來讓他們去理解，就是說，比較能夠走入這個正題。因為日記分享圈跟單元討論就比較不一樣，單元討論就比較有這種可能，就像上一次我跟那個隔壁班分享那個牙齒的時候，等於就是完全一個主題完全在那邊，那小朋友很快就可以投入進去，可以把她的經驗說出來。那日記分享圈的話是，大家的生活層面都不一樣，那分享講出來的又不一樣。

我：這是研究者的詮釋，詮釋的是你們的教學，所以你們會有你們的意見，像這個就很好。我的意思是說，就這個現象看起來，好像會讓我們感受到這個層面。老師的意圖並非如此，但為什麼在這個環境下就會變成如此呢？

　　假日生活究竟是誰的經驗呢？正如章老師對初稿的回應中提到的，兒童的生活層面不同，分享出來的經驗形形色色，那麼，主題應該是由分享者自己來界定的。在這種沒有固定主題，各自說出不同內涵的團體互動情境裡，是不是也正是由兒童來帶領大家進入各自不同之生活世界的機會呢？

　　第一年的第二學期，我曾經利用 V8 的液晶觀景窗，在中午吃完飯但尚未午睡之際，一邊讓兆恆看著我在綿羊班拍攝的日記圖分享影帶，一邊讓他說出日記圖分享做的事：

兆恆：這好像是禮拜一耶！

我：對啊！你還記得。你們在做什麼？

兆恆：好像是看，你，你禮拜天去哪裡，然後把它畫出來。

我：畫出來以後呢？

兆恆：畫出來以後給人家看。

～～～

我：然後呢？

兆恆：然後就開始介紹自己。

～～～

我：那這時候小朋友可以做什麼？

兆恆：就是看人家畫，然後聽人家做什麼。

我：可以在下面講他畫的東西嗎？

兆恆：嗯！

我：可以？

兆恆：可以。

我：那老師這時候要做什麼？

兆恆：就是來選誰來講，誰，（影片裡有小朋友站著）

我：他為什麼站起來？

兆恆：站起來問他什麼，問那個介紹人為什麼會這樣。

我：喔！

兆恆：為什麼畫。（錄音，1997-5-8）

日記圖分享的程序和兆恆所說的大致吻合，只是，兆恆所謂的「**然後就開始介紹自己【的畫】**」是分享方式改變後的情況。第二年的小朋友說出了改變前的情形：

我：日記圖分享的時候是誰來分享？

先瑾：就老師幫我們講我們去哪裡玩。

仲茹：老師會介紹說，小朋友去外婆家玩。

先瑾：或者是去公園。

仲茹：她會告訴大家說李國彥畫什麼。

我：那有沒有小朋友自己講？有沒有？

先瑾：有一些小朋友是自己講。（錄音，1998-6-24）

小朋友的生活經驗，如果讓孩子自己來分享，會是怎麼樣的一種景況呢？陳老師要如何面對那些不斷想說話又不見得有機會的學生呢？帶著這些疑問，我和大章老師及陳老師展開了第一次的三方討論。

第四節　間奏一：三方討論變奏 的可能性與困難之處

1996-11-21，我、兩位助理、陳老師和章老師在陳老師家，以幾段錄影資料為討論文本（text），從彼此的不同詮釋裡，瞭解彼此的想法，我也提出一些建議。

一、老師忽視或打斷學生話語的幾種理由

當日準備的錄影帶片段，從我的觀點歸納出的共同主題是：「當老師忽視小朋友的話語」，忽視又有非刻意和刻意兩種情形。

(一)非刻意的「忽視」

第一段播放的影帶是幼稚園在「注意安全」這個單元裡，大章老師以一張掛圖的內容帶領孩子討論走路、走地下道、及過天橋該注意的事。以下的片段是在討論進行七分鐘後的一段對話：

T ：然後她在旁邊看是不是？那還是有大人在，旁邊有姊姊對不對？我想媽媽爸爸不會放心讓你一個人過，張軍，你從哪邊過？

張軍：我從，

T ：哪裡？一個人走天橋，一個人，你有姊姊陪著你，對
　　不對？
（幾個學生同時說了些話）
Sx：我都沒有一個人過天橋。
T ：但是你以後會有機會，慢慢你長大，你上小學的話，
　　你有機會過天橋，過天橋的時候，你也要小心，要旁
　　邊有人。好，我們到這裡。
S1：老師，那個小朋友怎麼沒有媽媽？
T ：她一個人走，不表示她沒有媽媽啊，她可能比較大，
　　她一個人在走，不是她沒有媽媽。
S2：可是她沒有畫很大。
T ：你過天橋，走地下道，還有過行人穿越道，有沒有問
　　題？（錄影，討論，1996-10-2）

　　我選擇這一段資料，是因為不瞭解為何大章老師對前後兩
位學生（S1和S2）主動提出的問題做了不同的回應。對於S1提
出的問題，章老師仔細地說明；但對於S2的疑惑（即不太接受
章老師認為圖上小孩旁邊那人是媽媽的說法，因為「她沒有畫
很大」），大章老師卻沒有做任何回應。兩位老師對這段影片
的觀看卻引出了超越我原先疑惑的資訊。
　　我將影帶播放一次之後，陳老師首先提出她的觀感，她立
刻表示幼稚園的孩子和老師之間：「接得很好～我覺得他們的
對話，滿，就是說，老師問的時候或小朋友回答的時候，我覺
得滿流利，就是接得很好。就是一對一答，不需要像我們一定
要點名，否則就亂掉了，我覺得這是一個很大的不同。」陳老

師覺得自己班上的互動沒有這樣的流暢性，「我不曉得，小朋友，章老師是怎樣訓練他們的。」面對這樣的讚美，大章老師表示通常靠的是以眼示意的一種默契，不過，她說明：「有時候我們還是要點啊（指點名）～不可能說都接，但是有時候，他們私底下根本等不及，他會直接就接上來。」

　　除了影片裡的例子外，為什麼老師們對於學生直接就接上來的話，有時選擇回應，有時則不回應呢？章老師表示：「那大概是沒有特別注意，有時候」。孩子細細微微的聲音，在不止一人說話的情境中，的確是很容易被忽視的。陳老師也說出已被認清多年的問題：「我的感覺是這樣，只能每次就是有幾個動作比較大的，會吸引我的注意力，其他的我就根本照顧不到。」幼稚園也是如此，才會有上述小朋友的話語被非蓄意忽視的例子。

㈡刻意的忽視與打斷

　　老師如果選擇忽視或打斷孩子的話，主要有以下的理由：

1. 學生的話與主題不相關：如重複的話與幻想

　　陳老師和章老師對這段影片的關注點在於互動的流暢性與秩序；而我關心的卻是互動的形式與內涵之間的關係。我請她們再看一次，並說明我的疑問。章老師表示她決定是否回應的關鍵點，如同我所猜想的，是學生的話「在不在主題之內」。她說明為何快速地回應S1的問話：「就是說我們這時候是討論說怎麼樣過天橋，不是要討論說是不是只有一個人在那邊走，

有沒有媽媽的問題」。但是，如何決定學生所說的話和主題的相關度呢？陳老師面對我這樣的疑問，也承認：「我想，有時要卡他的話，真的，我覺得都要掙扎一下。」相對於陳老師的掙扎，章老師的態度顯得較為堅決：「有時候，他變成就是說，是經驗分享，～他想到的～剛好聯想到的，他就是會講，講得很遠。有時候根本同學講過的，一模一樣的內容，他也講。可是事實上，我有求證過，那有時候不是他真的就經歷過，他說那是他的幻想。」

2. 其他的小朋友未必感興趣

面對團體時，一旦有學生綿綿長長地敘述自己的個人經驗，兩位老師的反應通常是不安的。陳老師也曾表示，學生有時「扯太遠了，那個很無聊，他講他家很瑣碎的事，那我說，好好好，停！你下課來跟我說～他有時候會扯到他家裡什麼人啊，怎麼怎麼了，然後跟那個主題又無關～，又好像不太重要」（訪談，85-10-28）。章老師也說：「他會有那些散開來。有時候你不給他拉回來的話，他就會一直散掉滿多的。」同時，小朋友提出的另一種主題，其他的小朋友可能認為：「那個跟他沒有關係，在老師圖片上也沒有，如果再討論下去，那大家都會分心了。」

3. 顧及發言機會的均衡分配

張老師：老師我想跟你討論一下那個忽略孩子說話喔。我想說，這邊是講大章老師的例子啦，我有一段看到我自己的例子。他舉手舉了好幾次喔。（註：指頁 170 兆恆舉手要說拔過蘿蔔的事）我知道像這種情形都會有，但是我也不知道是對誰就是了，我知道我有時候對孩子會這個樣子，我自己看了以後我也是在檢討。我想說，有時候機會應該給一些比較少說話的人。例如說，某個孩子他一直要說、一直要說對不對？那我會把他的機會緩一緩，例如說，他說過了，我就會讓他下，再慢一點再說。

我：就是說，你會有這樣的顧慮。

　　張老師看了初稿之後，對老師為何刻意選擇不回應提出了我原先沒有整理出的一個理由。她並且說了如何用盡各種方式鼓勵一個無論如何都不願意面對全班開口說話的小朋友。小朋友的父親也提供老師意見，但是孩子還是不肯。「好不容易呢，你有一天點到他，已經是上課最後一天了，點到他，他願意站在位置上說，我們就已經覺得很安慰了。」「所以，我為什麼會有時候忽略愛講話的人，少一點給他機會，我是希望說，機會均等一點，給其他人說話的機會。」

4. 如果繼續延展話題，會有時間的壓力

　　擔心學生的發言偏離主題、說得太久，根源還是在於時間引發的焦慮。當天，我讓兩位老師觀看的第二捲帶子是一年三班上國語第四課的情形。那一課的課文是：「小白貓，小白貓，

坐著倒比站著高。」陳老師讓小朋友看著黑板上的兩張圖，問全班：「所以小貓是站著高還是坐著高？」好幾位小朋友同聲回答：「坐著。」陳老師接著說：「坐著喔。有問題舉手，」問答之際，有小朋友的座位擋到後面的同學，因此陳老師跳出情境，指導小朋友如何調整座位，就在這個時候，慶華說了一些話。

> 陳老師：你說什麼？
> 慶華：我是說貓是肉食動物。
> 陳老師：喔！我們現在先不討論它是肉食還是什麼。我們
> 　　　　先看看它是站著還是坐著，現在老師要問你
> 　　　　　　　　{Sx：吃骨頭啦！（錄影，國語課，1996-9-18）

　　看完後，兩位老師笑了起來，大章老師立刻就說了，「如果說像你剛剛那種角度來看的話，肉食，什麼叫肉食，是不是後面要再討論什麼叫肉食動物？是不是應該要討論？真的，但是要做，我覺得困難度真的很高。」陳老師除了重申「看到的就是那幾個固定的點，看到這邊，那邊就會忽略掉」的現象外，也提到課程進度和來自家長的壓力。我記得第一次訪談陳老師時，她告訴我，學年的進度並不是老師共同討論後擬定的，而是開學時，學年主任以抽籤的方式分配工作，分配到擬定進度的老師，「就參考以前人留下來的教學進度，然後再看一些假日啦，跟那些考試的日期啦，做一個彈性的調整。」（錄音，1996-10-28）。陳老師自覺總是整學年裡進度最慢的一位，當時又開過第一次家長會，家長就跟她反應說，「為什麼別的班已經到七、八課，我們還在三、四課，～他就會說，那我們都沒

辦法複習。」陳老師的想法是，平常就可以複習，不需要提前教完，再做複習；但是她還是不斷地強調：「**我覺得是時間的壓力。**」

　　幼稚園的章老師則因為必須考慮點心時間以及小學下課時間，也有時間的壓力。有一次，討論課進行到一半，因為小學下課，整個學校立時聲浪沸騰，誰說話都聽不清楚。章老師只好讓小朋友站起來唱唱兒歌動一動。即便沒有遇到小學的下課時間，「**你如果說再討論下去，可能就是要散掉很久了，那等等，可能再給你拖個十分鐘好了，他點心拖下去，午餐就沒辦法照那個正常的時間來進食。**」顯然地，附設在國小空間內的幼稚園，作息的固著安排的確照成課程進行的限制。小朋友吃點心或不吃點心也不如想像中的單純。

章老師：我們不要這個活動，就是我們不吃點心可以嗎？我想家長會
　　　　有一點點意見。如果不吃，可以嗎？家長會有意見，我交了
　　　　點心錢，為什麼沒有，
我：固定時間吃點心造成壓力嗎？這樣再談下去，就會耽誤到點心時
　　間，點心時間一耽誤，就會又連帶著耽誤到（兩人異口同聲說：
　　「午餐！」）
張老師：有時小孩早餐也吃得滿簡單的，她也會餓。來學校也是試著
　　　　去吃一點不一樣的東西，我們也不勉強你，你不吃的，你還
　　　　是要把那一份全部吃光光啊，…你不讓她吃，到時候放學了，
　　　　一開口就跟媽媽說肚子餓，媽媽又來跟老師說，老師她到底
　　　　吃多少，你要給她裝大碗一點啊。
章老師：就算我們同仁，她孩子有這種反應，她還是，還是會來跟我
　　　　們反應，連續講好幾天。一出去就好餓，她到底有沒有吃，
　　　　怎麼樣。

看來，家長和身為同事的家長對幼稚園的作息安排也具有一定的影響力。

5.不得不暫時忽視：「沒辦法參與」討論的孩子

有些情況是，兩位老師認為班上有些孩子「沒辦法參與」團體互動。兩位老師都提到班上有類似「過動兒」的孩子，上課時常不顧及全班正在進行的活動，兀自走動，做自己想做的事。有趣的是，陳老師表示：這個看來不按照規定參與班級活動的孩子——王偉，「我每次問他，他就會啊！」王偉的確常在課程進行時，低頭做自己的事，或走到圖書櫃取書來讀。陳老師雖然察覺王偉很能夠也很喜歡表達，但是「我有時候沒辦法說常常讓他表現啊！因為有的小朋友說他上課都不好好的坐，變成我有雙重標準。」無法照著老師和同儕的預期方式參與的王偉，就是「失去的那堂課」的帶領討論者。

大章老師則是認為有些孩子不能參與討論，是因為「他們的經驗上來講，比較欠缺啦！」有些孩子呢，「像那種學生沒辦法跟他進行那種討論課，你也不能勉強他。有時候，你真的勉強他要跟大家一樣，他手就開始動小朋友，動久了，你只好請他在隔遠的地方坐，可是坐久了，我們又覺得對他傷害滿大的，又不太好。」只好暫時容許他做自己想做的事。

二、帶領全班討論的其他難題

一位老師和全班學生的團體互動除了容易產生忽視學生話語、必須暫時放棄延展、難以讓全班都參與等難題外，如果將

參與結構由團體互動改為小組互動，除了第四章提到的效果不
彰外，陳老師也怕討論聲浪引起別班老師的抗議。她的擔憂在
班與班緊密相連，毫無隔音設備的環境裡，很容易瞭解：

> 因為有時候人家會跟我抗議。像那天她們中、高
> 年級在考試。那我們班在上數學課，那剛好是在玩一
> 個遊戲，然後就吵起來了，那別班老師就跑來跟我說，
> 我們在考試，可不可以小聲一點。（錄音，1996-10-28）

三、兩位老師的解決之道

　　學生的話語在吵雜的教室情境中被有意（偏離主題）或無意
（沒注意到）的忽視，兩位老師都一再強調班級人數過多是無法
進行較有品質之討論的主要原因。大章老師表示：「我覺得說，
真的要討論這個問題喔，第一個人數最好是小組的，才有辦法
讓小朋友真正去發表。」第一章和第三章提到，我過去的研究
經驗使我瞭解，學生人數少並不一定就能有討論發生。而這個
研究想要探索的正是，當學生人數無法立即減少時，如何促進
討論的發生。忽視了的話語，陳老師認為可以在其他的課上補
充，如「草食、肉食那個，我們在動物自然科單元後面有討論
到」；大章老師則表示另一位老師可以對小朋友的話語做記錄，
私下和孩子延續話題。至於在團體討論時顯得無法參與的孩子，
大章老師認為可以在其他情境裡（如遊戲中的分享）觀察孩子的
表現，以便檢討是孩子需要幫助，或是「討論的內容比較無趣，
需要改變一下。」

四、我的建議

老師面對著人數甚多的學生，有時明明知道他們有話要說，卻因著上述各種理由，不得不暫時「切掉」學生意猶未盡的分享。怎麼做比較好呢？我提出建議，但是這些意見一遇到老師提出的「時間壓力」，立刻顯得疲軟無力：

> 我：像你剛剛說，像小朋友比較散哪，很零碎的一些討論，如果說跟下去的話，有沒有可能說，我們放棄一次兩次[2]，
>
> 大章老師：也會有可能啦。但是就是說，我們都有時間的壓力。

對於表面看來與主題不相關的兒童引言，我建議兩位老師換一個角度來看相不相關的認定，章老師立刻懂得我的提議，但還是提到時間的問題：

> 我：像他們這樣在討論，其實也是跟你的討論滿相關的主題，嗯，你會不會想說，就讓，
>
> 大章老師：我知道你的意思，是不是讓他就房子的形狀來討論，～我也知道，就是說也有這種想法，問題也是這樣子，我們在討論的時候，通常已經到，等於說，我們前半節是在畫，畫完的，我們就要吃點心了。

---

[2] 此處，我指的是放棄預設的、計畫中的討論內容。

　　我的第三個建議則出現一現曙光。我詢問王偉帶領全班討論的成功例子，會不會鼓勵她們給出更多的機會讓孩子來帶領討論活動。大章老師表示，曾讓孩子就自己感興趣的事物，帶到學校來私下分享，但因開學才兩個月，還沒有嘗試過讓孩子帶領全班的團體討論；陳老師則表示肯定的態度，雖然還是強調時間的壓力：

　　　　老師跟學生角色可以互換。嗯，讓學生引導。不過這種，我是覺得好像可遇不可求。因為我們這樣必須相當有彈性的一個時間。像我可以這樣一堂課，一堂課整個只教一個蝸牛。其實我們那個單元還要上好多東西，然後就這麼一堂課。

　　但是王偉帶領討論的例子可能給予她相當程度的信心：

　　　　學生來主導一個學習，我覺得那天都不要說你們看我啊，你們不要講話啊，他們整個注意力都放在他身上，因為他講的很精采。所以我覺得學生引導的話，我覺得這樣對老師，對小朋友，整個教學會很有幫助。

　　改變似乎已在醞釀之中。

第五節　教室團體互動的變奏：真的發生了

　　我和兩位老師就教室團體互動資料討論之時，表面上雖無重大突破；實質上，我和兩位老師已經稍稍找到發動改變的要點，彼此之間也對於研究的企圖更加瞭解。整個學校建築的設

計和課程進度的壓力，仍是阻礙改進的重大因素；但是這個研究原先希望的就是和老師共同開創「可以立即進行的改變」，對於這一點，我仍舊充滿信心。原先就和我熟識的陳老師因為是研究所的學生，她也參加了第一章提到的教育論壇，對於我對教室互動的想法在研究進行前就已經瞭解；而章老師在放第二個錄影片段時，顯然也掌握了我對孩子主動引言抱持的觀點。在我建議用另一種角度來看兒童話語的相關性時，她表示：

> 因為我們大概可能自己在上的時候，不會記這麼多。就是說，哪裡的缺點。如果說有這個影片可以看的話，我們下次就是說，可以比較用另一外一種改進的方式。就是說，從這裡，我們可以延伸到，妳可能可以做一種預估啦！

這樣的討論，給予我們繼續努力的動力，也幫助我思索研究不足之處。會談之後的幾個月裡，我們真的看到了改變：在三方會談後，我們在一年三班的教室裡看到了由小老師來帶領國語課課文的討論。幼稚園雖然還是由老師來主導，但從 1997年 3 月開始，章老師也在團體互動的方式上做了改變：在日記圖分享時段裡，章老師一次只讓幾個孩子分享，而且漸漸地讓小朋友來帶領日記圖分享時段的討論。不論這些改變是不是直接受到研究進行的影響，瞭解整個改變歷程以及這個歷程對教師與學生的意義終究是值得深究的現象。以下的第六章便是這段改變在兩個班級裡發生的歷程。

第六章

變奏與第二次間奏

第一節 一年級國語課的
教室團體互動變奏

　　1996 年 12 月起，在一年三班，我們看到了教室團體互動的明顯變奏——原先都由陳老師一人獨撐大局的國語課，有一小部分由小老師來帶領。如前述，國語課的進行在這個班級有一個固定的程序：問與答（聯結學生的經驗與課文內涵）→ 生字教學 → 造詞 → 問與答（關於課文內涵）→ 寫習作。12 月 10 日，在國語課進入新的一課時，陳老師突然宣布要找一位小老師來教學。從很多舉起手的學生中，陳老師選擇了經常發言的慶華擔任當天的小老師。之後，陳老師便讓同學以按照學號順序輪流的方式，每次由一位女生和男生共同擔任小老師。小朋友告訴我，擔任小老師之前要先做準備。

> 子妤：用測驗紙或什麼紙，把題目寫在那裡，那個紙上面。
> 　　　　　　　　　　　　〔家琪：要問小朋友的題目
> 我：喔，那你怎麼準備？
> 子妤：我，我都是先寫一些題目，寫跟第四課有關的題目啊！那是我媽媽幫我寫的。（錄音，1997-3-18）

　　兩位小老師和陳老師自此開始分工合作來上國語課。子妤告訴我，兩位小老師各有職分：「一個就是問問題，然後對的就發獎卡。有時候另外有個人登記不乖的。」擔任小老師的人，拋出問題時，面對那麼多人舉手，要請誰回答呢？

> 晴文：一個一個叫啊！

茜琳：叫不專心的。

晴文：對啊，先叫不專心，最後再叫會的。

我：你怎麼知道他不專心啊？

晴文：看他在那邊玩啊！（錄音，1997-6-27）

從 1996-12-10 那節課以後的七節國語課，進行的學習活動
都是以同一課的課文和習作為主要內涵。下表七節課的主要活
動其實也是陳老師自己進行國語教學的模式，只不過在第一節
和第六節課，分別由小老師來帶領活動：

表 10　一年三班國語課教學活動結構表

節	日期與當天節次	帶領者	主要形式	主要活動
一	1996-12-10 第二節課	小老師	問與答	默讀──→朗讀──→介紹圖片──→問與答──→念字──→造句
二	1996-12-10 第三節課	陳老師	問與答	朗讀──→問與答──→造句
三	1996-12-11 第一節課	陳老師	問與答寫與分享	問與答──→在小白板上寫下自己的特徵──→分享
四	1996-12-11 第二節課	陳老師	生字教學	拼讀──→分析字的構成──→認識部首──→書空──→造詞
五	1996-12-12 第二節課	陳老師	生字教學	拼讀──→分析字的構成──→認識部首──→書空──→造詞
六	1996-12-13 第二節課	小老師	問與答	默讀──→朗讀──→圈圈詞──→問與答
七	1996-12-13 第三節課	陳老師	寫習作	唸題目（老師解釋題目）──→指定某位學生回答──→全班將答案唸一次──→書寫

　　從這七節在四天內連續進行的國語課，我思索了以下幾個層面的議題：大、小老師在這樣的團體互動形式變奏裡各自扮演的角色、這樣的角色對課程建構的影響、這樣的互動對學習之意義的模塑，以及讓真正的討論發生之契機與困難之處。

一、固著化的形式

　　如果把焦點放在由小老師帶領的第一節課，如上表 10 所示，依照活動的內涵，這節課可以區隔成以下幾個次活動：

＜大老師帶領＞

9:35:00 一、取得活動內容的共識

T ：小朋友，這節什麼課？

Ss：國語課！

9:36:59 二、清理現場

T ：好，我看哪一組小朋友都坐正了，把本子都拿出來啦。
　　…動作太慢了，加油喔！
　　（陳老師轉身，預備在計分板上登記還沒準備好的學生代號）

9:38:16 三、宣布上課方式

T ：好，我們這節課，我想找個小老師上來，有誰想當小
　　老師？

＜小老師帶領＞

9:39:03　四－1：小老師請全班默讀

9:41:55　四－2：小老師請全班朗讀

9:45:32　四－3：小老師接受同學提問 ◄--► 介紹圖片內容

9:48:39　四－4：問與答

10:03:30　四－5：唸字

10:04:00　（又回到接受同學提問的情境）

10:10:00　四－6：小老師請同學造句

10:14:01　下課鐘響（錄影，1996-12-10）

　　以老師的角度來劃分，這節課有四個主要活動，而由小老師帶領的時段裡，又有六個活動。其中的第三個活動，原來小老師已經宣布接受同學提問，但受到陳老師的影響，又改為介紹圖片內容。

　　由李欣擔任小老師的第六節課，也有十分類似的形式：

＜大老師帶領＞

9:35:00　一、整頓秩序

9:36:59　二、宣布上課方式

＜小老師帶領＞

9:39:44　三－1：請全班默讀

9:41:31　三－2：請全班朗讀

9:43:47　三－3：請全班圈圈詞

9:50:00　三－4：問與答

＜大老師帶領＞

10:12:24　四、鼓勵小老師

10:14:00　下課鐘響（錄影，1996-12-13）

　　陳老師原先的上課形式，在換成小老師上課時仍然以同樣的方式一次又一次地出現在課堂裡。到了下學期，改為由兩位小朋友擔任小老師（下文中以 t1，t2 來表示），連言行引人注目的王偉擔任小老師時，也依循一樣的形式：

＜大老師帶領＞

9:34:00　一、收拾場面

9:36:59　二、宣布上課，請兩位小老師出場

＜小老師帶領＞

9:37　　三－1：t1 請全班默讀

9:40　　三－2：t1 請全班朗讀

9:41　　三－2：t1 請個別同學站起來朗讀（做為一種處罰）

9:45　　三－3：t1 讓同學猜字

9:49　　三－4：t1 帶領問與答

9:55　　三－4：t2 帶領問與答

10:03　三－5：t2 請同學說讀了這一課的心得

10:13　下課鐘響（錄影，1997-3-28）

　　如前述，這樣的上課程序正是陳老師自己上課時的慣常模式。帶領活動者由一位大老師換成不同位小老師的這項「改

變」，為什麼仍有「不變」的互動形式呢？從這些模式中大、小老師的角色，可以看出一些端倪。

二、小老師的模糊角色

1996-12-10 的那堂課，雖然在名義上從第四個活動開始是由小老師慶華來帶領的情境，陳老師在互動的方式和內容上卻仍然扮演主導的角色；而小老師究竟扮演著什麼樣的角色，並不是很明確。12-10 那天的活動四－3：接受同學提問 ◄---► 介紹圖片內容，最可以看出這種角色權限不確的情形。那天是由慶華擔任小老師。

9:45:32

慶華(t)：好，現在有問題的請舉手。

　　　　（有幾個小朋友舉手）

T ：沒關係，這邊有圖片，我們請小老師先講一下。

慶華(t)：好。（陳老師將圖片展示在黑板上）

T ：這是欣偉畫的喔。

　　　　（有個女孩走進教室，直接走向陳老師）

T ：耶？我不是要妳送過去嗎？…一年四班是誰幫我送去的？一年四班為什麼找不到？（一個坐在後面的小男生，半站起來，喊著可能是前面女孩的名字）四班耶，妳送幾班？再給妳一張好了。妳沒有送過去啊？（小男生還是一直叫著女孩的名字，陳老師在門後的桌上找東西，一名小女生起身走到陳老師身旁，說了什麼，陳老師點頭後，把一

　　張紙交給女孩，女孩走出教室。）

慶華(t)：Sx，你不要講話。

T　：好，先請小老師來介紹一下喔，介紹一下長頸鹿。

慶華(t)：長頸鹿的特徵是脖子很長——然後，牠吃的食物
　　　　　　　　　　{Sx：腿又很長

　　　是樹葉，（陳老師幫他調整麥克風）牠的特徵還有
　　　一個就是腳很長，還有就是長頸鹿的腳很細。身
　　　體很大，（一個女孩離座，對陳老師說了一些話，陳
　　　老師示意她回座，有些孩子舉手）開元，什麼問題？

開元：…

慶華(t)：嗯，柏時，什麼問題？

柏時：我幫你補充一下，那個長頸鹿和駱駝和綿羊喝水的
　　　時候，小時候比較沒有辦法蹲下來，還有休息的時
　　　候。

T　：那牠怎麼喝水呢？

柏時：喝水喔——牠腳沒有什麼…可以跪下來，牠只有那
　　　個腳向兩邊跨（兩隻胳臂做出跨的動作來）

T　：可不可以示範一下？

柏時：就是我們平常都臥…（蹲下來示範）…然後牠是這
　　　　　　　　{慶華：我知道！——因為後腳
　　　　　　　　　　——然後前腳分開，然
　　　　　　　　　後頭可以下去喝。
　　　　　　　　　{柏時：樣子跪的。然後
　　　　　　　　　　牠是這樣子跪
　　　　　　　　　的。

T ：（看著全班）牠是跪著喝水嗎？

Ss：不是，不是，…（激烈而大聲）

9:48:12

慶華(t)：來，不要吵！張芳馨補充一下。

～～～

9:48:39

慶華(t)：還有誰有問題？

　　擔任小老師的慶華，似乎成了宣布下一個活動和管理秩序的人；下個學期的小老師也是如此。當慶華宣布可以提問題時，老師要他介紹黑板上的圖片，他就準備照做；其間，老師有事處理，全班的活動便停頓下來，一直等到老師向全班宣布小老師「要」做的事，活動才又繼續進行。有趣的是，雖然大老師要小老師介紹圖片，同學的發問意願，又將活動帶回原先的提問情境。這就是我以「接受同學提問◄───►介紹圖片內容」來表徵這個活動的理由。這個活動在小老師宣布活動內容、陳老師介入引導活動走向、其他學生發問三者的影響下不斷變換。然而，當陳老師根據柏時所說的內容繼續發問時，整個情境又變成大老師和某個孩子之間的對話。小老師甚至必須恢復「學生」的角色，以插話的方式來爭取發言權。聽完了柏時、慶華兩人的說明，陳老師明顯地又恢復帶領者的角色，向全班提問。慶華此時反而以要求同儕補充的行動，將局面轉回由他來帶領的場面。芳馨補充完後，慶華適時地又把互動情境變成開放提問的場面。

　　這一段互動雖然在大、小老師決定互動方式和分配發言權兩方面，稍稍呈現了一些拉鋸，但如前述，大部分的時間，大老師仍握有隨時決定互動方式與誰來說話的權力。在名義上由小老師帶領的互動情境裡，小老師的角色不確一直是個問題。連小老師自己都會有稍稍逃離「老師」角色的時刻，趁著陳老師沒注意的時候，和同學打手勢，做表情（如下圖）：

圖 29　一年級小老師暫時游離「老師」的角色

　　一次，當兩位小老師要全班把聽到的聲音寫在小白板上時，其中一位小老師跑到巡視的陳老師面前問她：「可以做紙飛機嗎？」（錄影，1997-1-13）。足見，活動形式主要的決定權仍然在大老師手裡，但其他孩子的參與意願對於活動的形式與內容的改變，也有不小的影響力。

三、大老師的多元角色

　　相對於小老師「被指定」的有限角色；大老師的角色則顯得多元而多變。在一年半的教室觀察裡，我們發現：學生擔任小老師時，扮演著「固定」的角色；大老師在讓出「老師」的頭銜時，卻仍然具有「老師」的權限，並隨機扮演多種角色。在以上呈現的片段裡，大老師是互動形式與內涵的決定者。也就是說，有了小老師的角色之後，大老師仍然維持著「決策者」的角色，其他同學也認定這樣的角色。

> T ：好，要不要換？（對小老師）現在該她問（指站在講桌
> 　　旁的一位小老師）還是該你問？你們兩個誰問？（其中
> 　　一位小老師點點頭）好，來，你先來然後，待會兒妳來。
> 　{Sx：老師，有人在教室裡跳繩。（指剛剛拿著橡皮繩
> 　　　玩的女生）
> T ：好，注意聽哦！（錄影，1997-3-28）

　　由兩位小老師合作帶討論時，陳老師要幫忙協調兩人的配搭，可以看得出來，在小老師上課時，孩子們有事還是直接找大老師，尋求解決的方式，如上課時想上廁所，抗議同學發言情形或不守規矩等。其次，陳老師在小老師上課時，成了更專職的「風紀股長」，更專一地維持著互動的秩序。如，陳老師有一次坐在學生位置上，當一位被小老師指定到台前報告的孩子正說著話時，她用手推推坐在她身旁的孩子，要他不要說話（錄影，1997-1-13）。有時，她在全班面前對小老師的做法公開

表示質疑。有一次，小老師從講桌處走到一位小朋友面前對她說話，再回到講桌時，陳老師問他：「你爲什麽跑到小朋友的位子旁邊？」小老師回說：「因爲她在下面說話。」（錄影，1997-1-13）。

　　除了控制秩序和決定互動形式，陳老師也影響互動內涵的發展和走向。例如，小老師宣布要出問題問大家時，她會告訴小老師：「好，我們現在問課文裡面的。」（錄影，1996-12-10）當學生的回應出現大老師或小老師認爲「不適切」的內容時，也唯有陳老師才能有效地立刻結束某一個話題：

10:05　　　小老師問：你能做什麽？

（回應的孩子卻都在說：「我最討厭的是…」）

10:08　　　T 提醒大家別忘了題目是什麽。

10:09　　　Sx：我會上大號。

　　　　　　小老師：別講這些啦你！

10:10　　　（又有小朋友在造的句子裡提到「大便」、「尿尿」等）

10:12　　　Sy：我最討厭的是老鼠從我屁股鑽進去。

10:12:20　T：好，停。你們都把話題扯太遠了喔！

10:12:24（T 把小老師身上的麥克風取下，表示小老師時間已經
　　　　　告一段落）（錄影，1996-12-13）

　　小心控制互動形式與內容的陳老師，當她坐在「學生」的位置上時，卻也像其他的孩子一樣會在沒被指定說話時說話。有一次，小老師慶華問大家：「校園笑聲是鬼叫還是哇哇叫？」兩個孩子答了這個問題後，柏時舉手得到發言權，他說：「每

次我一下去的時候，就聽到好多放屁蟲在放屁。」陳老師問坐在她身旁的小女生：「哪裡有放屁蟲啊？」（錄影，1997-3-17）

圖 30　大老師在「學生」的位置上和鄰座的學生說話

　　小朋友自己也觀察到，陳老師在小老師上課的情境裡，不見得是「專心」的。有一段影片裡，陳老師就是這樣地在座位上和鄰座的小朋友說話，我問看著影片的三個女孩：

我：現在大家專不專心？
子妤：這個專心啦！
我：有誰不專心嗎？
子妤：我老師不專心。
　　（家琪在一旁大聲笑著）
我：爲什麼這麼說？

子好：我老師在東看西看，然後，然後，我老師沒有在專
　　　心看，沒有專心在上課。然後在跟同學講話，一邊
　　　講話。（錄音，1997-3-18）

　　除了也有學生慣常的舉止外，陳老師坐在「學生」的位置
上，角色仍在「老師」與「學生」之間游移不定，她有時也舉
手來爭取發言權，像是「超級學生」般做出較豐富的回應，例如：
　　小老師要全班說說讀完「到海邊去」這一課的感想，李欣
說：「暑假時就可以跟舅舅去海邊。」道如說：「因為我喜歡
游泳，乾脆變成魚。」陳老師舉起手來，小老師請她說話，她
說：「心情不好的時候，去看海，心情就變好了；但是因為海
邊很髒，又覺得傷心。小朋友到海邊去的時候，記得不要亂丟
垃圾。」（錄影，1997-6-10）
　　又如：

小老師問：小朋友早上來的時候，在巷子裡看到什麼？
S1：蝴蝶和蜜蜂。
S2：你好幸運喔！我只有在公園才看得到。
陳老師（舉手說）：早上，我看到木棉樹上有兩隻白色的鸚
　　　鵡在啄樹。這就是早起的鳥兒，
　　　　　　　　　　　　　　　　　　｛Ss：有蟲吃！
（錄影，1997-4-7）

　　陳老師有時則直接介入談話，細化問題的內涵。如，有小
朋友回應小老師的問題，她常加上一句：「為什麼？」讓學生
進一步地延展話題，連續七節課裡，當小老師教完由她直接教

學時，陳老師總是將小老師問過的問題再做統整與深化，這個
現象將在本章第六段討論。

四、互動內容的建構：「眾花離枝」的談話現象

當陳老師沒有介入小老師帶領的問答情境時，我們發現，
談話內容不是在問答一回後就嘎然而止，就是只成為幾個回應
的羅列，沒有延展沒有爭議沒有預想不到的話題沒有真正的討論。

> 9:50
> 小老師：長頸鹿長得什麼樣兒？
> 〜
> 小老師：慶華。
> S1慶華：像一隻非常高的鹿。
> 小老師：答對。
> 〜
> 小老師：道如。
> S2道如：牠長著細細的腿，長長的脖子。（答完，就轉過身
> 　　　　去）
> 小老師：（點點頭，四處看看）——開元。
> S3開元：…
> 小老師：柏時。
> S4柏時：牠——長頸鹿的——牠長得怎麼樣兒？就是長長
> 　　　　的脖子，短短的尾巴，長長，細細的腿兒，然後—
> 　　　　—漂亮的斑點。（答完，就轉過身去拉拉外套，檢視

　　袖子髒髒的地方）

～

小老師：芳馨。

S5芳馨：還有，那個——長長…還有那個…

　　　　　　　　　　{小老師：請芳馨講大聲一

　　　　　　　　　　　點。

芳馨：…（錄影，1996-12-13）

　　接下去，小老師又讓五個孩子說了他們的想法，9:54，小老師開始問第二個問題。在拋出一個問題並接受回應的四分鐘裡，十個孩子的回應像是被說了出來的聲音，在空中並置羅列；小老師除了提醒一位小朋友注意說話的音量外，對同學的回應則完全沒有任何回應。大部分的小老師都是這樣的「放置」同學的回應，即便回應同學的話語，也都非常簡短。

　　回應較為不同的是王偉，他擔任小老師時，對同學的回應做了較多的思考與評論：

小老師：「出來」，誰會造句？陳思麗。

思麗：我從學校走出來。

小老師：什麼？（走近思麗）

Ss：我從學校走出來。

小老師：——不太好——要造長一點，換人，宗勳。

宗勳：我從家裡走出來散步。

小老師：很好。去拿一張獎牌。慶華。（宗勳跑向台前拿了

　　　　獎牌，又跑回座位）

慶華：人們出來時，太陽就出來了。

小老師：這比較不太好喔，不是人們出來了，太陽就出來
　　　　了。有時候晚上，人們從家裡出去玩一玩啊，像
　　　　我晚上也出去騎腳踏車啊，對不對？所以，廖慶
　　　　華說得不太好。——鄭松青。

松青：我我想出來，可是不知道出口在哪裡。

小老師：喔，很好，去拿兩張獎牌。（錄影，1997-4-7）

　　但是如果問答內容是課文內的資訊，王偉也多半提出Barnes
（1986）所說：「型式開放但功能閉鎖的『假開放式』（"pseudo-
open"）問題。」（引自 Cazden, 1988, p.101）小老師期望同學能從
當下的互動之前介紹過的課文內容尋找答案。

　　這樣的問題，因為已有預設的答案，通常在一個輪回的
I-R-E系列後，就嘎然而止。在下面的例子裡，我們看到王偉在
同學說完話後，除了評定對、錯，就很少再說什麼了：

9:49

小老師：一，誰來照亮馬路？

Sx：…

小老師：答對了。二，早起的人有誰？張日興。

日興：…

小老師：送牛奶是，還有什麼？黃昆明。

昆明：送牛奶的、還有跑步、運動的。

慶華：還有還有，

小老師：慶華。

慶華：賣早餐的。

小老師：答對了，第三題，晚上你會聽到什麼聲音？

小老師：同盛。

同盛：…

小老師：什麼？

Ss：…或是…的聲音。

小老師：你們都答錯了。

Sx：啊？

小老師：鄭松青。

松青：放屁的聲音。（有幾個孩子在笑）

小老師：鄭松青說髒話，扣一分。廖慶華。（錄影，1997-3-28）

可以看出，除了評定對、錯，小老師也運用起班上給獎牌、扣分的獎懲規則。

當小朋友的問題不是課文裡的內容時，在一個個羅列的回應之後，同學提出的問題還在原地踏步，仍然是問題：

10:01:15

慶華(t)：誰能回答蕭楚維的問題？

（有人抗議楚維說得太小聲了，擔任小老師的慶華又重複說了一次）

10:01:59

T：楚維說，怎麼生小長頸鹿？

10:02:35

慶華(t)：儒芝。

儒芝：從後面開始生。

10:02:44

慶華：好，柏時！

10:02:52

柏時：牠是小長頸鹿的時候，是從肛門那邊生出來的。

（很多小朋友都笑了，還有人說是從嘴巴吐出來的）

10:03:07

T：好，我們請小老師讓小朋友唸字。

　　長頸鹿究竟是怎麼生出來的，就在一片笑聲和大老師宣布要進行下一個活動的話語後不了了之。如果有小朋友堅持問下去，討論是可能延續的。但是如果小朋友並不想參與，或是手邊有更感興趣的事，像是下圖中的李欣，在上面的討論情境裡，兀自在小白板上畫畫：

圖 31　一年級小朋友在同儕帶領國語課時私下作畫的情形

　　孩子並非沒有掘深議題的能力，但是當回應的資訊有預設的標準答案可檢核時，對話繼續發展的空間是有限的。在開放性問題的問答互動過程中，一問一答匆匆止住，立刻進行下一個問題的狀況，的確導致各個回應純然並置羅列，好像眾多離枝的花朵隨風各處散去[①]，雖然每一朵花都各有各的妙處。

> 陳老師：雖然是眾花離枝，但是落葉紛飛或是花瓣四處飄的時候，那
> 　　　　也是一種美，不是嗎？
> 我：我沒有說那不美啊！
> ～～～
> 陳老師：其實，我不是對你那題目的貶抑，我是說我很喜歡你那個小
> 　　　　標題。

---

① 這就是標題裡，我所謂的「眾花離枝」的談話現象。

　　當我們回頭看這些互動情境裡的細節時，發現大老師、小老師和人數眾多的「學生」都在這種「花已離枝」的談話現象上扮演了一定的角色。如前述，除了獎懲策略外，**大老師**在自己上課時，對時間的高度知覺也出現在小老師上課的時段裡。在下面的例子裡，擔任小老師的是慶華和芳馨：

10:38
慶華：下課時，大家在做什麼？進凱，進凱，下課了，小
　　　朋友在做什麼？愷奕有沒有？詩婷。
詩婷：盪鞦韆。
慶華：還有還有，
Sx：溜滑梯。
慶華：承源。
承源：看花草樹木。

10:38:36
慶華：嗯，你們都少說一個，告訴你們好不好？上廁所。
Ss：（一陣哄鬧）

10:39:57
T　：還有啊。慶華，還有喔。
　　　　　　〔慶華：再一題。
Sx：慶華沒有上廁所呀。
慶華：我再找兩個就好了，鄭松青。
松青：…
耀昇：再，第十一題喔。

T ：咦？還有耶！有沒有人下課去幫我做事的啊？拿東西
　　啊，還有啊，蓋聯絡簿啊。
慶華：我們花太多時間了。
芳馨：下一題。（錄影，1997-3-17）

　　在一個問題上花兩分鐘對擔任小老師的慶華和芳馨而言，已經「花太多時間了」。陳老師雖然兩度努力地想擴展談話內容，小老師卻仍然急急結束，問了下一個問題。小老師也感受到課程進度的壓力嗎？

陳老師：互動方式之所以很難去做一個改變和調整，從老師的角度看，
　　　　是時間和進度，這是一個最大的因素。那還有老師的風格，
　　　　她的理念問題。那以兒童來講，根本無視於它的存在，這是
　　　　老師設定的。對兒童自己本身而言，他們沒有時間跟進度的
　　　　問題。
我：對，可是這到後來也變你們班的。
陳老師：這是後來慢慢地被老師制約的。
我：你看慶華都會說時間不夠。
陳老師：因為那是被老師制約的，而不是從兒童的觀點出去的。
我：所以我說，你看這樣的一個文化會讓兒童開始去擔憂這些東西。

　　沒有高度意願深入討論的並不只是小老師，坐著的同學也不見得有心深掘某一話題。如果留心看那些舉起手來，成功地取得發言權說了話的孩子，我們發現：這些孩子在說完話後，並沒有繼續傾聽其他人的回應，而是好像走到某個終點，再也不回過頭去。在頁 216 的例子裡，道如和柏時一說完話，就開始關注別的事了（轉過身去，拉拉外套，檢視袖子髒髒的地方）。

而王偉，就像其他的老師一樣，都使用小獎牌來鼓勵他們認為答得不錯的小朋友：「很好。去拿一張獎牌。慶華」。（慶華跑向台前拿了獎牌，又跑回座位）

學生們答話和能夠得到獎牌之間似乎有很強烈的關聯，至於談話內容的發展與走向，好像只是大老師才該關心的事。

> 我：我想點出這一點：孩子在當小老師的時候，很明顯地受到班級文化的影響，比如說，有些孩子雖然講了，可是我覺得他們根本不管別人講甚麼，反正他只要去領個獎牌就好了。
> 陳老師：可是你知道，我們以前沒有用獎卡的時候，他們也不太甩我。只是，有時候用獎卡的時候會可以稍微制約他的行為，可是他不是我們最主要的目的。我們當然希望說，他能夠從當中參與，可是其實孩子都是為了獎卡才去說話的，有時候這種現象滿明顯的。

> 張老師：很多孩子都是這樣子，我的話說出來就好，我不會去聽人家說話。
> 章老師：所以他們之間有交集的話，有時候是會有困難。他講的話，他只表達自己的，你講你的，我講我的，有時候就是。
> 我：各說各話？
> （兩位老師說：「對。」）
> 章老師：對，各說各話。

五、小眾參與，活動多元

其他對小老師和同學正討論話題不感興趣的孩子，便像圖31 的李欣一樣，自己在座位上看書、畫畫或是跟鄰座的同學講

話。無論是陳老師或是小老師上課，都會有人**不專心**，都有很吵的時刻，但是，小朋友觀察到其間的不同：

> 我：那你們覺得哪一個上課的時候比較吵？
>
> 燕玲：小老師。因為老師在教的時候，不敢插嘴啊！…對啊！可是有些比較頑皮的小朋友就會動來動去，小聲地講話，老師看起來就好像不要教的樣子。
>
> 我：那小老師在教的時候，小朋友可不可以插嘴？
>
> （兩個女孩都說：「不可以。」）
>
> 德惠：老師教的時候，因為老師比較嚴，所以小朋友就不敢說話。所以老師教的時候，就比較小聲。

　　無論如何，小老師上課時，還是不能隨意說話的，「因為小老師教的話，小朋友在下面講話，小老師看到就會跟老師講。有時候老師坐在位子上，她也會看啊！」。陳老師上課時，鄰座同學說話時，燕玲說：「他們講話如果很小聲，就裝作沒聽到。」小老師上課時，對於同學的吵雜，她們則選擇沈默，因為，如果請同學不要講話，「這樣子自己也講話了，就要自己站出去。」（錄音，1997-6-24）

　　從參與活動者的角度看來，小老師上課時，選擇不要參與全班活動的彈性反而比較大——只要不隨便說話，似乎就可以做其他的事。

我：我在用「小眾參與」來描述你們班的互動時，另外一個點就是，
　　在小老師帶領的時候，要去爭取發言權或是得到發言權的還是那
　　幾個。～小老師叫的也是你常叫的。
陳老師：然後他們會說把不專心的叫起來，那也是老師。
我：也是老師給他們的影響。
陳老師：就是希望能引起注意，所以會把不專心的請出來。我是覺得
　　　　說，我們是不是要給每個人機會才叫做參與？
　　　　陳老師提到目前班上有個請陳老師不要讓他報告的孩子，陳老師請
　　　　他自己決定。
陳老師：所以我覺得說，研究當中你有沒有訪問小朋友說，為甚麼妳
　　　　也會跟老師，嗯，不要說你跟老師，就說你有沒有專門點哪
　　　　幾位？
我：我沒有問他們這個問題，因為他們只有當兩次小老師，可能沒有
　　辦法有這一種關照全體的視點。
陳老師：其實，他們都是在學習老師，其實為甚麼只叫那幾個？很大
　　　　的原因就是：哪幾個舉手就是哪幾個要講話。其實孩子他也
　　　　不是故意挑，其實有些孩子他心裡會知道說，這個人你點他
　　　　也沒有用，反正他也不開口。

六、大老師的關鍵行動：移花接木

　　帶領國語課的小老師們在這個班級互動文化的影響下，似
乎只能夠擔任分配發言權的角色，對參與活動的同學而言，得
到發言機會的一項重大意義是有機會得到獎牌，教室裡的談話
因而好像只是將聲音填滿一個個分配好的發言時間，真正的討
論難以發生。

　　在這樣的狀況下，大老師的適時介入或事後延伸似乎成了造成深入討論的關鍵行動。從一節課裡的許多短暫的互動時刻（小脈絡），或是焦點是同一課的連續七節國語課（大脈絡）來看，都可以察覺老師在其中的重要角色。在第 216 頁和第 217 頁裡，我用李欣和王偉當小老師的一個片段來呈現「眾花離枝」的教室談話現象，在兩頁的例子裡那些省去的部分（以～標示），其實是陳老師的適時提問──「還有呢？」和其他的回應。我們可以把這一小段互動再看一次：

小老師：長頸鹿長得什麼樣兒？

T　：樣兒就是樣子，喔。（拍拍正低頭的小老師的頭）耶，快請他回答啊。（指著舉手的小朋友──慶華）

小老師：慶華。

慶華：像一隻非常高的鹿。

小老師：答對。

T　：還有啊，還有啊，

小老師：道如。（陳老師離開小老師旁邊，走向行間巡視）

道如：牠長著細細的腿，長長的脖子。（答完，就轉過身去）

～～～

小老師：柏時。

柏時：牠──長頸鹿的──牠長得怎麼樣兒？就是長長的脖子，短短的尾巴，長長，細細的腿兒，然後──漂亮的斑點。（答完，就轉過身去拉拉外套，檢視袖子髒髒的地方）

T　：（發出讚嘆聲）喔！──形容得好美喔！

小老師：芳馨！

芳馨：還有，那個——長長…還有那個…

　　　　　　　　　　｛小老師：請芳馨講大聲一點。

芳馨：…（很小聲地）

T　：還有呢？

Sx：毛毛的尾巴（不知是芳馨還是另一個小朋友的聲音）

T　：毛毛的尾巴喔。

　　看得出來，在這些瞬間即逝的片段裡，陳老師在小朋友回應後立刻追問，的確引出了更多的資訊。從連續七節國語課的這個較大脈絡來看，陳老師統整與深化談話內容的行動更為明顯。

　　在 1996-12-10 的第一節課裡，我們看到很多典型的「眾花離枝」談話現象：

9:52:23

慶華：還有誰有問題？

Sx：為什麼長頸鹿會有斑點？

慶華：斑點天生的啊！

柏時（舉起手來，沒等指名就站起來說了）：不是，那是天生的保護色。

（又經過一輪提問，是與脖子有關的問題，但內容聽不清楚）

慶華：好，柏時。

柏時：那個祖先，長頸鹿的祖先，他們的脖子都是比較短，那個，比較早的長頸鹿，他們的脖子都，不是，比較短，以前有一個大災難，那些小的長頸鹿都吃不

到樹葉，而且，然後，那些矮的長頸鹿他們都會死
掉，那些長的長頸鹿他們可以一直活下去，那現在，
沒有大災難，所以矮的長頸鹿，還有高的長頸鹿，
都不會死。

～～～

9:53:56
慶華：還有誰有問題，舉手。（錄影，1996-12-10）

　　脖子的議題在柏時的仔細敘述後，只有芳馨做了回應，表
示另一個老師曾提供類似的訊息，陳老師請她把記得的說一次，
芳馨說完後，小老師立刻準備接受下一個提問，並沒有做任何
回應；但是在緊接著這節課的下一節課，我們看到陳老師對這
個主題的延展與統整：

10：34：27
T　：好，現在老師先問一下小朋友喔，先把課本放下來，
　　　　　　　　　　　　　　｛Sx：好！
　　剛剛慶華有講喔，長頸鹿有些特徵，這個是什麼？（指
　　著黑板上的圖）
Sx：長脖子。
T　：長脖子，長頸鹿的「頸」指的就是什麼啊？
Sx：脖子。
T　：那現在問小朋友，我們在課文裡面也有提到，為什麼
　　長頸鹿的脖子這麼的長呢？李欣？剛剛你們討論的結

果是什麼？爲什麼他的脖子這麼長？（停頓）剛剛有
沒有上課啊？有沒有聽到小朋友說？

{Sx：（舉手）我會說

班長。

班長：長頸鹿的脖子長，它就是脖子長，它長得高高的。

T ：可以吃到高高的樹葉，還有呢？除了呢可以吃到很高

{Sx：不是這樣！

的地方的葉子？我們請仲舒。（停頓）剛剛小朋友討
論好多種喔。

仲舒：他可以看很遠的東西，他

T ：很遠的東西，

仲舒：它還知道隔壁有壞人可以，它

T ：喔，知道有個敵人來了對不對？很好，還有沒有了呢？
思麗。

思麗：…

T ：剛剛小朋友說過了。芳馨。

芳馨：它可以吃大王椰子樹

{T：可以怎麼樣？

Ss ：可以吃大－王－椰－子－樹。

T ：他吃大王椰子樹啊？他有大王椰子樹高嗎？

{Sx：沒有！　　　{Sx：沒有！

好像沒有那麼長，大王椰子樹三、四層樓高廿，我們
這個長頸鹿沒有那麼高廿。好，來，景全。

景全：可以看見外面

T ：ㄟ，可以看見外面，越高越的越

Ss：遠

T　：可以看到看到越遠的東西，對不對？來，開元。

開元：…

10：36：56

T　：喔，所以他會把脖子拼命的伸長，所以呢，可能聽說
　　　喔，古時候的長頸鹿應該都是短短的脖子，可是呢，
　　　牠為了要吃到更高地方的葉子，把脖子給伸長了喔。

（錄影，1996-12-10）

　　到了第三節課，陳老師不但如下段引言，細化關於長頸鹿
之特徵的討論；之後也讓小朋友運用「特徵」、「優點」等概
念來說說自己的特點。

8：49：31

T　：來，我現在問小朋友，長頸鹿的特徵有什麼，牠這個
　　　特徵會帶給牠什麼好處呢？來，開元。

開元：…

T　：哦，講得非常好。長長的脖子可以吃到很高的樹葉，
　　　還有呢？儒芝。

　　　（儒芝告訴老師黑板上的「長」寫錯了，老師說：「好，沒
　　　關係，我們待會兒再教喔！」）

T　：來。（將麥克風湊近前排一個孩子）可以看什麼？

Sx：路。

T　：長長的什麼可以看路？

Sx：長長的脖子。

T ：喔，長長的脖子可以看到很遠的路，是不是？來，你呢？

Sy：長長的脖子可以知道有沒有敵人要來攻擊牠。

T ：可以保衛自己是吧？你呢？

Sz：可以看有沒有敵人，牠可以告訴那個別人，快點逃。

8:50:35

T ：喔，可以告訴牠的同伴喔，如果看到敵人趕快逃命啊，對不對？來，保真。（保真從8:49:35就舉手舉到現在）

保真：有保護色。

T ：牠有保護色，哪裡有保護色呢？（錄影，1996-12-10）

　　這個關於長頸鹿之特徵的討論一直延續到8:53:09。其間，討論到長頸鹿的脖子、腳、毛的功能，都比前兩節課同一主題的討論更為細緻。在前一節小老師上課時，看著隔壁的同學畫白板的保真，在陳老師提問時，卻舉手長達一分鐘來等候回應的機會。教室團體互動的變奏對這群孩子而言，究竟意味著什麼呢？

　　在下一段間奏之前，我們先來看看綿羊班的改變。

第二節　日記圖分享時段的變奏

一、1996-12-30：互動空間發生了變化

　　這一天，老師在唱完歌後，不同於以往要孩子排排坐在風琴前，要孩子們就坐在各組，但是把臉朝向前方。有孩子問：「要玩什麼遊戲啊？」老師一邊幫忙調整座位，一邊說：「不玩遊戲。我們要上討論課。位子坐圓一點，像圓形，這樣大家才看得到。」（錄影，1996-12-30）

　　淑萍在回溯筆記裡寫著：「今天我看到有明顯的改變。進行日記圖分享時，以前我看到的都是小朋友集中在風琴前面排排坐，日記圖是由老師一本本的展示給小朋友看，並依據老師自己或另一位老師在圖畫右下角所記錄的文字內容說給小朋友聽，偶爾提出問題請畫的人說明或回答。今天的座位排成橢圓形（連風琴算進去的話），由老師指名某個小朋友站在位子上或到風琴前面和全班分享自己的日記圖。另外，以前都是全班小朋友的日記圖都會分享，今天只分享兩組小朋友的作品。」（回溯筆記，1996-12-30）

圖 32　綿羊班日記圖分享時段裡新的座位安排方式

座位方式改變了，日記圖由站在風琴前的老師手中轉移到坐在各處的孩子手上。但是日記圖分享，還是老師的分享：

9：18：01

T：今天分享日記圖請小朋友站到你的位子上，把你的圖展開來（大章老師翻著圖），然後這樣子（把圖的正面朝外，示範給小朋友看）站起來跟小朋友說，好不好？李雲？（李雲走向前拿日記圖）你不用出來，在你的位置上面站著，小朋友就會看到。

李雲：…（聲音很小）

T：去那裡？

李雲：…（聲音很小）

T ：小朋友有沒有聽到？

Ss ：沒—有—。

T ：麻煩你再大聲一點，你跟小朋友說（李雲點頭）

李雲：我跟爸爸一起去…公園。

T ：有沒有聽到了？

Ss ：有

{Sx ：聽到一點點

T ：就是說，她跟那個爸爸媽媽，大伯伯那邊有一個很大
　　的公園，是不是？小朋友，你覺得她的圖那裡畫得最
　　好？

{S1 ：太陽！

{S2 ：人！

{S3 ：小鳥！

{S4 ：飛盤！

{S5 ：人！

T ：她的動作那個都有畫出來了，小朋友有沒有看到？
　　（老師將李雲的畫拿得高高的，讓孩子都能看見）

Sx ：有隻小鳥就在她前面。

T ：（面對李雲）小鳥就在妳前面啊！真的就飛到妳前面
　　喔！妳自己畫好小喔，好，小朋友給他拍拍手。
　　（小朋友拍手）

T ：來，陳怡瑾，（老師把畫拿給陳怡瑾）小朋友，如果人
　　家在介紹的時候，你說話的話，你可能就聽不到了喔！

小張老師：齊亞萍，你不要再說話了好不好？（錄影，
1996-12-30）

看得出來,雖然要孩子面對大家,可是卻還是老師與一個孩子之間的對話。有時雖然有很多孩子對老師的問題做出回應,老師也沒有理會這些回應;有時,老師把孩子的話納入之後的對話,但也只是點到為止。小朋友的音量過小,老師因此必須充當擴音器,當天我在右後方,恰好聽到三個女孩子相約在星期六下午一起去玩的談話,如圖33:

圖33　幼稚園小朋友在同儕分享日記圖時談論放學後要做的事

私下談話的孩子或許就是做十分短暫的「情境逃離」;或許是因為分享的同學音量過小,加上分享場地使得參與者與分享者之間的距離較遠,造成參與的困難。但當天我聽到另一個男孩的自語,則是針對正在分享的日記圖而發的。只是,這些竊竊私語,一旦被看見,就會被嚴加禁止,因為老師比一旁觀看的我們更難辨別談話的內容。

　　日記圖分享的互動空間改變後，老師在星期六的「玩具分享」時段也沿用小幅度改變的分享方式：

9:30:27

T　：我要讓魏信來告訴小朋友他帶什麼東西。（魏信嘟著嘴，似乎不知道如何處理手上拿著的一本畫冊和一盒彩色筆）你先把手上那個盒子放下來，（鄰座孩子接過他的彩色筆）好，他幫你拿。

9:30:49

（魏信站在座位處，向全班展示他的畫冊）

T　：那是什麼東西？

（魏信不說話，但一直翻弄著手上的畫冊）

9:30:57

T　：麥當勞的畫冊是不是？再來，你帶那盒是什麼？

　　　（魏信沒有回答，一些孩子拖長聲音說了：彩－色－筆）

T　：喔，學校的十二色不夠用是不是？帶那麼大一盒來塗。好，謝謝魏信。

9:31:08

（錄影，1997-1-4）

　　每個孩子就是這樣以不到一分鐘的時間，說了短短一句話，或者不說話，只成為老師提問的對象。就這樣，屬於小朋友的玩具，被老師「介紹」出來。

　　其中，有些時候，分享中出現了我看來很可以繼續討論的

話題，但是，想讓三十個孩子都有機會分享的老師，或許正如間奏一時討論到的，因為顧慮時間，顧慮到發言機會的均等而放棄延展。下面的玩具分享時段裡，我們看到老師在孩子對同儕說的話有了非常激烈的反應時，仍然選擇匆匆結束，讓下一位小朋友分享：

9:37:50

（有個孩子介紹完時，有位女孩說她上次抽禮物時，抽到金剛。）

Sx（男聲）：女生還玩金剛？

T　：女生為什麼不能玩金剛？男生也可以玩芭比啊！

（全班哄堂大笑，有些學生甚至讓自己摔在地上，請見下圖）

圖 34　幼稚園男生因著「女生玩金剛」的話題而紛紛笑倒在地的
　　　　場面

（孩子不斷地說話，有些孩子說她家裡有些什麼玩具）

9:38:15

T ：有那麼好笑嗎？那這樣好了，既然這麼好笑，那男生
以後你不要到娃娃家去。好笑嗎？那怎麼還會有男生
去娃娃家？

Ss（女聲）：對啊！

S1（女聲）：就是林立宗。

S2（女聲）：林立宗和張大宏。

9:38:40

T ：女生可不可以玩金剛？

｛Ss：不一可一以。

｛Ss：可以。

（有人喊「可以！」，有人喊「不可以！」，「可以！」與
「不可以！」的聲音此起彼落）

9:38:55

（T抽出另一張號碼牌）

T ：我們請吳念儀來介紹。女生喜歡玩都可以，男生喜歡
玩都可以。

（孩子們仍然大笑）（錄影，1997-1-4）

　　還有孩子說著女生玩金剛的事，老師則要小朋友注意下一
位分享者──吳念儀的玩具，明顯地，要讓這段引起激烈反應
的談話快速地結束。

1997-1-6，日記圖分享換了場地——在體能室進行分享。

圖 35　綿羊班的日記圖分享在體能室進行的情形

　　老師在這個較大的空間裡卻似乎比平日更常提醒孩子遵守秩序，如「來，小朋友通通起立（小朋友起立）通通用站的好了！不會坐嘛！」，「好，請坐下！屁股黏好！不要再讓我看到有人趴下去了啊！來！」，當小朋友喊著看不見圖片時，老師說：「她等一會再轉，我看那幾個人很生氣！（起身，表情嚴肅）我要在後面打屁股。書婷，坐一下都坐不好！」，或是：「小朋友通通再站起來一下好不好？（小朋友起立）坐下（小朋友坐下）那個，許兆恆站起來，魏信站起來，陳威禹站起來，站到後面一點，不會坐的用站的。」老師的情緒好像不太好，曉雯在觀察報告裡說：「老師沒有意願做任何延伸，好像只是為了完成某種形式而已。」（1997-1-6）

這一天，大章老師不滿意的不只是「秩序」，她對小朋友將「在家裡做的事」畫出來的方式也很有意見：

10：51：14
T ：告訴小朋友你去那裡啊？
～～～

10：51：48
立宗：我跟爸爸媽媽，我跟爸爸媽媽在家裡吃火鍋。
T ：聽到了嗎？
｛Ss：聽—到—了
｛Sx：有點聽到
T ：再講一次，大聲一點！
立宗：我跟他
　　　　｛Sx：他跟他爸爸媽媽家裡在家裡吃火鍋。
T ：小朋友你看看，你有沒有看到林立宗吃火鍋？
Ss：沒有！
T ：我發現現在的小朋友喔，都有一個偷懶的方法，我今天發現很多個小朋友都這樣子，我在裡面啊，看不到啊。以後我不要你畫外面，你在做什麼事情，我要請小朋友把你做的事情畫出來，這樣子我根本不知道你在裡面啊，是不是？你畫，你在家裡做什麼，可以，把自己畫出來，做什麼事情畫出來，知道沒有？來，林立宗，你拿回來。陳威禹！（威禹上前拿自己的畫，有幾個小朋友趴在地板上，懶懶的樣子）

10：53：02

T ：好，你看他的，就知道了，他也是畫在家裡喔，你大
聲一點跟小朋友說。

威禹：我在家裡跟堂哥堂妹玩。

T ：有沒有聽到？

Ss：沒—有—

　　{Ss：有—

T ：請大聲一點！

威禹：我在家裡跟堂哥堂妹玩。

T ：聽到沒？

Ss：聽—到—了

T ：跟堂哥堂妹玩，所以你看他家裡畫好多小朋友，對不
對？在那邊玩，他也是在家裡啊，外面下雨，他一樣
可以畫出來，看到沒有？

S1：他們家那麼多孩子啊？

T ：對啊！不是他們家，還有堂哥堂妹，就是一堆小孩子
在那邊玩啊。好多好多小孩。好，周容琳。

　　　　　　　{S2：一百個小朋友。

10：53：54

（錄影，1997-1-6）

　　或許，老師注意到孩子音量的問題，立刻在這個方面留心，
把孩子的分享大聲地再說一次，以便讓每個孩子都聽清楚別的
同學說了什麼。但是日記圖分享，還是很少聽到孩子的分享，
倒是老師對孩子以圖畫來表徵生活經驗的方式發表了不少評論。

二、1997-1-20：發下一整組的日記圖

　　這一天，每個孩子的分享時段還是非常短促。不過，孩子坐得更「圓」了，原來坐成倒ㄇ型的孩子圍成一個大圓圈。另一個改變是：老師不再要孩子一個個地從老師手中拿自己的日記圖來分享，而是一次發下一整組的日記圖，要孩子先做準備：

9:41:19

（老師發下一組小朋友的日記圖）

T　：來，我請偉庭先站起來說。（轉頭面向左手邊的人）你們幾個人先翻好準備，其他的人，你要專心的聽人家說，好嗎？

圖 36　一位小朋友分享日記圖；一組小朋友準備分享的情形

9:41:54

偉庭：昨天，我們去動物園玩。

T ：拿起來借我們看一下。

　　（偉庭把圖畫舉到胸前）

9:42:10

T ：張大宏，你有沒有在看？

9:42:16

T ：好，你拿高一點，給我們小朋友看啊！

　　（偉庭把圖舉得更高）

偉庭：…（音量很小）

T ：帶吃的東西。你人怎麼沒有塗顏色呢？

9:42:43

T ：人請你把他塗上顏色好不好？好，來，林佩玹。

（錄影，1997-1-20）

　　從畫面上可以看出來，偉庭分享時，三分之一（也就是一整組）的孩子「奉命」正低頭看著自己的圖畫。其他的孩子也只能默默地看著，老師並沒有授與發言權。這節日記圖分享，就是這樣以「孩子說，老師問」的方式快速地進行。有些孩子輪到的說話時間甚至不到 60 秒。在 22 分鐘內，老師一共讓 14 位小朋友說了自己的圖畫，並簡短地回答了一個由她自己提出來的問題。

三、1997-2-25：節奏變慢，談小朋友的「傷心」經驗

假日生活分享，談的是孩子自己的生活經驗，內容應該是掌握在孩子心中。和平日的日記圖分享相較之下，這天的假日生活分享節奏顯然慢了許多。第一個分享的女孩，談到她的爸爸因為停車的問題，被人砍傷住院的事，大章老師讓她娓娓道來，並且向全班解釋女孩提到的「加護病房」，最後則問了大家聽了有什麼感覺，小朋友紛紛說道「好可怕」、「好可憐」、「好恐怖」、「好害怕」等。這個孩子的分享花了九分鐘，是我在這個教室觀察以來，分享時間最長的一次。與平日相當不同的是，或許是受到這個分享節奏轉緩的影響，當天只有七個孩子分享。

但是，在1997-3-4那天，節奏又恢復成往日的快速、急促。二十多分鐘內，小張老師讓三十多個孩子都分享了。其間，小張老師不斷提醒分享者不要對同學用那麼兇的口氣說話。

四、1997-3-10：同儕發問受到正式鼓勵

這是教室團體互動節奏與樂音發生實質改變的一天。9點46分，大章老師宣布開始進行日記圖分享後，旋即提到一位小朋友生氣的事。說了五分鐘後，仍然沿用舊模式，用了約13分鐘的時間讓一組小朋友分享日記圖。10點6分，大章老師又發下一組日記圖，在第一位小朋友分享時，有位小朋友對分享的同學提出問題，章老師對這個提問的反應，改變了其後的互動方式：

10:07

T ：我們請陳威禹先講ㄡˋ，他已經在等了對不對？有沒有
　　看到？好，請問陳威禹畫什麼？

威禹：在家裡做功課。

圖 37　陳威禹的日記圖

T ：大聲一點我聽不到。

威禹：我在家裡做功課。

T ：你在家裡打電動？你的眼睛都這樣了，還在打電動？

威禹：我在家裡寫功課啦。

小張老師：寫功課啦。

T ：喔！寫功課喔，我以為他打電動。好，寫什麼功課呢？
　　（坐在威禹右邊的男孩指著他的圖對明彥低聲說話，阿容也
　　問了一個問題）

◎T：ㄟ，剛剛阿容馬上問他這樣也是很好ㄟ，你有問題
　　現在就馬上問，好嗎？

阿容：上面怎麼那麼多尖尖的？

T　：他問你說這上面為什麼有這麼多三角形的尖尖的東西？
　　是不是？他是說三角形的。

威禹：那是房屋的屋頂。

T　：房屋的屋頂。

S1：屋頂怎麼那麼多啊？

S2：對呀！

S3：你的雲怎麼都黏在一起？

T　：什麼在一起？

S3：雲。

T　：雲喔，他的雲都黏在一起。

S3：黏成一條了。

T　：好，陳怡瑾。

陳怡瑾：花怎麼在屋頂上面？

T　：什麼在屋頂上面？

Sx：花。

T　：陳威禹，你的花為什麼種在屋頂上？

威禹：在窗戶外面。

T　：窗戶外面，那不是屋頂喔。還有沒有問題？那個，立
　　亭。

立亭：為什麼他的床在那個後面？

T　：那是床嗎？那不是床，對不起，他是在那邊寫功課。
　　那不是床。

Sx：那桌子怎麼會

T　：凌仲秋。

凌仲秋：他旁邊那個人是誰？

T　：陳威禹，旁邊那是誰？

威禹：那是我姊姊。

T　：喔，他姊姊。好，趕快問。

T　：好，還有什麼問題？

　　　（T座位旁的Sx舉手，T看了她，她就和老師說話）

Sx：…

T＞威禹：他不知道你的太陽為什麼是橘色？

Sx：它的光芒。

T　：光芒，看起來就是橘色是不是？

T　：好，許兆恆。

兆恆：為什麼他桌子這樣子？（用手比長條狀）

T　：就是長形的嘛，哪有為什麼 ζ_i 。

兆恆：為什麼一條一條的？

T　：為什麼一條一條的？他說你的桌子為什麼會一條一條
　　　的？

Sx：因為…

T　：（笑）喔，你用猜的。你讓陳威禹自己回答好不好？

威禹：桌子的腳。

T　：桌子的腳，你猜錯了，不是桌布的關係。

Sx：…

T　：畫畫看，如果是你畫桌子的腳會怎麼辦？好，還有嗎？
　　　沒有要換邱曉玉啦。

10:10:23

（邱曉玉站起來分享。）

Sx：…

T ：有沒有看到？有什麼問題？她還沒講就有什麼問題？
我都還沒有聽到她報告。我要坐這邊比較看得到。（大
章老師離開中心位置，坐到面對曉玉的位置。）

　　由於大章鼓勵阿容直接提問（◎處），使得「小朋友直接
向分享者提問」成為互動的主要節奏。雖然，大章老師還是常
常替分享的威禹回答小朋友的問題，但是和以往的分享不同的
是，很多小朋友得以參與這樣的互動──不但提出問題，也對
同儕提出的問題，做了各種猜測或回應。小朋友們對圖畫的觀
察入微，顯示他們非常仔細地看著分享者手中的圖畫。原先總
是大章老師和分享者或大章老師和全班的齊一互動，轉而變成
有很多不同聲音參與的互動。這天的分享，從 10 點 6 分節奏改
變後，一直到 10 點 12 分，總共只有三位小朋友進行分享。大
章老師雖然在第二位小朋友分享時，改變座位，在空間上成為
提問者之一，自己也向分享者提出問題；但仍然不斷地對全班
耳提面命分享的方式，如：

《告訴全班》：
　　　「來，現在還沒有請你發問喔，我們先請邱曉玉
告訴我們你畫什麼。」
　　　「現在都不能說你有問題，你舉手她點。」
　　　「你們兩位趕快坐下來。這邊還有問題，有問題

已經舉手了。其他人你手先放下來，等她回答完再舉
手好嗎？」

《告訴分享者》：

　　「人家舉手了，你可以點有舉手的一個起來問。」
　　「那個邱曉玉，這樣子不要回答。她沒有舉手，
她起來跑過去問妳的不要回答喔。有舉手的妳先回
答。」

　　分享的過程中，大章老師聽到小朋友的問題，似乎感到很
高興：「好，很好，越來越好，有人舉手妳趕快點他起來問。」
　　當天要離開綿羊班時，我收好攝影器材後，在走廊上如常
向兩位老師道謝，大章老師略帶歉意的對我說：「沒想到拖到
那麼晚。」我說：「今天的分享很好啊！」她接著說：「我發
現，換一種方式，小朋友觀察得比我們仔細，下次應該改進。」
（現場筆記，1997-3-10）。看來，大章老師和我一樣，都很喜歡
這樣的變奏。
　　到了下一週的日記圖分享時段，大章老師又重申分享的新
規則：

T ：今天老師讓小朋友坐原來的位置，讓小朋友出來介紹
　　他的作品的時候你可以提問題，出來的小朋友如果你
　　要點他就直接叫他的名字ㄈㄨ，還有，請你來練習一
　　點，舒芸，如果很多人在一直舉手，你要看哪一個人
　　比較少，比較少問題的人，你就先請他好不好？那
　　講的人你盡量，你有問題的人你就問他，ㄟ，什麼地

方什麼地方，就指出來什麼地方好不好？陳怡瑾，我在說什麼有沒有聽到？有沒有聽到？

　　或許因為預設的聽眾成為全班，而不是如過去的大章老師一人，我們看到孩子們在分享時是面對著全班說話，而不只是看著老師。但是，分享者或是提問者的音量很小，一直是個問題。很多小朋友就直接走到分享者跟前提問，分享者有時也走到提問者跟前回應，老師只好請分享者站到前面中央的位置分享：

T ：要不要問人家畫的？你這個樣子老師好辛苦要一直跑過來跑過去。請你出來這邊講，然後請人家問。當人家有問題問你的時候，坐在底下的小朋友要怎樣練習去聽人家，你有問題你直接站起來用講的，好不好？陳威禹好不好？問問題的人聲音要很大，你問很小聲他聽不到，大家都聽不到。講解的人聲音也要大，好不好？剛剛問什麼，你再站起來再問一次。（錄影，1997-3-17）

　　從 1997-3-10 之後，每位孩子在分享時，因為要回應很多小朋友的提問，因而時間加長，我們可以從以下列表 11 分享時間和人數的簡單統計表看出來：

表 11　幼稚園日記圖分享人數與時間表

日　　期	分享時間	分享人數
1996-11-13	14 分鐘	17 人
1996-12-30	33 分鐘	19 人
1997-1-6	25 分鐘	18 人
1997-1-20	22 分鐘	14 人
1997-2-25（口頭分享假日生活）	24 分鐘	7 人
1997-3-4	20 分鐘	30 人
1997-3-10	26 分鐘	13 人
	21 分鐘	4 人
1997-3-17	39 分鐘	5 人
1997-4-7	27 分鐘	8 人
1997-4-21	41 分鐘	5 人
1997-5-5	29 分鐘	6 人
1997-5-12	28 分鐘	5 人
1997-5-19	31 分鐘	5 人

　　3 月 10 日那天，在老師鼓勵同儕直接發問前，有 13 位小朋友以 26 分鐘的時間分享了她／他們的日記圖；之後，4 位小朋友的分享卻用了 21 分鐘。

五、1997-4-7：較沈默的老師，更重要的角色

　　變奏之後，第一次觀察日記圖分享的曉雯，也感受到了改

變的發生：

> 這是幼稚園日記圖分享「改版」以來，我第一次
> 去。有一種很不一樣的感覺。讓孩子們自己報告、問
> 問題、回答問題，那種共同的參與感，一方面讓孩子
> 們比較投入；另一方面，整個教室的討論氛圍似乎就
> 處在一種和諧的狀態裡。「大家好像一家人。」有一
> 個當下，我竟有這種親密的感覺。（觀察報告，1997-4-7）

　　當互動的對象不只是老師與某個被指定回答問題的學生，
而是包括老師與全班、老師與分享者、分享者與同儕之間的對
話；相對地，老師說話的時間便減少了。但是老師仍有相當大
的自由度在任何時候插入，也就是她仍控制著整個分享情境的
程序。首先，她要分享者說明圖畫內容，接著才宣布開放請全
班提問的時機：如「其他小朋友，你現在可以問問題了。」這
些情況裡的老師，有時為了向全班解釋分享者或某位回應者談
話內容中提到的某事某物，反而比自行帶領日記圖分享時，更
能延展與深化談話內容：

09:46:20
（珮玹將圖畫紙放胸前，轉動身體，好讓其他孩子能看到她的畫）
～～～
T　：～來，先告訴小朋友妳畫什麼？
珮玹：去 SoGo 百貨，去看小丑表演。
T　：SoGo 百貨。

S1：SoGo 百貨有小丑嗎？

珮琁：（點點頭）舉辦的啊。

T ：舉辦的小丑表演。

珮琁：S2。

S2：（走到圖畫前）妳這小丑爲什麼看起來是金金的？

珮琁：…

S3：對啊，每一個小丑看起來都是金金的！

T ：…

S4：爲什麼我們都不知道？

珮琁：威禹。

威禹：爲什麼一個人…？

珮琁：…（此時，大章老師旁邊三個小男生跑到畫前面去指指
　　　點點）好好好，不要過來（幾個圍著的小朋友這才回
　　　座）這個就他的腳的模特兒啊！

Sx：模特兒？

T ：模特兒，什麼叫模特兒？你們知不知道？

Sx：知道，是假的人。（芩筠舉手）

T ：好，芩筠說。

芩筠：模特兒就是站在那邊或坐在那邊，讓人家拍照這樣子。

T ：拍照的，給人看的算不算？

Sx：算。

T ：也算喔。那，向那個百貨公司那個展示服裝，什麼那
　　　個算不算？

Sx：算。

T ：算喔。好，那是模特兒，模特兒的頭髮綠綠的，（看

著佩玹的畫說）還有沒有？（錄影，1997-4-7）

　　大章老師雖然介入互動情境，暫時又成為主要的討論帶領人，但是卻延伸小朋友對「模特兒」的瞭解。有時，老師還是說了很多的話，問了很多的問題，不過，她的角色顯然已經改變了：

09:50:12

T　：來，蕭建明（建明將圖畫拿著）（大章老師面對旁邊不專
　　　心的男生）請你看，待會兒，請你問問題，——好。

建明：我去掃墓。

T　：放春假有去掃墓的人請舉手。春假，你有去掃墓的人
　　　請舉手。

Sx：我是去山上。

Sy：我是去山上的廟。

T　：好，手放下。我們先來看看蕭建明的「掃墓」，讓蕭
　　　建明來跟我們介紹一下。

建明：去掃墓。這個是我阿叕的祖先。

T　：阿叕的墳墓，是不是？

建明：我阿叕的祖先。

T　：阿叕的祖先，好，有多少人去呢？

建明：很多人。

T　：那旁邊那個小小的是什麼？

建明：我——我媽媽。

T　：其他小朋友，你現在可以提問題了。

建明：林立宗。

立宗：（走到畫前）這個是什麼？

建明：這個喔，（對著大章老師說）這個是都要有那個啊…
　　　他是誰呀！

T ：對，像你們家有沒有門牌號碼？來，請問小朋友你們
　　家有沒有門牌號碼？

Ss：有！

T ：喔，現在，你可能在你們家門口喔，比較少人有貼說
　　誰誰誰住的地方，那有的人在比較鄉下，他會用一個
　　木頭喔，這樣長方形的木頭，以前我記得我爸爸，他
　　那個門口就貼一個，我爸爸的名字就刻在木頭上面掛
　　在那邊，人家就知道說，喔，你住那邊，那墳墓上面
　　它也有一塊石板喔，上面會刻字，說是誰的墳墓，
　　　　　　　　　　　{Sx：還有說他幾年死掉。

幾年死掉，或者旁邊還會有他子孫的名字，喔，他的什
麼，孩子是誰啦，孫子是誰啦，呃，生幾個，——不
　　　　　　　　　　　{Sx：還有他生幾個。

一定，有的刻不上去，因為寫他的子孫，好多好多的
名字哦。

建明：這個是他的墳墓，但是每個墳墓都會有土地公。

T ：喔，每一個墳墓都會有土地公，對。

立宗：每個墳墓還會…（做壓紙的動作）

T ：壓那個紙，你怎麼知道？（其他小朋友吱吱喳喳地講）

建明：對啊，我還有去壓，壓就是我的工作。

T ：每天啊？每天去兩次？還是你去過兩次？
　　　　　　　　{建明：兩次。

建明：我去過兩次。

T　：喔，要說每年喔。

建明：第三次——第三次是我爸爸以前帶我去，那兩次都
　　　是我爸爸帶我去。

T　：那天，小張老師就講說掛紙的事情喔，掃墓的時候，
　　　放黃色的紙，

建明：對呀，上次我去壓的。

　　　　　　　　　　　　　　〔Sx：我也有壓。（錄影，1997-4-7）

　　上面這段互動，我們雖然還是聽到很多大章老師的聲音，
但是或許她認定建明才是事件資訊的擁有者，因而提出的問題
都是真實性的問題，而不是有預設答案的測驗性問題，而且，
也容許建明花相當多的時間仔細地描述掃墓經驗的種種。除此
之外，大章老師還使用類比的方式向全班解釋墓碑的意義，澄
清分享者的談話內容（每年而不是每天到祖墳壓兩次紙），並將當
下的分享和班上共同擁有的舊經驗（小張老師講過掛紙的事）聯
結起來。

　　除了談話內容，大章老師仍不時地強調合適的說話方式，
如「好，剛剛魏信說：『你不會把窗戶放上面！』」（面朝魏信）
你下次如果有建議，有意見，要請人家喔！」。當然，仍然存
在的是綿羊班在各種互動情境裡必然有的聲音——老師為了維
持秩序發出的提醒或指責，像是，「來，林立宗，我發現你很
吵。」

　　孩子說話的時間拉長了；相對地，和過去掌控局面的情況相較之下，老師則顯得較為沈默。不過，沈默下來的老師卻在互動的過程中扮演更重要的角色。同儕間，未經老師指示的自發回應也增多。如，佩玹分享時，很多小朋友喊著：「看不見！看不到！」就有小朋友說：「沒看到就舉手啊！」

六、1997-4-21 與 1997-5-5：
　　有意義的竊竊私語、疑問與沉默

　　當多數的孩子參與在互動情境中時，老師似乎可以更加對孩子的私下談話感到放心。下面的圖 38 是周容琳的生活記錄，有孩子問她，為什麼只有一隻腳，她說那是「坐著。」許兆恆問她，床的樓梯為什麼沒有接到地上？周容琳告訴他：「我都

圖 38　周容琳的日記圖

用跳的！」許兆恆便告訴身旁的曉雯：「我們家也有雙人床，可是樓梯都是碰到地上的。」（錄影，1997-4-21）。在這個例子裡，專心參與的孩子，和身旁的人說的話，是和主題十分相關的。

　　下面的圖39是陳怡瑾畫的，針對她這張看似單純的圖畫，小朋友們提出了很多問題：

圖39　陳怡瑾的日記圖

　　　　「你的人為什麼那麼高大？」怡瑾：那是我姑姑！
　　　　「你的脖子為什麼都是三角形的？」（怡瑾沈默微笑）
　　　　「為什麼你的脖子在這邊，身體在這邊？」（問的孩子指著圖說，怡瑾沈默微笑）
　　　　「你三個人的手指頭為什麼都那麼小？」（怡瑾沈默，有同學喊著：「她手指頭不小，都那麼大！」）

「爲什麼這三個人，有兩個一樣呢？」

「三個人的頭髮爲什麼都那麼長？」（怡瑾說：「那是我表妹。她綁辮子。」）

孩子繼續追問：「對啊，你說你表妹頭髮長，爲什麼三個人的頭髮都畫那麼長？」

「你表妹很小，你怎麼把她畫得那麼大？」

還有很多我從錄影帶上聽不清楚的問題，在這段過程中，很多問題，怡瑾都只是「嘿嘿」的低聲笑著，或是沈默不語，大章老師也是沈默的。或許，這些各種角度的問題可以幫助怡瑾用另一種眼光去看自己的創作，想一想自己的表達方式，我認為這樣的沈默也是有意義的。

下面這張是張大宏的圖：

圖40　張大宏的日記圖

　　老師在左下角寫著孩子告訴她的話：「去中正紀念堂看遊行」。

　　分享時，有個孩子問：「爲什麼一邊太陽，一邊月亮？」張大宏的解釋是：「因爲我從下午去到晚上，所以兩個都畫。」

　　同儕互動問出了師生互動問不出的問題，想不到的想法。就像大章老師在和我討論時說的，「我覺得說，大家都問的話，不管他的問題成不成熟，可是可以一直訓練哪，讓他們粗略表達的話，可能會觀察比較細膩。」（錄音，1997-3-14）

七、1997-5-19：參與的獎勵與難題

　　每個小朋友分享的時間越來越長。第一年裡，我們最後一次觀察綿羊班的日記圖分享是 1997-5-19。當天，31 分鐘裡只有 5 個孩子分享，其中，第二個孩子的分享更長達 11 分鐘。這一天，大章老師還是讓小朋友自己來介紹自己畫的圖。不同的是，大章老師在分享開始前，先告訴全班：「我說過今天很認真，畫圖很認真，還有等等分享的時候很認真的，我一定要送他禮物。」經過漫長幾個月的轉變，小朋友雖然可以自己分享日記圖，每位小朋友分享的時間也越來越長，但是，我們也注意到這種情境的一些問題：

9:40:40

T：來，今天我們要請長頸鹿桌喔！對不起，是恐龍桌。
　　上禮拜不是請 26 號開始介紹，喔，到 30 號，那當中
　　有王儒修沒有介紹到，老師都記得很清楚，王儒修，

現在請你來介紹。

（儒修站起來走到老師面前拿他的日記圖，回到原位後，將圖拿高讓其他的小朋友看。）

9:41:08

T ：請你用心看，我要看哪一個人很用心看的，小張老師也幫我看喔，等等就送他禮物。（停頓數秒）都看到了沒？

Ss：看到了！

　　{S1：我沒看到！

　　{S2：我沒看見！（儒修把圖畫向右、左兩邊轉動）

圖 41　王儒修的日記圖

T　：能不能告訴小朋友你畫的是什麼？

儒修：去爬山。

9:41:55

T　：去爬山啊！小朋友有問題的可以問。

儒修：蕭建明。

建明：（走到日記圖前面，蹲著問說）你這個，這是什麼？
　　　圓圓的？…

T　：對不起，他畫的不是蝌蚪，全部都是樹葉。

儒修：吳嘉玲。

嘉玲：你畫的時候葉子那麼多，而且三邊，只有一條…

T　：儒修有沒有聽清楚？下次路旁還有其他的東西喔。

儒修：S1。

S1：為什麼這個人，他的臉也有樹葉？

T　：你講的我們沒有聽到，他說你的人為什麼臉上會有樹
　　　葉？

儒修：樹葉在地上

T　：樹葉在地上，是背後是不是？（儒修一直看著自己的圖）
　　　來，看小朋友還有人舉手。

儒修：S2。

S2：…

儒修：…

T　：他希望你下次把腳畫出來，好不好？畫的人就是下面
　　　的，腳都還沒有長喔！現在有人給你建議了。

儒修：S3。

S3：你臉上還有，還有這些草，還有…

T ：他説那裡除了畫樹葉，還可以畫草，知道嗎？

儒修：S4

S4：還有魚。

儒修：S5

S5：爲什麼這個…

T ：他問什麼？

S6：這個在上面啊！

S7：爲什麼你樹葉有這麼多顏色？（儒修沒有回答）

T ：請大聲一點，爲什麼？

儒修：…

T ：有人講過的就不要再講了。

S8：爲什麼樹葉不聯合起來？爲什麼要，

T ：那些樹葉是掉下來的嗎？掉在地上的嗎？還是長在樹上？（儒修搖頭）你搖頭是代表什麼？不知道？不知道你爲什麼要畫？好，還有問題？

S9：請問你爲什麼樹葉會排隊？

S10：樹葉會排隊嗎？

儒修：…

T ：是你看到的嗎？儒修是不是你看到的？（儒修低頭不語）這邊還有，來！

9:49:15

　　雖然是儒修在介紹自己的假日生活記錄，在上面冗長的互動裡，他卻是最沈默的一位。他的音量很小，有些提問的孩子也是。現場觀察和其後的轉譯時，我們有很多聽不清楚的地方。聽到的因此大半是老師把小朋友提出的疑問或是分享者的回應覆述一次的聲音。很多孩子按捺不住想要提出問題，讓分享者清楚自己的疑問，直接就跑到分享者跟前指著圖畫發問，如下圖 42 的情形：

圖 42　幼稚園小朋友走到分享者身邊提問

　　其他的孩子似乎只是努力思索問題，因此出現很多次老師提醒大家「有人講過的就不要再講了」或是「有人問過就不要再問了」的情形。在這樣的分享情境中，對自己的畫也在思索著的分享者成了「叫名字的人」，其他的小朋友的疑問則多半針對畫者的表徵方式，像是沒有畫什麼，應該畫什麼等。老師

在長達九分鐘的分享結束時也做了以下的結論：

> 9:49:27
>
> T ：好了沒？
>
> Ss：好了！
>
> T ：好，請坐下來，謝謝。來，每一個小朋友喔，剛剛都
> 看到他的作品了，對不對？很多人，對他畫的人你覺
> 得有意見，對不對？
>
> Ss：對！
>
> T ：那如果覺得他畫得不夠好，下次你可以跟他講怎麼畫，
> 可以拿紙張畫圖的時候，可以請，儒修，（停頓數秒）
> 你確實你的人從開始到現在都沒有改變喔！一進來到
> 現在，我看你畫的人都一樣，剛剛小朋友給你建議的，
> 你有沒有聽到？你人的手都很瘦，只有一條線，是不
> 是？腳也是，你都沒有注意。王偉庭，你既然講這麼
> 多的話，那就交給你，教他畫，好不好？
>
> 偉庭：好！

　　分享日記圖似乎成了公開接受同儕與老師評論以圖畫表達
生活記憶之方式的場面。分享者得到了重新思考自己作品的機
會，但也必須面對接踵而至的各種問題，以及自己「畫得不夠
好」的批評。日記圖分享的意義究竟是什麼呢？

　　此外，老師在這天分享結束時，如她在開場時表明的，要
小朋友自己評定夠不夠認真，認真的就有小禮物：

10:09:20

T ：小朋友自己坐好喔！你認為，我要你自己認為，你今
　　天很認真的在欣賞別人的作品的，自己站起來。你覺
　　得你可以得到禮物的，自己站起來。（有些小朋友站了
　　起來）你真的很認真的在欣賞別人的作品，雖然沒有
　　問問題，你很認真的，請你站起來。小張老師，這些
　　人可以嗎？

小張：（指站著的大宏）他是很認真在問，可是趁老師不注
　　　意的時候，他就跟…玩，你自己覺得說，

　　　　　　　　　{大章老師＞大宏：那你自己覺得
　　　　　　　　　　說，你有沒有跟他一起玩？

（大宏沒有回答老師的話，但慢慢滑坐在自己的座位上）

T ：有沒有？（大章老師轉頭看看其他的小朋友。）坐著的小
　　朋友，你覺得這幾個人有沒有認真？可以老師就送你
　　獎品，老師讓你自己認為你認真，好！

（算一算將近有 20 位小朋友站起來）

10:10:47

T ：這幾個先到老師這邊來，其他的小朋友把椅子搬回去。
　　（可以獲得獎勵的小朋友們排好隊準備拿獎品，別的小朋友
　　搬好椅子後，有幾個坐著的小朋友一直望著排隊領獎的同
　　儕，拿到禮物的小朋友，臉上露著笑意）（錄影，1997-5-19）

　　小朋友認真傾聽別人的分享就可以得到獎勵，**在團體互動**
裡，「認真」的意義是什麼呢？

接下來的點心時間裡，我看到有一桌有個空位，就坐下來，和孩子談談「認真」和「乖」的事。我以為舒芸在老師要小朋友「自評」的時候沒有站起來，所以就問她：

我：舒芸，剛才日記圖分享，你為什麼覺得你不乖？
　　（立宗先說了自己的情形）
立宗：我覺得我在貪玩，我在撲人家，我在旁邊弄人家……

舒芸接著解釋：「我有站起來啊！」但是卻對情況不滿意，「…也有，然後他還敢站起來。」

張軍：我本來想站起來的，可是我覺得他們那些人，
我：那怎樣才是很認真？
立宗：要分享日記圖的時候啊，不能說話也不能隨便亂玩，可是這樣才會變成一個乖小孩。～不能隨便弄人家的椅子，也不要隨便跟人家玩，也不要講話，這樣才是乖的小朋友。

我問了坐在同一桌的小朋友，有些只是笑笑，有些就告訴我他們的想法：

舒芸：要坐在位子上。
立宗：專心聽。
舒芸：不要打人哪。
博涵：不要打人，不要踢人。
舒芸：不要講話，不要揍人。
博涵：不要講話，不要弄人

那麼「怎樣叫做不認真呢？」，我接著問。

博涵：打人，還有踢人，還有弄人，

立宗：講話。

博涵：還有講話。

〜〜〜

舒芸：也不要跟人家玩。

李雲：不聽別人講，然後自己在下面玩。

怡瑾：那是老師講過的。

張軍：而且不能玩玩具。（錄音，1997-5-19）

在這群孩子的心目中，立宗所說的：「不能說話也不能隨便亂玩」才是日記圖分享該有的態度，秩序與規矩好像成了日記圖分享時，孩子們學到最重要的事。

第三節　間奏二：變奏後的問題

在小學和幼稚園教室裡，變奏真的發生了。但是，同步而來的，以及變奏發生前就已經存在的種種問題，也一直在觀察裡牽動我們的思考。1997年3月14日，我們在大章老師家裡進行了第二次的三方討論，除了和兩位老師談論變奏的用意外，我也提出在兩個教室裡常看到的一些現象，聽聽她們的詮釋。

一、讓學生帶領活動和讓學生自己分享日記圖的理由

當我開始提起學生帶討論的話題，「在上學期訪談以後，

我們發現妳常常會讓學生來帶討論，小老師啦，～；大章老師的話，是我這個星期一，」大章老師立刻表示這樣的改變是「從分享開始。」並且面帶笑容地說明那天的經歷是一種「新的嘗試，因為每次都是老師在講，講完他們看，看了，是有看有到呢，還是有看沒有到，不知道」，改由小朋友自己來講，和我們的觀察一樣，大章老師認為小朋友問出了很細膩的問題。她舉了例子告訴我們，這樣的分享方式使得師生的討論在時間上和空間上都有延展，「那一天我覺得最高興的就是那個，林立宗畫那個貓咪，～他介紹他就是說，他的貓咪把他家裡弄的好亂，旁邊畫了一隻貓，有一個就問他說，奇怪，你家的貓咪耳朵為什麼是圓的？～他就說我覺得，～我覺得那個貓耳朵圓的比較可愛。那我說你回家去看，第二天我問他說：『林立宗，你們家那個貓的耳朵是什麼形狀？』第二天他就跟我說：『三角形』（笑）。」大章老師很滿意這樣的狀況，一方面，看日記圖時「小孩子的角度跟我們完全不一樣」；而小朋友為了思考同儕提出的問題，回到家中繼續觀察，「第二天我們在聊天的時候你再問他，ㄟ，他真的可能看東西會比較仔細。」

為什麼會想到做這樣的改變呢？大章老師表示：「過完一年了嘛！差不多已經是比較大，要上一年級喔，還有滿多，比如要學很多他們要練習要自主的地方，～慢慢我們也要讓小朋友適應一下說，以後你只有一位老師的時候，～盡量是全班的行動。因為一年級就是這個樣子。這就是我們銜接的問題。」

陳老師則表示：「以前這樣慢慢放，我現在膽子比較大（笑），可能是妳做研究的關係，覺得有點影響。」過去陳老師通常在二上才把整堂課讓小朋友來帶領，「一年級，我會有

半節課慢慢做給他們練習，可是我今年放得比較早，好像提早了半個學期，嗯，應該說一個學期了。」一方面，陳老師也是衡量這個班級的孩子「比較活潑，就是說他們很愛，很愛說話，愛發表」，應該有能力可以帶一整堂課。

> 陳老師：可是我不覺得說，我純粹是為了你這個研究去做一個調整與改變，因為我從頭到尾就是這個調調。
> 我：可是你提前了，這個是你告訴我的。
> 陳老師：可是我提前的前提是，因為我覺得那個班的學生夠了，像現在這個班我會再提前，因為這個班的程度比那個班還要好。

二、「共同」參與的難題

改變的發生與否，兩位老師有不同的界定方式。形式上由學生來帶領團體互動則是我們在兩個班級裡看到的共同現象。表象雖然類似，兩位老師對於互動情境的認定，則影響了她們在學生帶領活動時，對於介入時機的選擇和對於其他學生參與程度的看法。

㈠對互動情境的認定：多元小宇宙還是空檔？

常常在兩個教室裡聽到老師或小朋友高聲維持秩序的我，有一天突然看到這樣的畫面，而且似乎不需要刻意擔心秩序的問題：

圖43　一年級小朋友各自進行著不同的活動

　　一年三班的學生各自坐著不同的事，相安無事，老師也在處理自己的事。我在筆記上寫著，這樣的參與狀況是不是一種理想的互動現象？多元小宇宙裡，各自專心？看了錄影帶後，陳老師表示，當天她在發四聯單，並沒有準備要上課。她說的話，如果有些學生沒聽到也沒關係，因為單子上都有寫，所以她不會強迫學生一定要注意聽，一定要把注意力放在老師身上。對陳老師而言，這種時段在她的班上很多，每週都有這種「滿零碎的時間，讓小朋友自己支配」。如果是教學的時候，為了進度，「我是希望小朋友能夠安靜」，否則，她「還是贊成給孩子更多自己的時間」。在陳老師的課上，在她界定為「教學」的時候，比較在乎全班學生的參與；在「非教學」的時候，或是教學活動中，如寫習作時等待速度較慢學生的時刻，就會告

訴學生：「你們可以做你們想做的事情，可是就是不要太大聲。」

　　大章老師的想法就很不同，她說：「這是一種空檔，越多空檔，孩子就會有越多浮動的情緒出現，我們盡量減少這種空檔。」他認為的空檔時間包括：「有時候，老師一轉身去拿一個東西。」或只有一位老師在教室裡時（如參與點心材料的採買與點心的烹飪）。我說明自己的想法是：「就我的眼光看來，我覺得那可能是一個滿不錯的一個狀況，就是說，嗯，你也可以做你的事，那小朋友知道要做甚麼事。～在大章老師班上的話，他可能不會讓小孩子這樣太久。可是如果我們把它想成另一個時段，像那個你們有角落時間嘛，也是各自在角落，然後他們也是會玩很久。」大章老師補充說，除此之外，等待日記圖畫得較慢的小朋友時，也是可以自由活動的時段。也就是說，章老師認為帶領全班共同進行活動時，小朋友各自活動是一種必須避免的空檔；而到園時的角落時間和畫日記圖的某些時間則是小朋友可以自由活動的時段。在老師帶領活動時，如何處理全班參與程度不一的問題呢？

㈡如果主要活動無法吸引全班的參與

　　我選擇的錄影帶內容是一年三班裡有位小朋友——傳維，在台上講故事的情形。傳維在教室前方說故事，台下的學生卻各做各的事，不看她，沒有提問也沒有回應。也就是幾乎沒有人在參與這個由老師安排的活動。陳老師說，連她自己也聽不太懂傳維自己編的故事，不過，她當時請傳維來說故事，目的只是「讓小孩子有敢上台的機會」。由於當天的進度已經掌握

到了，剩下的時間，她就會讓小朋友來做些比較輕鬆的活動，這樣的時候，「會比較放鬆，你要參與也可以，如果你覺得很無聊的話，～我滿允許他們去做他們想做的事，而不會硬性把他們拉回來。」但是，如果是趕進度，「那十分鐘我就會把他抓回來。因為你必須讓進度這樣一直下去啊。」可見，預定課程的進度是陳老師決定為活動的參與程度把關與否的最重要因素。陳老師還是再三強調：「我覺得進度給我滿大的一個壓力。如果沒有的話，其實我可以給小朋友更多這種時間。」

大章老師則有一定的策略來處理參與程度低的問題，像是「盡量就是說叫他們養成一種習慣，有的時候態度不好的時候我就會很生氣（笑），然後就叫他們動一動或者是轉移一下，稍微能夠集中」。她明白有些小朋友的話的確讓人不感興趣，但是她還是堅持，「一定會有這種狀況，可是我一直要他們是說，你一定要養成這個習慣。」養成傾聽的習慣與態度。大章老師對於勉強小朋友參與他們不感興趣的談話，「有時候我們自己也會滿矛盾得就是覺得說，這樣子到底對不對？」但是，她還是認為，如果日記圖分享「是一種態度的養成的話，我想說著重那個態度。」

事實上，在學生帶領的團體互動裡，特別是一年三班，我們也發現被指定回答的，常是那幾位在陳老師上課時經常成功取得發言機會的學生。對於這樣的現象，兩位老師有什麼看法呢？陳老師表示，她要小老師找不專心的同學，但是「妳提醒他，他好像不一定會照著做～一時之間，就只看那幾個。」大章老師也認為幼稚園的小朋友也常猶豫不決，「周容琳那天就這樣看過來看過去。～我覺得她真的好像是不知道要找誰。」

大章老師還觀察到,小朋友常會以友伴關係為選擇提問者的標準,「如果我不叫你,那等一下下課就會生氣不理我,會有這種顧慮啦。」

(三)老師需要介入的時刻

我們的觀察顯示,在日記圖分享時段裡,大章老師常會快速地代替主要分享者決定下一位發言的學生。雖然前述她在分享方式改變後,比過往沉默許多,但是她還是時時介入,提醒發言規則或提出延展內容的問題。陳老師也表示目前她還不敢就坐在小朋友的位置上,「我當學生你們當老師」「因為他們有時候會,可能還不太純熟,還是會亂掉啦,那我覺得一開始我就會抓回來。」這就是陳老師對自己的介入提出的理由。陳老師所謂的「亂掉」,意思是:「他們在上面講,下面有時候就是,不知所云,下面也不知道上面要做什麼,那這種狀況,我就必須還是站在前面督導。」

除了這種「亂掉」的時刻外,陳老師選擇介入,指示小老師該加快速度或是該叫誰來回答問題,主要是因為她看到全班浮動、兩位小老師之間私下談話,上課「變成說他們兩個人之間的事,他都沒有把全班帶進去。那我是覺得說你上台的人,應該要學會慢慢控制,因為畢竟要上課的話你還是要吸引人家的注意。」

介入的程度不同或許也因為兩位老師對「老師」的影響力有著不同的看法。我請兩位老師推薦較能掌握永慶國小學校文化的老師時,兩位老師開始談起學校裡「名氣很亮」的一些老

師。章老師詳細地描述了永慶國小教過她女兒的一位老師對她的孩子日後生活態度的影響。她為女兒選擇某位男老師,結果發現「他的做事方法,他讓小孩子學習處理事情的能力非常強」,所以他認為:「學習有時候是其次。」「那種能力的培養」使她的女兒現在能夠獨立處理生活裡的事。陳老師則說:「我覺得你們都高估老師的能力。我覺得這跟孩子的個性很有關係。影響或許有一小部分,可是我覺得老師的影響力實在有限。」我問章老師她的女兒是不是原本就有自動自發的個性?但章老師認為並不是,她舉了兒子作為例子,再次說明老師對學生的影響裡非常重要,「那種態度的養成,就是說它滿根深蒂固的。帶出來我兩個孩子完全不一樣的風格。」兩位老師對老師影響力大小的看法,或許能解釋陳老師自認較為「隨性」的教學風格,以及章老師對習慣養成的看重。

章老師的時時介入,也和她對兒童之討論能力的想法有關。

(四)幼稚園的小朋友可以帶討論嗎?

既然大章老師開始讓小朋友在日記圖分享時做較大程度的參與,可不可能讓小朋友來帶討論呢?大章老師表示,她們已經慢慢地在其他時段讓孩子來帶領活動,如讓孩子帶全班做柔軟操,唱遊時如果當天是14日,就由4、14、24號三位小朋友在風琴前帶領大家做動作,雖然說,「那個比較是呆板的,沒有創意的,只是說他敢站在前面,我們是一步一步這樣子,就是有很多模式讓他們比較去那個,比較能夠自我表達。」

至於帶領討論,大章老師提到兩個困難處:一是單元主題

已經在上個學期末事先擬定，「在單元在上的時候，有時候你
又想給他們一些東西」；二是擔心小朋友「沒有那個基礎的時
候，不知道怎麼討論」，擔心孩子沒有足夠的經驗，沒有能力
做單元間的銜接，也無法隨時將同儕的各種經驗統整、融入討
論之內。她舉了她的方式做例子，「我前面是彩色世界沒錯，
我後面就加了一個春天到了。那就問小朋友，我還特別那個彩
色世界我就是用不一樣的顏色，～你有沒有發現現在春天到了
有沒有什麼不一樣，那可以把他們觀察的講出來，～那我們也
是天天有帶他們出去的時候，就是有意無意請他們看看樹上的
顏色。這樣子去看，他們回來就討論，他們就說花開了，有好
多不一樣的顏色，這世界就變得更明亮，慢慢的就帶進去這樣
子。」

　　大章老師認為，如果主題明確，先讓小朋友回家蒐集資料，
或許就可以讓小朋友來帶討論。

　　在這次的討論裡，兩位老師都對小朋友帶領班級討論與分
享活動的能力感到滿意，也親自體驗了同儕提問對學習造成的
正面影響。但是有些議題，在小朋友主領活動時，仍然存在，
甚至造成更多的困擾。在兩個班級裡，當老師認為所說的話並
不需要全班的注意力同時集中時，或是某個共同活動過程中，
小朋友的完成速度不一時，便有陳老師所容許的「自由活動」
出現。如果是在教師主導的活動中，學生各自做各自的事，便
成為大章老師認為是必須盡量減少的「空檔」。如何在由教師
帶領的活動中，盡力讓全班做高程度的參與，是三位老師都必
須面對的議題。

變奏之後，由小朋友來帶領全班共同參與的活動時，這種大家不見得都把注意力放在共同活動上的現象似乎更多了。呈現變奏時，我們看到兩位老師常常中斷活動、直接介入耳提面命的，還是有關互動「秩序」的議題。或許我們可以從小朋友自己的角度來思考這樣的現象：由同儕帶領的團體互動，究竟存在著什麼難題與意義？

第四節　小朋友對學校，上課和互動的感受與觀察

一、上學

第五章裡提到，對幼稚園的小朋友而言，上學的意義是「上課」和「玩」；對一年級的小朋友而言，上學的主旨要義顯然嚴肅的多。研究進行的第一年第二學期時，我問了一年級的孩子「什麼叫上學？」這樣的問題時，孩子們立刻好像聽到了一個無聊又白癡的問題一樣大笑了幾秒，才語帶不屑的告訴我：「上學，上學就是讀書啊！」（錄音，1997-3-18）

子妤：就是這樣。
～
我：讀書是怎麼樣讀法？
子妤：就是用嘴巴唸啊！（錄音，1997-3-18）

我問楚維：「上學是來做什麼的？」他顯然更為高瞻遠矚：「很簡單啊，來學東西的，讓我們學到一些知識，以後如果有

小孩的話，就能教他。或是他如果考試考得很爛，零鴨蛋的時候，能給他那個，教他。」（錄音，1997-6-28）。保真則用了「**來學校的任務**」這樣的字眼說明上學的意義：

> 「就是那個在學校可以學到很多東西。就是道德與健康會教我們一些生活裡的知識，然後社會會教我們保護自己，然後呢，要上課的時候，上課中不能去上廁所。還有就是你一整天待在家裡，你腦袋就空空的，也沒有給你買評量來寫的話，你腦袋就變得空空的。」（錄音，1997-6-17）

以中比較言簡意賅，他說上學就是：「讓我們能學一些東西。」（錄音，1997-6-3）。除了像以中一樣，告訴我「『讀書』、『學東西』、『學知識』、『學一點功課』、『學一些活動』」等比較廣泛的目標外，有些孩子則把具體做的事說出來，像是「『上課』、『唸書、學字』、『寫功課』、『學一些字』、『看一點書，～有時候就可以去學習區玩』、『音樂啊！有時候音樂會比賽，就可以學會唱歌』、『還有唱歌。…跳舞』、『教生字。還有學運動、作操』、『學美勞』」。晴文把上學的成果也說了：「嗯，學了好多好多的知識，身體變好。」

小萍則說出老師和小朋友的「不同」角色：

我：什麼叫上學？

小萍：老師要教書的，還有認識字的。

我：小朋友呢？

　　小萍：老師要講課，我們在下面聽。（錄音，1997-6-27）

二、上課

　　上課的時候，我們觀察到的並不一定是「老師講課，學生聽講」的場面，特別是陳老師所謂的「自由活動」時間，以及由小老師帶討論的課；但是小朋友對我述說的卻都是管制學生「講話」的事。

　　我：你們會不會常常跟同學講講話？上課的時候？
　　松青：講話會被登記。
　　我：講話都不行嗎？
　　松青：除非是跟老師講話，或是舉手大聲，或是大聲站起來講話。（錄音，1997-6-23）

　　如果老師在說話，學生不能講話，那麼可以或應該做些什麼呢？

　　曉雯：老師在上面上課的時候，你在下面做什麼？
　　思麗：要坐著專心聽啊！
　　～
　　我：有沒有做其他的什麼事？
　　～（孩子問我是不是問國語課的時候）
　　思麗：沒有啊！都專心地聽啊！如果你講話就要被叫，都會被登記。
　　孟婷：都會被叫起來說造句。（錄音，1997-5-27）

三、自己當小老師：就是會有事做

　　或許這就是小朋友喜歡當小老師的理由之一。對於常常感覺上課很無聊的王偉而言，當小老師的意義：「就是會有事做。」（錄音，1997-6-17）

　　小朋友多半覺得當小老師「很刺激」、「很好玩」；也有一位小朋友擔心自己出的題目不好，會被老師刪改太多而表示「很緊張」。在我問到「你自己喜不喜歡當小老師」的二十八位小朋友裡面。有二十一位表示喜歡；兩位不喜歡；三位又喜歡又不喜歡，兩位沒有正面回應。表示不喜歡的孩子只有一位告訴我：「因為當小老師都要唸，教小朋友那些，造句那些。…因為很麻煩。…還要叫，叫名字。」子妤告訴我，當小老師「是老師規定的」，但為什麼大多數的孩子喜歡當小老師呢？

　　當小老師能夠說話，因而只須提問，無須擔心被問問題或說話被登記是這些一年級學生喜歡當小老師最主要的理由：

　　子妤：當小老師很好ㄟ！又可以拿到獎牌，又可以用麥克
　　　　　風講話，然後又可以，又可以拿指揮棒去指。（錄
　　　　　音，1997-3-18）

　　孟宣：因為不用被叫起來啊！叫起來說那是什麼。（錄音，
　　　　　1997-5-27）

　　成彥：當小老師只要講什麼，他們就猜，我就不用了。（錄
　　　　　音，1997-6-27）

　　當小老師也給小朋友一種能掌控局面的權力感：

> 道如：就是覺得說，當小老師好像當老師一樣，就覺得很，
> 　　　就可以請很多人上來，又覺得說，嗯，很威風一樣。
> 　　　（錄音，1997-5-20）
> 王偉：就是別人都會注意你，你好像是什麼人什麼人的，～
> 晴文：終於可以讓我當當小老師。嗯，因爲下面都可以聽
> 　　　小老師的話。（錄音，1997-6-27）

這種**權力的具體表現**就是決定誰來說話、登記說話的人和發獎牌：

> 思麗：因爲那個小老師可以那個啊，小老師可以發獎牌啊！
> 　　　還有登記啊，那些的。

但是並不是所有的小朋友都享受登記同儕的心情，像燕玲就說：「不喜歡叫小朋友起來罰站啊，因爲這樣看起來很奇怪。」問小朋友問題，她也「會覺得不好意思。」（錄音，1997-6-24）。大概就是保真所說的「感覺有兩種」：

> 　一種是我覺得很快樂，因爲可以請人上來唸課文。
> 還有請人上來指那個，還有請人上來指圖說故事。還
> 有就是很累的時候，就是覺得，有人不乖的時候，就
> 要一直登記。（錄音，1997-6-17）

有些孩子則賦予小老師這個角色某些目標，像是「可以教小朋友讀書」、「可以瞭解一些國語」，或是還沒當過小老師的傳維對自己的期許：

　　我只是現在有一點感覺。我當了小老師的話，可以把同學的壞習慣改過來。因為如果當小老師的話，假如就有，比如說有一個同學他每次上課都不守規矩，他，如果我一直，我是當小老師的話，會把他請出來，就可以把他的壞毛病改掉，他講話的話，就把他請出來，他這樣就會改掉。（錄音，1997-5-20）

　　開元提到：「老師會鼓勵我們。」；李欣卻注意到了老師的介入：「可是有點不好，因為老師會在旁邊插嘴。老師會說麥克風拿來給我，我講一下。～老師還要問什麼感想啊，把他抓出來罰站啊、打手心啊，什麼一大堆。」（錄音，1997-6-27）

四、別人當小老師：不干我的事

　　相對於自己當小老師的情形，這群孩子幾乎全都不喜歡同儕當小老師的時刻，除了子好，她說：「有點好有點不好。～不好就是會吵鬧，啊我們班的聲音很大。～好，好就是他們會專心啊，會很專心。」（錄音，1997-3-18）。少數喜歡小老師上課的，是因為小老師上課會為同學即興取綽號，他們覺得很好玩，冠宏則說：「因為小老師比較不會罵人，然後又可以問問題，就很好啊！」一旁的松青在冠宏說話時，連續三次地插進來說，因為：「可以得獎牌。」（錄音，1997-6-17）

　　有一次，我看到子好在小老師上課時，「偷偷地」寫著回家功課，我問她：「可是人家不是在上課嗎？」她說：「可是人家在上課，我們又沒事幹。」說自己在玩的儒芝補了一句：

「不干我的事。」

多半的孩子也像儒芝一樣，覺得小老師上課：「好無聊喔！」（錄音，1997-4-29）；或是：「嗯，很想睡覺。」（錄音，1997-5-13）；甚至像燕玲說的：「小老師上的課都快睡著了。…因爲他聲音很小啊，而且說話又慢啊！好像在講故事。…因爲講得很慢，而且很小聲，都快睡著了。…有的時候都快倒下來了。」（錄音，1997-6-24）。小朋友其實知道小老師上課時，應該要做的「就是小老師問問題的時候，舉手然後如果沒點到的話，就看課本」、「問問題啊！」、「聽他問我們問題」、「看課本啊！那小老師在問問題，就要看課本」，但實際上，他們都在做些什麼呢？俊宏說：「沒做什麼。」（錄音，1998-6-28）或是：「就坐在那裡啊！」或是像子好所說的：「我們舉手，他們也不會點我們啊！我們只好寫功課或是玩啊！不然在畫東西啊！」德惠還說：「有時候小朋友在下面講話。～就會被叫出來。如果講三次話，有三個逗點，那就要擦地板。」（錄音，1997-6-24）。因為一時答不出來的同學要先站著，一直等到下一個回應的機會，思遠倒也乾脆：「我每次萬一不會答，我就亂答一個，就可以坐下。」

這也就是不喜歡小老師最主要的理由，因為：「小老師都要記我們，我們不乖都要登記。」（錄音，1997-5-27）。遇到自己不會回答時，「很討厭站起來，被叫起來。」（錄音，1997-5-27）。有些孩子質疑、點出、或擔心小老師有限的教學能力：「小老師不會講故事。…只會叫小朋友那個出來講故事。」「他們又不會筆畫，怎麼教寫字？」

五、還是喜歡陳老師上課

　　相形之下，這群小朋友還是比較喜歡陳老師上的國語課。在我問到這個問題的三十九位小朋友中，有十六位表示比較喜歡陳老師上的國語課，有十位比較喜歡小老師上的，有十位都喜歡，另外三位則沒有回答。

　　喜歡小老師上課的十位小朋友，理由包括小老師上課時的活動，如「因為他會出造句。」「因為他會出很多問題，然後問題又很好玩。」某些小老師取綽號帶來的好玩氣氛──「因為他們每次都會跟我開玩笑和造句」；以及互動規則的處理──「在下面玩的時候，小老師都不會兇啊！」「因為陳老師每次都會點沒舉手的，因為她說沒舉手的就會不知道，阿小老師每次，有時候都會點舉手的，他都不點不舉手的」。

　　從小朋友述說喜歡陳老師上的國語課的理由，可以看出許多小朋友關注的重點在於老師的能力、上課的方式、擁有知識的正確性和互動的秩序。例如：「因為可以學到很多字。」「喜歡陳老師上課…陳老師上的比較標準啊！不然小朋友上，有時候可能會有一點錯誤啊！而且，他那個題目都回家去寫，可是陳老師都一下就能想到題目啊。」（錄音，1997-6-28）「因為陳老師可以教我們認國字、寫國字，讓我們知道筆畫，字才不會寫錯。」（錄音，1997-6-23）

　　誰有能力解惑呢？喜歡陳老師上課的思遠，所持的理由是，「因為陳老師，萬一不懂的話，問她她也會告訴我們。」喜歡小老師的景全則反駁：「不過小老師也可以。」

我：你們覺得陳老師所有都懂嗎？

景全：沒有啊！

思遠：可她有些會不懂啊。

我：對。

景全：ㄟ，你看，萬一小老師不知道，他就去問陳老師，陳老師會告訴小老師，小老師再告訴我們。

　　但是思遠根據他的經驗，還是堅持：「每次我問小老師，他就會說他還沒查到啊。他也不知道啊。」（錄音，1997-5-13）。當我問小朋友：「你們覺得小老師上課學到比較多？還是陳老師？」當天接受訪談的三個孩子，有兩個立刻說了：「當然是陳老師！」（錄音，1997-6-23）。張婷也觀察到了，陳老師上課較能駕輕就熟：「老師不要用紙條（指用紙寫上準備的題目，然後問問題），小老師都要用紙條看。…小老師要看題目，老師就看課本，找一個題目念，然後她就開始考。」（錄音，1997-6-24）

　　有些小朋友比較欣賞陳老師的上課方式，如：「我老師講的比較有趣」、「我老師會講故事」、「老師上課，她比較說，說比較清楚」、「我比較喜歡陳老師上課。…因為陳老師上課可以用那些奇怪東西寫字，還可以跟我們講一些造詞什麼的。然後，碰到不懂的地方，老師會叫小朋友替我們說那個意思。」（錄音，1997-6-3）。王偉則提到陳老師的個人特質：「她講話很好聽。」

　　大老師和小老師音量的大小，也影響小朋友對上課秩序的感受，傳維和芳馨說得很清楚：

傳維：因為陳老師上課都講得很大聲，阿有些小老師都會
　　　嗯－嗯－嗯，還要一直講一直講。阿同學不好的時
　　　候都不會管秩序，老師都會。

芳馨：就是陳老師上課比較好，然後小朋友比較會嘰哩呱
　　　啦，老師會把他請出來登記一個。然後小老師上課
　　　都會嘰哩呱啦、嘰哩呱啦，老師都把他找出來雙手
　　　舉直，我覺得小老師那個，那個小朋友都對陳老師、
　　　小老師很沒有禮貌。（錄音，1997-5-20）

　　提到獎牌，有些孩子表示兩種老師教，他們都喜歡，因為
「小老師可以給我們獎牌，如果講得很好，可以給我們獎牌。
然後陳老師，嗯，有時候很好。…她對我們很好，我們乖的時
候。」（1997-6-17，錄音）。燕玲剖析得更為細膩：

　　　「問題不一樣。…那個老師考的問題，都問很多
　　人。那那小老師問題都很簡單啊！～他（指小老師）給
　　獎牌比較兇。～就是就是那個，他發獎牌啊，答的問
　　題很簡單，可是他就給兩張、三張，那麼多啊！～那
　　老師她問很難的問題，只有給一張，如果答得好一點
　　的話，就只有給兩張而已啊！」（錄音，1997-6-24）

六、喜歡和不喜歡國語課的理由

　　大、小老師上的國語課比較之下，小朋友雖然比較喜歡大
老師上的課；但是如果單問：「喜歡上國語課嗎？」大部分的

孩子還是不喜歡的，甚至強調：「我最討厭，我最討厭。」不喜歡的部分，是國語課裡那些重複、單調的部分，像是子好說的：「因為寫生字，會寫的很累啊！寫得很累。然後，寫生字唸得很久，很討厭！然後待很久會沒耐性。」（錄音，1997-5-13）或是：

> 景全：不喜歡那個老師每次叫我們起來唸。～對啊，唸的
> 　　　好討厭。
> 柏時：每次都要唸。～唸的口乾舌燥。（錄音，1997-5-13）
> 以中：嗯，我覺得很無聊，因為我在安親班已經全上光光。
> 　　　（錄音，1997-6-3）
> 楚維：不喜歡…圈詞、寫字，又要造詞…我一個課本有十
> 　　　個，如果是喜歡，就要喜歡喜歡喜歡…。（錄音，
> 　　　1997-6-28）

此外，也有人提到不喜歡被小老師登記、蓋哭臉的事。然而有些同學覺得煩悶、無聊的事，有些孩子卻很喜歡，像是：

> 莊源：我覺得國語課，嗯，滿有趣的，因為可以唸，然後
> 　　　唸就覺得很好，就覺得很有趣啊！（錄音，1997-6-3）
> 思遠：有一點～因為我喜歡寫一些生字啊。（錄音，
> 　　　1997-5-13）

喜歡國語課的孩子，他們的理由與關注點呼應著這些孩子對上學之意義的感知：

家琪：可以教生字，…教生字可以寫很難的，然後我覺得
　　　好像寫起來很難，然後呢，然後呢，一教就很簡單。
　　　（錄音，1997-3-18）

偉哲：喜歡…因為可以學到一些東西。

成彥：它能教我們生字，這樣我們才會生字；否則老師都
　　　不教生字，那我們怎麼可能會寫國字？（錄音，
　　　1997-6-28）

　　成彥以下的回應，或許是孩子喜歡學習，卻不喜歡學習中
的重複動作的心境寫照：

成彥：我喜歡上學，因為可以學到國字。也可以學到注音。

我：那你喜不喜歡上國語課？

成彥：我不喜歡，我不喜歡，寫生字好煩喔！（錄音，
　　　1997-6-26）

七、比較國語課和其他的課

　　再和其他的課相比，喜歡國語課的就更少了。在問到「最
喜歡上什麼課？」的時候，只有三個表示喜歡國語課，一半以
上的孩子都說體育，其次是美勞。喜歡國語課的小朋友，說明
的理由是：「因為小老師會問問題。」「每次都可以當小老師，
而且可以寫生字。」「可以學到很多生字。」其中的一位，當
我進一步問他「喜歡國語課的哪裡」時，他說：「第十二課，
因為那課字很少。」（錄音，1997-6-3）

喜歡體育和美勞課的小朋友，理由多半提到身體和手的自由度——「可以動」、「可以出去玩」、「可以做東西」、「美勞可以動手，這樣手可以運動」。就像柏時和景全所說的：

思遠：他上體育課就會跳跳跳。

柏時：而且那個，人家問問題都，一直要坐在那裡，所以我會比較喜歡體育跟美勞。

景全：因為國語課都要一直坐在那裡不能動，美勞可以動，體育也可以動啊。（錄音，1997-5-13）

我對這群思慮快速又細膩的小朋友問道：「你們上一年級到現在有沒有什麼很有意思、很好玩的事情？你記不記得？在學校裡有什麼有趣的事呢？」

思麗：可以跟，可以交朋友啊！

欣偉：可以出去抓蜈蚣那些。

思麗：就是老師可以帶我們出去，那個有光的時候，老師會帶我們出去作實驗。（錄音，1997-5-27）

一次又一次地，離開教室，到外面去的心願呼之欲出。

八、對付無聊的幾種方法

很想離開教室的小朋友，為了「上學的任務」還是必須待在教室裡，知覺各種互動的規則來參與活動。無論是一年級或幼稚園的學生都有一套方式來渡過沈悶的時刻、處理無聊的時刻：

晴文：那個時候如果很無聊可以跟小老師說，如果小老師
　　　正在要造句，我們可以舉手來造句，就不會無聊了。

我：可是如果沒叫呢？會不會一直都沒叫到你？

晴文：不會。老師會看。（錄音，1997-6-27）

但也有孩子並不想舉手，也不見得想參與正在進行的活動。
只要不犯規，無聊的時刻就可以過去。例如，我問小朋友：「如
果小老師在問問題，或者陳老師在問問題，可是沒有叫到你的
時候，你都在做什麼呢？」

成彥：我都在發呆。

思晴：我也是在發呆。

我：除了發呆以外，還有沒有做別的？

成彥：玩具被沒收。

我：可不可以看書？

成彥：可以。

思晴、乃琳：不行。

我：不行啊？可是我有的時候都看到小朋友去旁邊拿那個
　　書來看。

佳如：那個是他們的規則，我們的規則就是你不可以走來
　　　走去。

我：你們怎麼知道規則是什麼？你們上課有什麼規則？

思晴：就是不能插嘴，也不能看書。

成彥：就是不行看書，也不行看國語課本，也不行看美勞，
　　　都不行。

思晴：特別是考試，最不能看。

成彥：對。

我：你們怎麼樣學到這些規則的？

思晴：通通是老師跟我們講的。

～

我：那老師有沒有說可不可以發呆？

成彥：可以啊！可以發呆啊！上課就可以發呆。

我：她有說嗎？

（孩子們笑了）

成彥：那我們可以自己規定啊！可以了。（錄音，1997-6-26）

上課必須先舉手再講話的時刻有很多不能做的事；但是，小朋友自己會想到辦法或自己規定用某些方式來度過不能說話或無聊的時候。即便不是在舉手爭取發言權的時候，很多孩子還是有自己想做別的事，或是什麼事都不想做的時刻：

如萍：沒有做什麼。

佳融：有時候我會拿本書來看。…我有時候會聽啊，沒有看老師，然後在畫畫。（錄音，1997-6-26）

李欣：都沒做些什麼，就看課本，不理他們。

敬軒：玩玩具。（錄音，1997-6-27）

幼稚園的小朋友也知道可以在什麼樣的情境做不被老師認可的事。我讓兆恆看的影帶裡，有個畫面是兆恆一直看著鏡頭。

圖44　幼稚園小朋友在同儕分享日記圖時臉朝外看著研究者

我：你為什麼往這邊看？

兆恆：我忘記了（邊說邊笑）。

我：可以這樣嗎？可不可以這樣子？

兆恆：不可──，可以。可是我是看老師沒有看到才這樣。

曉雯：你怎麼知道老師沒有看到？

兆恆：老師都是看人家在介紹。（錄音，1997-5-8）

　　注意圖44中，在外圍圈圈裡，圍繞著分享者的小朋友似乎另成一個小圈圈（見下圖45），就像是圖43（頁272）一樣，這種兩個圈圈的分享場景暗示著，在這個情境裡，至少有兩個不同層次的聽眾：

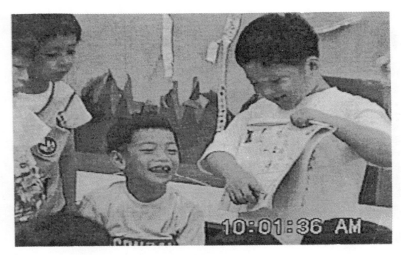

圖 45　日記圖的分享變成小圈圈的分享

　　在這樣的情況下，外圍的小朋友很容易涉入她們覺得更有
意思的活動，就像怡瑾和臨座的偉庭，在同學分享時，一邊摺
著紙（見下頁圖 46）。我讓怡瑾一面看著錄影帶，一面回答我的
問題：

我：那個時候你跟偉庭，你們兩個是在做什麼呢？

怡瑾：我們就在聽老師講話。（看影帶）我這個旁邊的男生
　　　是何家慶。

我：喔，他是何家慶。（怡瑾看著帶子笑了出來）你們都在
　　　聽老師講嗎？

怡瑾：嗯。

我：那阿姨再給你看另一個地方好不好？（我找到畫面）你

　　看你們兩個在做什麼？

怡瑾：王偉庭躺在我那裡。

我　：他躺在你身上。（笑）為什麼？

怡瑾：因為他喜歡我跟李雲。

（怡瑾說她喜歡介紹日記圖，也喜歡聽人家介紹）

我　：啊？喜歡啊？是嗎？如果他介紹的很長呢？

怡瑾：也可以。

我　：也可以啊？昨天你跟偉庭是不是在，摺紙飛機？

（怡瑾沒有回答）

圖 46　兩位小朋友在同儕分享日記圖時摺紙

　　我　：怡瑾，阿姨問你，日記圖分享的時候，可不可以摺紙
　　　　　飛機？

　　怡瑾：不行。

～～～

　　我：不行啊？

　　怡瑾：是王偉庭在撕給我。

　　我：他在撕給你？你怎麼知道不行？

　　怡瑾：老師會罵。

　　我：老師會罵啊？

　　（一邊看著影帶，怡瑾一邊告訴我畫面上的小朋友是誰）

　　我：喔！你看，你們兩個就在摺啊！可是老師也沒有罵你。

　　怡瑾：對啊，是我在，我要摺那個，摺可以丟垃圾的。

　　我：可以丟垃圾的那種，小盒子是不是？可以把垃圾放在
　　　　裡面的，是不是？

　　怡瑾：嗯！對不起。（錄音，1997-5-13）

　　訪談當天，我竟然沒有聽到怡瑾小小聲地說了：「對不
起。」轉譯時，從錄音帶裡聽到了這個微小的聲音，心裡有很
沈重的感覺。我只是想聽聽看孩子在知道規則的情況下，逾越
規則時心中的想法；卻演變成讓孩子覺得自己做錯事而道歉，
實在是始料未及。加上自己當下沒有察覺造成這樣的情況，更
覺遺憾。回頭想想，怡瑾明知日記圖分享時不該摺紙飛機，卻
還是摺了，其實顯現幼稚園的孩子在沈悶的分享時段，自力救
濟的方式；訪談時，怡瑾的解釋則更加凸顯規範的強大力量。

　　在這樣一段團體互動形式與內容改變的歷程裡，老師與學
生對知識與學習是不是也有了不同的想法呢？下一章是我對這
個變奏歷程的進一步討論與對後續研究的建議。

第七章

討論與建議

第一節 再看變奏：契機與限制

一、團體互動的形式與內涵

二、學生與老師的角色與對角色的感知

三、班級文化的重演與再塑

四、學生與老師的關注層面及其脈絡

第二節 統整、建議與再思

一、統整

二、對幼稚園及小學教室團體互動的建議

三、再思

四、對後續研究的建議

　　Walsh（1998）提到質性研究裡**看見**現象的三個層次：一是每日立即可見的；二是只有細心、有系統、能自我省思批判的人才看得見的，這樣的看見才能產生豐富的描述；三是肉眼不能得見的，它是對於人類互動之意義的瞭解，Walsh稱之為「理論性的解釋」（pp. 93-95）。這一章期望統整前幾章裡我看見的部分，加上與其他文獻的對話，幫助自己與讀者掌握這個研究的多重意義，同時也根據目前的瞭解，對教室互動現象與後續研究提出一些建議。

第一節　再看變奏：契機與限制

　　一心想看到教室團體互動形式與內涵發生改變的我，在這個為期兩年的研究中，的確看到變奏在幼稚園的教室裡發生，以及在一年級的教室裡另一種節奏提前的現象。不過，除了看到變奏，也從老師和小朋友的聲音裡，理解到同步而來的限制與困境。對照這兩個班級慣常由老師主導的團體互動模式來看，在這兩個教室裡，由一年級的學生來帶領國語課的活動，由幼稚園的小朋友自己分享自己的生活記錄──日記圖，的確在形式與內涵上都讓我看到了改變。但是，這樣的改變裡是不是也為老師和學生對學習與知識的認定開啟了改變的歷程呢？

一、團體互動的形式與內涵

　　從第四、五、六章的敘述可以看出，對照原先由老師帶領的活動，由一年級和幼稚園的學生帶領的團體活動，表面上的

確是一種變化,任何人若在研究進行的第一年裡前後來訪兩次,大概都可以觀察到這樣的改變。但是實質上,這些情境裡的**參與結構**卻比由老師帶領的活動更為固著與僵化:幾乎一成不變地都是一人面對全班說話,再指定個別同學回應或提問的互動方式。在發言權的分配上,一年級的小老師帶領的場面,常常只是小眾公開以話語參與的情境,大部分的同學兀自在座位上做著自己的事,或是小心、小聲地說話,以免受罰。幼稚園的小朋友則常常接受老師的指導來指定發言的同學。雖然在這些名義上由學生「帶領」的互動情境裡,有時也會有「學生緊接著學生說話,無須被老師指名」(Cazden, 1988, p. 56)的形式,但從內容上來看,Cazden(1988)所說的,由課到討論的轉變並沒有發生。在這些由學生帶領的互動情境裡,不乏思考角度令人驚奇的同儕對話,但是大半的時候,我們看到的卻是「眾花離枝」的鬆散談話——一個問題之後有許多回應,但這些回應卻只是被拋出、並置,少有延展。在幼稚園的日記圖分享時段裡,雖然由原先的老師分享孩子的生活轉變為由孩子自己分享自己的生活,但是老師對孩子提問方式的指導、對「畫生活」之方式的指導卻構成這個時段裡最大量的談話內容。一問多答的聲音即便持續震動空氣;卻少有真正的討論發生。

對於我這樣的「暫時」結論,幼稚園裡的張老師和一年級的陳老師卻有不同的回應:

我 ：日記圖有改變嘛。…就是，本來都是你來介紹，後來就變成小孩
　　子來介紹，這個是我覺得是一個很重要的改變。那就是說，很多
　　事情都有它的複雜面，雖然有一個地方動了，可是還是有其他地
　　方，我覺得還是根深蒂固啦，
張老師：對啦，這個我們承認啦。

　　我在第六章裡引述陳老師欣賞「眾花離枝」這個標題的話
語，其實是出現在她質疑我所定義的討論是否真能發生的語境裡：

陳老師：我覺得「眾花離枝」也是個很美的現象，或許你有所謂真正
　　討論的定義。～～～你一直說希望能看到真正的討論，可是
　　後來我回顧我生命中的討論，我覺得，即使在研究所，我也
　　沒有碰到所謂真正的討論。我覺得那是滿理想的境地。我們
　　生活在做的時候，因為每個人的想法會不一樣，甚至你在引
　　導的時候，她或許有很多想法未必能真正地表現出來。其實
　　孩子是很有想法的，其實我們的想法是靈光一現。他是很有
　　想法，可是你要他去講的時候，他說我有講就好了。其實我
　　們會有那個心理。長話短說，有個點就好了。或許我們老師
　　有個責任是說，我們沒有讓他去一直把那個東西發揮出來，
　　挖掘出來，或許這是一個很大的問題沒錯。可是我覺得一個
　　孩子他表現的慾望，或是他要這樣表現，或許我們這種行為
　　已經被制約了。在那樣的一個情境底下，我們曾經被制約過
　　了，所以才會有那樣的反應。

　　「曾經被制約過了」的老師難道真的不能創造出討論的互
動情境嗎？我又問了起始的問題：「你不覺得這樣的情況可以
改變嗎？」Cazden（1988）認為：「從課到討論這種轉變的核心
所在，是對於知識和教學的不同概念」（p. 59）。從第 47 頁的

研究架構圖來看，我原以為的教育改革著力點——老師和學生
對學習與知識的概念，從當下看來似乎沒有發生實質的變化。
當然，這些表象的改變並沒有使所有的現象停滯不動如從前，
只是，這些小小的改變孕發的能量造成的變革，可能要在將來
才會更為明顯。瞭解現象的脈絡總是複雜多重，我們的長期觀
察與思考發現，以下幾個層面可以構成一種脈絡，幫助我們瞭
解上述教室團體互動形式改變，但師生對知識、學習、教學之
認定似乎維持不變的現象。

二、學生與老師的角色與對角色的感知

　　一年級的小老師和幼稚園的分享者，在名稱上（「小老師」）
和空間的位置上〔小老師站在教室前端；分享者站起來，其他的人
（包括老師）圍坐著等候被點名提問〕，雖然看似居於主導的角
色，但是卻沒有主導的實質。小老師和分享者最重要的工作是
分配發言權，即指定下一個說話者。在綿羊班裡，因為分享的
空間很大，分享者與圍坐著的參與者距離遠近不同，小朋友問
與答的音量又經常太小，章老師因此必須大聲複述問答的內容，
以便讓全班都聽得見，複述之後，章老師常常順帶地指定下一
位發言的學生，或提醒大家注意發言的規則，使得分享者帶領
活動進行的角色更加形同虛設。

　　大部分的一年級學生喜歡擔任小老師的理由，或許是因為
這個角色是一種合法的選擇，使她們得以暫時離開坐在學生位
置上的沈悶無聊，或許更重要的是大多數的孩子所說的那種享
受「掌控局面」的感覺。但是這些一年級的孩子大多並不喜歡

同儕擔任小老師的國語課，有些孩子還擔心同儕「上課」的能力，並對同儕維持秩序的能力感到不滿。

　　在學生主持互動的情境裡，小老師之權力的界定非常模糊，老師的角色則因為有較大的界定自由度而顯得多元。事實上，兩個班級的小朋友似乎也只把小老師或分享者的角色限定在「指定說話者」這件事上；教室裡伴隨著發生的任何事件，小朋友都還是直接向大老師尋求解決的方向，就像陳老師感受到的：「我是盡量不介入，說真的。不然，如果我介入的話，我寧願說，我自己是個學生，用學生的角色去，而不是老師，我會有那種想法，可是學生還是把我當老師。」（錄音，1998-4-30）

　　這種對老師主控場面之角色的固著認定是這兩班學生和老師共享的文化知識。兩位老師雖然坐在「學生」的位置上（有時甚至也違規在未被指定說話的時候，和坐在身旁的學生私下說話），卻還是不時地指導小老師與分享者，提示互動的方式與問話的內容走向。學生雖然站在老師的位置上，卻也和坐在學生位置上的老師一樣，有短暫的「角色逃離」的現象（如背著老師和同學打手勢，做某事前先取得老師的允許）。此外，當老師們察覺場面混亂或是小朋友的發言不當或離題太遠時，也會介入，宣布問答中斷，重新整頓秩序，或是直接要求小老師或分享者依照她們的意思進行某種活動，點某位同學回應、或問某種問題。

　　兩位老師維持互動秩序的角色沒有改變。但除了以維持秩序的目的介入外，她們的主動回應常常豐富了同儕一問多答的討論內涵。在小老師帶領的討論裡，陳老師的發言像是一位超級學生，她也選擇在自己上課時，將小老師和同學的討論再做統整與延展。章老師和張老師則是在當下的情境裡，直接以提

問的方式來解釋、澄清或延展小朋友說的話。相較之下，在學生主領活動時，比平日要沈默許多的三位老師，似乎更能專注聆聽並在適宜的時機做出使談話能持續發展的引言或回應。

三、班級文化的重演與再塑

　　從班級文化這個較直接的脈絡來看，便稍稍可以理解為什麼會出現這種互動形式表面改變而參與結構與內涵卻僵持不動的現象。上節提到的教師與學生的角色界定，是長期協商的歷程，並不是在某種類型的互動發生時才開始的事。當然，如前述，在日復一日的互動裡，角色界定和其他的文化行動一樣，都有不斷被重新賦義的可能性，特別是新活動方式產生的時候。不過，在這兩個班級裡，無論是在慣常由老師主導的團體互動情境，或是其後由學生帶領的團體互動情境裡，互動的規則、獎懲制度、師生角色，都沒有因為主導互動者的改變而產生明顯的變化。也就是說，由學生擔任帶領活動者時，班級文化似乎經歷了一次次的重演。

　　當然，從一些時刻發生的小小轉變，我仍然看到互動規則，乃至班級文化再塑的可能性。如，幼稚園的小朋友主動向同儕提問而改變了之後的分享方式，第二年時，二年級的學生在上課時，無論活動進行到哪裡，都可以兩人或三人站到門邊或教室後小聲說話。在這些文化再塑的可能點上，一方面學生表現出改變規範的行動，另一方面，這些行動必須有老師的容許或鼓勵，才得以繼續開展，造成改變的產生。幼稚園裡，向同儕發問的小朋友立即受到老師的讚美，老師也隨即向全班宣布「以

後可以直接舉手問小朋友」，不再需要透過她的傳話。二年級的陳老師則告訴我，門邊隨時說話的規定是「因為有小朋友跟我反應說：『老師，我有事要去跟誰說。』我說：『什麼事這麼重要？』然後他說：『好像他邀請他到他家什麼的。』我說：『那你下課說。』他說，『我怕下課忘記。』我說，『好，那你就一次，一堂課就一次。』後來他們一講了，孩子他們就會附議啊（笑）。」這個規定的形成，除了因為陳老師當下接受學生的意見，也因為她認為這是合理的：「那我想，好吧，你既然那麼，讓你憋著好像也是，搞不好你也不專心，那你不如把你的話說清楚也好。」（訪談，1998-4-30）

從這兩個班級的團體互動變奏現象來看，老師的行動是影響變奏之後續生命的關鍵，而學生的意圖與行動雖然不見得能夠造成立即或長遠的改變，卻是改變發生的必要條件。陳老師和章老師對學生開啟話語的行動有時默許，有時鼓勵，有時則仍然擔憂；學生對不是老師帶領的活動也有想法與擔心。這些支持或擔憂直接地影響班級文化重演或再塑的可能性。

四、學生與老師的關注層面及其脈絡

㈠關注層面

陳老師和章老師對教室互動的關注層面可以簡要的歸納如下：(1)在互動組織上，兩位老師擔心的現象有失序和非全班都有興趣參與的問題，幼稚園的老師則擔心小朋友到了小學會陷

入不適應的困境。(2)在互動內容上，兩位老師擔心學生的談話離題、散掉因而無法配合既定的進度。(3)兩位老師都認為學生帶領討論與參與討論的能力有限，但對這項認定卻有非常不同的詮釋。如，幼稚園的老師認為小朋友的生活經驗不足，無法帶領討論。我在一年級小老師帶領的國語課裡看到「眾花離枝」式的問答，但選擇不延展其實是陳老師刻意的決定：

> 我：為什麼談話都只是讓孩子回應以後就算了呢？
>
> 陳老師：其實我覺得孩子會選擇他想要，或是他覺得有趣的，他會，就是他自己內化，自己去處理訊息。可是，我的感覺是，我盡量不給他做那方面的引導。因為我是覺得說，有答案出來，他可以去聽聽別人不同的想法。
>
> 〜
>
> 我：你不覺得有時是很好的時機，就是說，可以再深化一些東西嗎？
>
> 陳老師：其實說真的，我們那個時間真的很有限，我有時候覺得說，未必我一定要，要學的東西實在太多。

陳老師告訴我她會在做習作時才做深化的事。但屬於孩子的時間裡，她覺得：「就是讓他們自己去跟自己對話就夠了。」

> 我：可是他們的對話就變得只有一問一答了。
>
> 陳老師：對！對！
>
> 我：我的意思是，沒有延展性、沒有互動，等於是一個問，另一個就給答案，就是這樣了？

　　陳老師：可是，我覺得她的答案是滿多元的，然後，最後
　　　　　　的取捨是在於學生。

　　我表示，在這樣的情境裡，小老師拋出問題後，幾乎不在
乎同學做了什麼回應，陳老師表示同意：「對！沒有再繼續延
展。因為，對於學生的能力而言，我覺得他們比較沒有這個能
力，他能夠把這個問題講出來、寫出來，我覺得有時候，對他
們而言，已經是不太容易的事。」陳老師表示：「說真的，對
一年級，甚至我敢說，在一、二年級，恐怕很少有老師肯放手
說，讓孩子去主導一個課程。雖然他們未必能夠做到我們想要
的那種很精緻的、或者是比較延展性的對話，可是我是覺得，
這是跨出的第一步啦！」（錄音，1998-4-30）

　　基本上，陳老師認為一年級的孩子雖然還沒有能力統整或
延展同學的回應，但是能夠對一個問題提出各種回應已是這個
階段的孩子該有能力的展現，其他的人也能聽到多元答案自行
取捨。她選擇不在當下涉入、不引動延展，也就是基於這樣的
認定。不過，閱讀初稿後，陳老師又提出兒童缺乏某些經驗與
教材的侷限來解釋這種「眾花離枝」的同儕談話現象。這段話
是接續著她對曉雯提到的竹子排排站的想法感到驚訝之後：

陳老師：其實，孩子學習最好是根植於經驗，所以我覺得瑞馨做的那
個研究很有意思。我是覺得說，我們在談互動方式的時候，
兒童經驗或許不是關注的焦點，可是我覺得如果要談互動的
話，他為什麼會沒有那樣的互動產生？或許我們老師常常會
講很多時間啊，進度啊，會從這個方面去，這是從老師的角
度去看，那種互動方式的呈現，他之所以不足，其實最大還
有一個因素是孩子的經驗。

我：有啊，我在報告後面建議的地方不是強調說，我覺得應該給孩子
的個人經驗更重要的位置嗎？所以我才要瑞馨來做這個題目啊！
～～～

陳老師：我是說影響到教室互動的，其實從兒童的觀點去看的話，就
是兒童本身經驗上的不足。

我：你是說兒童沒有討論的經驗？

陳老師：不是討論的經驗，他根本有時候對於我們提問的那一個問題
沒有經驗，以致於教材本身，所以我跟你講，教材本身也是
一個很大的問題～～～

　　另一方面，學生們怎麼想呢？從這個研究裡幼稚園的學生
對學校生活的敘述裡，我們可以察覺到這些孩子總是提到教室
裡的規則。同樣地，一年級的孩子在敘述學校生活時，也充滿
對規則和秩序的強烈印象，除此之外，還有「學習」與「求知」
的重要性。當她／他們處於由同學帶領的互動情境時，感受到
同學「上課」比較無法維持秩序，並且擔心同學提供之知識的
正確性，懷疑同學解惑的能力。這樣的擔心無法全然由最直接
的班級文化來解釋，例如，以中（頁 109-110）主動對我述說的
課業壓力，便提到了母親對他學業表現的高度期望。

　　正如陳老師所說的，我認為教室互動的任何一項細微的改

變都有可能產生意義重大的影響,她所鼓勵的改變與幼稚園裡的改變都是跨出了重要的第一步。如果我們想繼續在改變的路上前行,思索跨越這第一步時的種種機會與障礙將有助於後續的路。我因此思索:上述老師與學生的擔憂與關注是從什麼樣的脈絡衍生的呢?

回頭再思這個研究的主要議題,我問自己:「凍結了對話,遏止了討論的究竟是什麼?是這些擔憂嗎?」Palincsar 與 Campione(1993)從運用社會語言學觀點探討教室互動的文獻裡整理出下列幾種因素:

1. 教師與兒童間知識的不均衡(Bloom & Green, 1984)。
2. 教師與兒童間的社會文化差異(Heath, 1982; Michael & Cook-Gumperz, 1979)。
3. 教室組織的侷限(Mehan, 1979)。(p. 52)

Palincsar 與 Campione(1993)認為這些研究給我們的啟示是,在教室中成功的運用言談的重要關鍵是:「決定那些兒童能夠有聲音,而教師可以在對話中讓兒童有說話餘地的方式」(p. 52)。在 Palincsar 與 Campione(1993)所列舉的三種情況裡,第二種在這個研究中是比較不明顯的,第一種和第三種現象的確也是一年三班和綿羊班討論無法發生的理由,但教室互動並不是只被嵌置在單一的脈絡裡,而這兩個理由也無法全然解釋我在這兩個教室裡看到的現象。這個研究裡的兩位老師的確開啟了讓兒童能夠說話的局面,為什麼討論與對話還是沒有發生呢?

(二)關注衍生的脈絡

上述提到的師生擔憂直接影響了討論在教室裡發生的可能性，這些擔憂究竟是如何生成的呢？老師對學生帶領與參與討論能力的看法、互動形式與內容的認定，以及對時間壓力的感知，充斥在自己帶領或由學生帶領的活動裡。值得注意的是，這些師生的關注，部分來自並直接影響班級文化的形塑，也與學校文化有關；但某些層面則似乎是來自較間接的脈絡。

1. 班級文化的脈絡

從班級文化這個脈絡來看，兩個班級實施的獎懲制度以不同的程度影響了**學生在教室裡說話**這個現象的意義。一年級的孩子在擔任小老師的同儕拋出問題後，答完拿走獎卡便算了事，並不很在乎其他的人做了什麼樣的回應，這樣的態度立即影響到同儕互動的品質，助長了「眾花離枝」式的問答現象。至於幼稚園的孩子，雖然在我們的觀察裡並沒有發現蓋嘉獎章的制度直接影響到團體活動的進行，但從他們對教室規則的敘述裡，可以看到較多負向禁令。老師在互動間對規則的重視或許影響了這群孩子對班級生活的感知，乃至對學校、學習之意義的認定。

2. 學校文化的脈絡

從學校文化的脈絡來看，校長對於老師自主建構課程的態度和幼稚園老師對於由孩子來帶領討論的想法，如出一轍。過去的校長很少和老師個別溝通，新到任的校長雖然積極與全校

老師互動，但對於何事該溝通、何事該自己決定仍有一定的想法。

　　先看**互動內容延展**的議題。幼稚園和一年級的老師不斷提及進度與時間的壓力是她們選擇中斷學生「較不相關」之談話，選擇不繼續延展話題的主因。對這樣的擔憂，校長有什麼看法呢？她說：「我不曉得我是不是異類？但是我是跟老師說進度不那麼重要。我說，你教完了並不表示你教會了學生，學生有沒有學到東西才是真的。我說，如果你告訴學生，因為什麼樣的關係，我們談一個主題談得比較深入，⋯然後某一種課不教，我覺得這不是很嚴重的事情。我說，老師，你應該用你專業自主判斷哪些你覺得必須、重要、要教給學生的。」校長給予老師專業自主權決定課程的實際做法是，在學年會議裡告訴老師，自行決定哪些單元「哪些是可以略讀的，哪些可以省，然後你們把時間省下來，把某些單元做比較加深、加廣這些東西。」話雖如此，校長認為她「有在放」，但是「老師還是不敢」。就如同陳老師認為一年級的學生延展討論的能力不夠，校長也認為「老師可以自己做決定的那種強度不夠。」校長同時也擔心，「放了太鬆以後，老師的專業精神不夠的時候，那這班學生就很吃虧了，因為他太自由，這是我怕的。所以我只是先想提升一下老師對自己的這個責任，然後再來做改變。」（錄音，1998-2-19）。老師為什麼不敢決定調整課程內容呢？從我對一年三班的描述裡，可以察覺學生和家長對老師進度落後是非常有意見的。

　　幼稚園老師所提到的**作息時間壓力**，其一是必須避開小學下課時間對團體討論的干擾，其二是必須配合幼稚園的點心與午餐時間來作息。國小附設幼稚園與小學相互或單方干擾的問

題在十多年前就已被提及，如吳麗君（民 75）便提到：「國民
小學的兒童有固定的作息時間，而幼稚園幼兒的學習活動卻非
常有彈性，因此在校地不夠寬廣的情形下，必然會相互干擾。」
（頁 52）。這個問題在十多年後的今日，在這個研究中的學校
裡，仍然存在。面對有限的空間，現任校長對這個問題認為：
「除了互相容忍之外，我想不出比較更好的辦法了。」（錄音，
1998-2-19）。幼稚園的課程進度呢？誰來決定幼稚園的課程？學
校在這個方面並沒有對幼稚園做嚴格的規範。學校之外的教育
行政單位呢？根據游淑燕（民 83）的文獻分析，中央教育部雖
對幼稚園課程標準與訂定具有主導力量，但在訂定課程標準後，
「並無課程發展的專責機構負責研發工作，而將課程物品之發
展授權各幼稚園依其需要自行發展與設計」（頁 427）。也就是
說，幼稚園建構課程時，雖必須以教育部的課程標準為依據，
但實際的教學活動與內容並沒有受到教育行政單位的規範。不
過，幼稚園雖然沒有另一階層的教育主管機構帶來的課程進度
壓力，但卻必須承受四位老師共同決定之預設課程帶來的，課
程內涵與進度的限制。

　　關於**互動組織與規則**的問題，幼稚園的章老師不斷地提到
「適應小學」的問題。在她的想法裡，小學裡對學生「適時發
言」有較制式的規定。或許如章老師所言：並非每位小學老師
都像陳老師一樣開放，但**對討論聲浪的擔憂究竟從何而來呢？**

　　從學校文化的脈絡來看，這個學校的校長與其他行政主管，
在訪談時都沒有把上課的秩序看成巡堂的第一考量。校長對互
動的看法是這樣的：

　　我個人是這麼想哦，我不認為班級上的小朋友，
有說話的聲音，或者是有活動的狀況，是一種不守秩
序哦，我也不認為老師教書的時候，要用一種強制的
手段說，要坐好、手擺後面，或者是一定要坐正來聽
我說話，覺得那才有教學效果，不一定哦。

　　她表示要學生專注，加大音量、敲桌子或用麥克風是沒有
效果的，最重要的「是能夠滿足孩子的好奇心，能夠抓住孩子
的注意力，能夠引起他的興趣，然後，學生就會很自然的就注
意到。」在學習過程中，學生偶爾的動作或是：「他很想跟隔
壁的說話，那只要說，他的說話，只要不干擾到別人，我覺得
我都可以接受。」
　　關於教室的秩序，校長不強調「一定很安靜，或者是都不
動的」，她從教室外走過時，

　　　看這個學習，看這個班級，應該是看他跟老師的
　　這種互動，而不是看他們班上有沒有聲音。我最怕看
　　到的一種情況就是，老師坐在他那裡改他的東西，做
　　他的事情，然後黑板前面站了一個小朋友在記名字，
　　他的目的是要學生不說話喔，我覺得那一點意義都沒
　　有。～我比較注重孩子跟老師之間的一種感覺，然後，
　　有沒有很開心的學，下課有沒有很開心的玩。這算不
　　算開放我不知道？（錄音，1998-2-11）

　　我不能就著一席話來決定校長開放的程度與實質，但是討論的發生並不只是師生感情良好或有默契就能達致的事，雖然這是重要的條件之一。雖然我不知道前任校長的看法，但幼稚園的老師告訴我，換了校長對她們並沒有產生大的影響，對於現任校長的作風，張老師說：「我想校長她們只要原則掌握住了，她不會說去盯屬下應該怎麼樣，應該怎麼做，她會希望你自己自動地去做。」（錄音，1998-4-23）。其他我認為較可能監督教室秩序的行政主管，如訓導主任和教務主任在被問到巡堂時注意些什麼時，都提到學生的「安全」是他們最關心的事。訓導主任認為：「巡堂主要是教務處的工作」，那麼，教務主任「會不會注意到教室裡老師在管理秩序的這樣一個問題？」研究助理瑞馨這樣問他，主任是這樣說的：

　　　　我想除非是非常、非常鬧，不然通常我都不會去管它，因為老師有他的獨立人格，有些老師的教學方法他是比較開放性的，當然這個班級未必就安靜，安靜不一定代表就是好，而是要去看它的動態是怎麼樣。吵鬧跟真的在那邊實習或是真的在那邊操作或是真的在那邊表演不一樣，一下子就可以看得出來。

瑞馨：您認為怎麼樣叫吵鬧？
主任：吵鬧，當這個老師已經沒有辦法再控制那個叫做吵鬧。在老師的計畫、在老師的一個掌握下那種鬧，它不叫做吵鬧。
玉玲：那你覺得永慶一般的狀況你覺得怎麼樣？就是說您

在巡堂的時候，那些吵鬧的情形或說師生互動的情形，
您覺得滿意不滿意啊？

主任：還不錯。

瑞馨：您的不錯是覺得他們大部分都很安靜？還是都維持
著一種動態的安靜？

主任：大部分都滿靜的。（錄音，1998-5-19）

這樣看來，這些學校的行政主管似乎在教室秩序上並沒有
給予老師太大的壓力。第四章裡提到校長其實不太巡堂，那麼
教務主任呢？張老師說：「第一年來的時候，天天早上七點半
就看他在走，大概走了一個月，就消聲匿跡了，又沒看到人
了。」（錄音，1999-2-11）。不管巡堂不巡堂，兩位幼稚園的老
師都認為：

章老師：對我們四個來說，我們是說，不管有沒有人走，我們都一樣。
張老師：對，我們沒有受他們影響。

小朋友能不能學會遵守秩序說話這件事，帶給章老師和張
老師的壓力其實是來自同事。她們擔心將來會有老師說：「愛
講話的就是你們班這幾個。」不過，章老師向我澄清，她擔心
的是孩子專不專心，而不是說得太多的問題。她表示，她必須
一直預備孩子的心態，「給他們一種心理準備，就是說，沒有
輪到你講話，你不能講，而且，我覺得時間會比較長一點（指
上小學後的上課時間），你們要稍微練習慢慢忍耐下去這樣子。」
（錄音，1997-3-14）。為了預備孩子將來上小學，章老師格外注
重互動秩序的維持。

章老師：謝謝老師喔，給我佐證那麼多，那個，就是說（笑），為了
那個配合小學那個往後的秩序的，因為我有一個滿感慨的，
就是說，那個，以後秩序不好的就是我們班這幾個，我就想
到吳梅英。

張老師：對啊，真可憐。

章老師＞張老師：我們班不是幾個還不錯的在她的班上，她就跑來跟
我講，你們班幾個好蛋在我那邊，隔壁班幾個壞蛋在我那邊
（笑）

張老師：她好像不是說壞蛋，形容詞好像沒有那麼優雅。

章老師：我記得就是類似這樣子。ㄟ，你們班那幾個都很優秀的。就
是看到第 143 頁（此為初稿頁數，本書頁 305-306）適應小學這
邊──我看了滿感慨的。因為你會給別的老師一種刻板印象，
某某老師帶出來的是怎樣的學生。其實有時候也是無心的比
較啦，但是它的感覺就是這樣（嘆了口氣）很受不了。那事實
上我們也會有很多那種學生。

我：每年都會這樣子嗎？

（張老師提到班上一個學生上小學後開始拜訪名醫，孩子在幼稚園時，
媽媽不相信老師的說法）

我：可是還是有很多老師她不會講吧？

張老師：對啦，普通的是不會。

章老師：一般的是不太會。當然我想那個老師也不是說有什麼惡意啦，
只是說，她覺得很熟，她來跟你講，有時候講一講，我們聽
了是說，會做一種反省啦，是不是我們上課的時候怎麼樣。
那我們也盡量希望說，事實上這大概也是我們中國人比較欠
缺的一個地方啦。人家講話就一直插一直插。

　　這兩位幼稚園老師面對的來自同事的壓力，是工作場域裡
的真切現實；但章老師的作風也和她心目中說話該有的樣子有
關。除了第二章裡已經提及的關於小學教室互動的文獻外，如
果我們看看討論幼稚園及小學教師關注的文獻，以及關於幼小
銜接的文獻，從這個較間接的脈絡裡，似乎更能瞭解章老師和
陳老師為何這樣看重互動的秩序。

3.其他文獻透露的社會訊息

　　從幼小銜接或探討教師關注層面的文獻裡，可以看出幼稚
園老師和國小老師關注的主要內涵。盧美貴（民 82a）以台北市
十所國小的行政人員、教師、幼稚園園長、教師與家長為填寫
問卷的對象，以兩份問卷來瞭解：(1)小學行政人員與教師認為
孩子在國小九項課程中的困擾程度和原因，(2)小學行政人員、
小學教師、幼稚園園長與教師對於幼小課程銜接之相關措施的
看法與意見（頁 230-231）。文中提到兩所國小老師認為孩子上
小學時造成困擾之處，如，「學生常會身不由己的起來走動、
吃東西、上廁所，無法安靜四十分鐘的上完一節課」（頁 220），
另一所國小的教師認為困擾之處是「(1)班級人數太多、(2)學生
不懂規矩、(3)上課時無法專注四十分鐘、(4)唱遊教材編的不理
想、(5)小朋友常不經允許就說話。」（頁 221）。這些小學老師
感到困擾之處似乎頗能呼應章老師的擔憂。蔡春美（民 82）也
以問卷調查的方式來瞭解幼稚園老師、小學一年級老師和家長
對「幼小銜接」問題的看法與實際作法。在兒童由幼稚園進入
小學的過程裡，這群老師和家長認為什麼樣的事最重要呢？實
際上又做了什麼樣的準備工作呢？86 位國小一年級老師希望幼

稚園老師為幼小銜接所做的五項工作裡，依百分比的順序，排名第一的是：「特別注意生活常規的訓練。」（頁 693）而 137 位公私立幼稚園老師為幼小銜接實際上做的事裡，在問卷的 14 項工作項目裡，「特別注意生活常規的訓練」也排名第一（頁 685）。整體而言，蔡春美認為：「幼教老師填答其實際為幼兒所作的準備工作項目，與小學一年級老師及其家長的想法頗為相似。」最看重與實際進行的第一要項都是「幼兒生活常規」（頁 714）。此外，簡紅珠和江麗莉（民 82）整理出「桃竹苗四縣市的國小教師認為一年級學童最可能發生之班級問題事件」，其中，「以『注意力不集中』（43.0%）為第一位，『上課愛說話』（42.6%），『上課擅離座位』（29.5%）為第三位」（頁 44）。從這些調查研究裡我們可以看到：小學老師對幼稚園老師的期望、幼稚園老師為幼小銜接採取的實際活動、以及小學老師對進入一年級之學童的期待或抱怨（如在說話和行動上造成的困擾或「問題」事件）都不離「要學生遵守常規」這個主題。足見章老師對小學老師之期望的感知並不是空穴來風，而幼稚園老師知道小學老師的期望所以格外重視互動規則的情形，看來也不是單單發生在永慶國小裡的現象。對「常規」的看重，似乎是我的研究中的老師和其他幼稚園及小學老師共享的關注層面。

從約十年前的研究裡，我們就可以看到幼稚園老師對幼兒上小學該注意什麼的認定在實際的教室生活中體現。谷瑞勉（民 78）研究中的幼稚園老師「基於以往畢業生在園內養成喜歡討論發表、自由活動的習慣後，常有適應小學常規要求的困難，在春假過後，園內兩班大班都在座位安排和活動時間上做了改

變，以期能協助幼兒適應小學生活」（頁331）。約十年後，林玉雪（民85）分享了她自編的模擬小學活動過程。她表示這些活動的目的是：(1)培養良好習慣：遵守小學教室生活常規；(2)讓幼兒模擬扮演小學生的角色：如輪流值日生，自由選出班長、副班長、小組長、排長；(3)安排整節活動時間；(4)設計模擬小學教室布告欄；(5)教學活動時間配合小學部上下課；(6)設計模擬小學的課程表掛圖；(7)編印家長連絡簿；(8)編印每天回家後的家庭作業「益智作業簿」（頁29）。從這八項目的看來，這位幼稚園老師認定的國小生活的重點非常明顯：除了常規外，就是作息的表面形式。章老師在綿羊班的孩子畢業前的一個月也曾經進行過幫助孩子認識小學的活動，活動重點也不脫上述的座位安排、作息時間配合和班長、值日生的演練等。從幼稚園老師為了幼小銜接過程平順而進行的「模擬小學活動課程」裡，可以看出某些幼稚園老師對小學學校生活的認定，我想，這些認定不但影響了她們在幼稚園的孩子畢業前，選擇、安排的活動內容，也可能會影響到她們每日的教學行動。

　　幼稚園老師對常規與秩序管理的重視，除了如上述文獻顯示的，是基於為幼兒上小學的生活適應所做的預備外，也反映在其他的研究文獻裡。當我們以「幼稚園」為關鍵字搜尋相關文獻時，發現資料庫裡已登錄的期刊論文和博碩士論文的資料，幾乎沒有以幼兒討論為主題的研究或論述（相關的兩篇將在後文引述）；而以常規和管理為主題的研究則不在少數。除了第二章提及的陳雅美（民84，民86）對幼稚園團體活動秩序管理技巧的研究外，在簡楚瑛（民85a）對幼稚園教師教室管理困擾問題的調查研究裡，由137位老師列出幼稚園生活中各個時段裡

五項教師覺得最困擾的教室管理問題。簡楚瑛發現這些老師感到困擾的教室管理問題並不因教師的專業程度、幼稚園公私立別、課程類型、年資、教師年齡、學生年齡、婚姻狀況、子女狀況和師生比例的不同而有太大的差異。與我的研究較相關的發現是團體時間的教室管理問題排名,簡楚瑛從問卷中整理出的五項教師最感困擾的問題依序是:(1)不參與、不發表、在旁觀看、呆坐(須鼓勵或鼓勵也無效);(2)不專心;(3)不遵守規則、不聽從指導、搶人位置、搗蛋、姿勢差;(4)不按順序發言;(5)互相推擠、不排隊或插隊(頁297)。這些問題,也是我在前幾章對幼稚園綿羊班的敘述裡,章老師和張老師常常暫時中斷討論,停下來處理的問題。

老師認為困擾教室管理的問題類似,兒童對規則的存在有什麼看法呢?保心怡和柯華葳(民77)進行了「大班幼兒對幼稚園內規則的認知研究」。這項研究整理出十五類幼兒知覺到的幼稚園規則。兩位研究者認為,「這些規則反映出幼兒的幼稚園生活經驗,而教學型態等因素則影響了幼兒對各規則範疇的強調情形。」值得注意的是,這兩位研究者提及的四類「較多幼兒提及且細項較多的規則範疇」,其中三類也是我的研究裡幼稚園的幼兒敘述教室規則時提到的點,如「不對別人發出攻擊性動作」、「按教師指令行事」、「行止應注意事項」(頁60)。十年以來,和這個研究中的幼稚園兒童相較之下,**幼兒對教室規則的認知**,以及兩位研究者所說的,從規則反映出的**兒童在校生活經驗**似乎並沒有太大的改變。在簡楚瑛(民85b)對幼稚園教室常規相關因素之研究裡,兒童也都能說出老師所定的程序,並能說出遵守為數約在66項到72項之教室規則的

理由。簡楚瑛認為兒童對這些規則存在之理由的詮釋和幼稚園的課程是以教師為中心或以幼兒為中心的取向有關。例如，由簡楚瑛界定為教學型態是「以教師為中心」（頁 16）的 A 園幼兒，「在被問及其認為規則存在的理由時都有出現懼怕『老師權威』，或避免被處罰、被罵的答案，其中尤以甲生二為甚，該幼兒幾乎都以老師的話為規則存在的理由」（頁 41）。可以看出，老師的話語是兒童解釋規則和塑造學校生活之意義的重要依據之一。

　　從以上簡要的文獻探討看來，章老師和陳老師**對互動秩序的高度關注並不是一種純屬個人教學風格的現象**，對「常規」的看重似乎是台灣社會裡某群幼稚園老師、小學老師和家長共有的關注點。從較直接的學校文化來看，小學的陳老師對互動聲浪的擔憂主要是因為教室隔音的問題，害怕吵到別班，而家長與學生對課業進度的看重，也使她時時承受著進度的壓力，不敢讓學生暢所欲言，同時她也認為規則的訂定是為了老師的「**目標容易達成**」（錄音，1999-1-29）。幼稚園老師對互動常規的重視，壓力來源並不是學校的行政人員，而是來自同事對幼稚園兒童適應小學生活的怨言。享有課程決定權的兩位老師也因為自己參與訂定的預設課程進度與作息時間的限制，必須承受時間對互動內涵之延展的壓力。從上述文獻來看，這些埋怨與擔憂也與較間接的脈絡裡的一些集體認定有關。即，台灣社會裡的某群幼稚園老師、小學老師與家長對學習以及老師之角色的看法。這樣的集體認定或許正是對互動之表象形式高度要求的源頭之一，而這些認定也正是教育改革最難觸及之處。日復一日地，這些認定又不斷地影響到教室互動的組織方式與內

涵，而學生在教室互動過程中建構出的學校生活、學習與知識的意義可能又會使得這些認定更加動彈不得。

第二節　統整、建議與再思

一、統整

　　回頭再看擬定研究計畫時所寫的研究目的。在第一章裡所列的四個目的裡，第1、2項嘗試瞭解的一年級國語課和幼稚園兩個團體互動時段的互動形式、參與結構、師生感受與參與情形，我在前幾章中有詳細的描述。第3項尋找「討論」的企圖，有時看似達成，卻總是在片刻之間又消失了。第4項其實是具體的行動，我和其他幾位老師的討論與省思發生在三方會談與其他的訪談情境裡，**包括目前的這個文本都希望呈現我和老師們之間的不同觀點在討論中影響詮釋的歷程**。雖然這項行動的確發生了，但從當下此刻這個時間點來論，這些行動仍然還在起跑點上，後續的行動必須持續，改變才能真切而深遠地在每日的教室生活中產生動力，日新又新。行動尚待後續，但是在進行這項研究的兩年裡，對於這兩個班級的教室團體互動，我還是看到了 Walsh（1998）所說的第二和第三個層次。

　　剛開始，我整理出一年級國語課和幼稚園團體時段（日記圖分享與單元討論）活動進行的慣常模式，也就是我所謂的教室團體互動節奏；和兩位老師就互動實況進行討論後，我們看到「變奏」的發生，而我也為互動形式的改變而欣喜。我以下圖

47中兩種截然不同的互動景象作為我所察覺到之「變奏」的精
要回顧：

（錄影，1996-11-13）　　　　（錄影，1997-4-14）

圖 47　幼稚園日記圖分享方式的改變

　　在一年級的國語課，陳老師認為她只是把原先就會做的事
提前做了；在幼稚園發生的改變則較為明顯。雖然在一些短暫
的時刻裡，我們看到因為學生的提議被接受而使得其後的互動
方式改變的現象，但我們也注意到這些改變的表象後，沒有改
變的部分──沒有延展的問與答、師生的角色、對說話規則的
看重、小眾參與的問題，即班級文化的一再重演。除了觀看，
我們也聆聽老師對這些不變與改變的想法，瞭解學生的感受和
參與情形。

　　最後，當我從多種立場發出的聲音，從各層脈絡來思考阻
礙討論在教室發生的可能因素時，瞭解到這些限制，並不都是
較立即直接的班級文化可以解釋的，有些想法其實是跨越校際
的某些教師間共享的認定。從這個角度來看，我便瞭解了為什
麼在前言二中小熊班的王老師和林老師們為了被認為是無法帶

領班級進行討論而急於澄清，為什麼王老師會認為「如果孩子一直舉手發問，或是怎麼樣的話，如果那一個老師都覺得這個是問題的話，那他不配當老師！」

即便有這樣多的限制，我仍然認為前言一中那一堂錯失記錄機會的課並不是一種幻境。在一整節課或是二十分鐘的團體活動裡，討論的精神雖只是偶而展現，卻顯示教室裡的互動文化仍然有著重塑與協商的契機。在不會立即改變的各層文化裡，前言二裡充滿兒童話語的團體活動是一種鼓勵，也是一種提醒！我們可以回頭再看一次「看牙醫的經驗」。一開始，是由章老師提出問題，因為某位小朋友的回應裡提到自己看牙醫的經驗，使得其他小朋友也說了起來，在原來的情境進行不到一分鐘的時間內，章老師決定放棄原來的提問，改由小朋友來述說自己看牙醫的經驗。其後的八分鐘裡，孩子們說出了與看牙醫相關的各類經驗。雖然沒有看到幼稚園小朋友之間的直接對話，但我們可以由下頁的表12注意到，同儕話語引發並影響其他兒童敘述的內涵與方向。在這次約八分鐘的分享裡，兒童的個人經驗成為最主要的言談內容，相對地，老師對發言規則的提醒，只佔言談內容的一小部分。透過這樣的分享，不但使老師有機會從孩子的經驗裡認識了加味的麻醉劑，孩子的話語也多角度地豐富了「看牙醫」這個主題的意義。

我們在每日的教室互動裡，究竟應該如何做，才能創造討論，使師生體會到學習是一種共同進行的事呢？怎樣做才會使得這種以兒童個人經驗為基點的討論不致成為一種「意外」呢？

表12　「看牙醫的經驗」言談內容分析表

現象與內容摘要（我的詮釋）	言談內容	時間
{老師啟動預設話題}	T：什麼樣的牙齒叫做健康？	9:08:01
	S1：牙齒要把它刷乾淨，不然蛀牙蟲會跑到嘴巴裡。 S2：要把牙齒刷乾淨，這樣才不會蛀牙。 S3：這樣才不會，這樣牙齒才不會壞掉。	
{孩子提到看牙醫的經驗}	S4：一定要把牙齒刷乾淨，不然蛀牙會被那些蟲蟲咬的好痛，那要去給醫生拿那個機器，然後磨牙齒磨下面，而且很痛ㄝ。	
{近兩秒鐘的吵雜}	（小朋友紛紛說起「我還有」、「我也是」、「我…」） T：好，那我現在來問小朋友好了，看過牙醫的請舉手。 （幾乎全班的手都舉了起來，充滿「我…」的聲音）	9:08:40
{老師放棄預設問題，邀請**學生述說經驗**}	T：好多人喔！　　　　　好，手放 　　　　Sx：我還有跟牙醫師 　　下。你要不要來說說你看牙醫師的經驗好不好？ Ss：好！ T：好，我要請那個會舉手，然後又不會說「我」的那個，來，S1。	9:08:46

（承下表）

（續上表）

自己的反應	S1：我去看牙醫的時候，我都沒哭。	9:09:14
牙醫做的事：抓出小蟲子	S2：我跟你講，我去看牙齒的時候，醫生伯伯把我牙齒裡面抓出一隻小蟲子。～～～只是用得很痛。	
媽媽補牙，護士給我貼紙	S3：我去，我去牙醫那邊的時候，我爸爸有，我去，我去牙醫那邊的時候，我媽媽就去補牙，我媽媽補完牙的時候，護士阿姨就有給我貼紙。	
把蛀牙拔掉	S4：就是我去看牙齒的時候，牙齒蛀牙，就把那個牙給拔掉。	
媽媽拔牙說好痛	S5：我媽媽有時候，看牙齒的時候，拔牙齒的時候，她就，回家的時候她就一直說好痛。～～～我有，我有一顆牙齒被電視撞斷了，而另一顆就是要掉了。	
哥哥牙齒快掉了，去看醫生	S6：嗯，我哥哥，我哥哥那個牙齒快掉了，所以只好去看醫生了。	
牙醫幫我看牙	S7：我去看牙醫的時候，牙醫幫我看牙齒沒有了，有的還有。	
補牙和拔牙	S8：我補牙拔牙過。～～～有一點點痛啊。	
麻醉	S9：…麻醉。	

（承下表）

（續上表）

像草莓果醬的麻藥	S10：有一天啊，我拔牙，拔牙齒的時候，那個幫我拔牙的那個醫生阿，就幫我上面塗一點草莓的那個果醬，我用舌頭沾一咪咪來嚐嚐看，有一點甜，是很不錯啦，他就幫我拔下來，而且有一點痛，我在那裡哭，然後哭得不怎麼大聲，然後就咬著那棉花回家了。	
	S11：…然後醫生ㄅㄨ ㄅㄨ說，…	
牙齒睡覺	S12：…牙齒睡覺然後再拔掉。	
{從個人經驗到老師預設的計畫}	T：好，剛剛小朋友好多人都發表看牙齒的經驗了喔。對，我現在來問你，你知不知道你有幾隻牙齒？～～～	9:16:29
{老師開始預定要做的事}	T：答對了，我們今天就來講牙齒的故事好不好？（小朋友大聲說：「好！」）	9:17:00

　　以下是我的建議與對一些關鍵議題的再思。

二、對幼稚園及小學教室團體互動的建議

　　從這個研究裡，我們看到教室團體互動形式的改變；但也瞭解在教室內的團體活動裡「讓兒童有說話的機會」並不會就導致對話、討論與知識的建構；「讓兒童有說話的機會」並不會就使得兒童經驗在課程建構過程中受到重視。以下我將從互

動文化、互動組織和互動內涵這三個相互關聯與相互構成的層
面來提出進一步的思考與建議。

　　第二章裡提及，社會建構論者對知識的討論提醒我們：知
識建構具有社會性質，不只是因為這事牽涉到他人，也因為這
事牽涉到學習所在的整個社會脈絡。Vygotsky（1978）所提出的
「趨近發展區間」，常被引用來支持討論在學習上的正向價值。
但複雜的教室互動現象也提醒我們：要幫助學習者進入這樣的
區間，並不是在形式上安排兩個能力有差別的人（如老師與學
生，較有能力的學生與另一名學生），或一人與全體兩方面（如這
兩個教室裡出現頻率最高的參與架構），進行一問一答就可以做到
的事。討論能不能發生？學習的意義如何構成？這些問題的核
心之一是互動的動機。Litowitz（1993）問道：什麼會使得兒童
和成人像ZPD這個假設所說的方式教與學呢？我對這個問題的
回應是，成人與兒童的動機和需要是在富含意圖的活動中建構
的，因此注意各層社會脈絡如何影響學習動機的建構，和安排
互動組織與關心互動內涵的發展是同等重要的事。

　　如果學習的動機是在社會脈絡中建構出來的，那麼，要幫
助學生漸漸具有自主學習的能力，由老師釋放部分的控制權（如
讓學生擔任小老師，讓學生擔任提問者）是一個必要的起點而不是
終點。就像鷹架這個隱喻指出的，學習與發展的歷程是由互動
（reciprocity）、角色置換（reversibility）一直到原先接受支持與幫
助的那一方有能力承擔某項工作或學習的責任（responsibility）才
算完成，鷹架也才算是發揮了支持建構的實效（Litowitz, 1993）。
這個研究裡，由一年級學生擔任小老師和由幼稚園學生自己分
享生活經驗，其實是很有潛力達致使學生能夠自主學習之目標

的做法。在這兩種情境裡，師生之間有互動，老師的提問與解釋也成為互動內涵開展與細緻化的重要支持。此外，老師成為學生，老師向學生提出她不懂的問題。這兩項改變體現出兩個重要的精神：(1)**角色置換**是可能發生的，(2)老師並不是絕對的全知者，在某些事上，老師也需要和學生共同探索雙方都沒有答案的知識。為什麼這樣的改變卻沒有繼續向著**學生想學，並且能夠為學習負責**的路程邁進呢？

　　在這個研究裡，互動組織的改變並沒有如我預期，逐漸往上改變班級文化；而沒有改變的班級文化反而形成阻礙討論發生的主要因素。一年級的孩子喜歡擔任小老師，大部分的理由是喜歡享受掌控局面的滋味，逃避坐在台下聽講的無聊情境。回答小老師問題的孩子不太在乎小老師或其他同儕的回應，因為他們更關心做回應的後果──得到獎卡。而幼稚園的老師對提問方式與畫圖技巧的指導成為日記分享時最主要的言談內涵。可以看到，師生角色的置換原是改變既有之班級文化的契機，但是強勢的規則與獎懲制度不但影響了學生參與互動的動機，而且在這種情境中的師生與同儕互動中不斷體現之後更形牢固。就像陳老師說的，「我們之所以用這個規則，那是一種手段，可是我感覺有時候它呈現出來那變成一種目的了」（錄音，1999-1-29）。在為了控制發言權而存在的互動形式與不斷強調規則的言談內涵雙管齊下的情境裡，遵守規則不就成了上課的主要意義嗎？在這樣的狀況裡，學生如何有機會體認自己喜歡什麼？如何學會承擔學習的責任呢？因此，思考如何使討論與對話發生，就不僅僅是誰來帶領討論的問題，我們必須深思，互動所在的文化脈絡究竟對互動的意圖與過程造成何種影響。

Moll 與 Whitmore（1993）認為教室生活應看成社會文化系統（sociocultural system），而且認為這個系統是由師生相互、主動創造的。因此，他們提出，Vygotsky 所提出的 ZPD 應視為一種「集體的」（collective）趨近發展區間，而不只是一種教學的特徵。在這樣的觀點下，他們探討一個小學三年級雙語教室裡「兒童在某種社會（言談）環境中，涉入合作性活動的現象」（p. 20），關注的焦點是兒童學習所在的社會文化系統，層面包括教師的角色、師生間的權力分享、相互信任的發展、教材與工作的真實性、構成學習事件的言談類型、學習資源、教師與學生對自己學習者角色的知覺等（p. 40）。這樣的關注層面呼應了我以上的討論，即，教室互動的改變必須要從互動脈絡整體來考量。

因為研究中的老師注重互動規則，使我注意到有關常規與管理的文獻，這些文獻又使我注意到另外一個相關的現象──近年有關「班級經營」之書籍的大量增加。一方面，這個現象顯示國內有越來越多的學者將班級看成一個類似 Moll 與 Whitmore（1993）所說的社會文化體系，並以整個體系為脈絡來討論學習環境的營造，而不只是常規與管理技巧的運用。例如，由黃政傑與李隆盛（民 82）主編的《班級經營》一書裡，以幾個彼此相關的層面來探討班級經營的實際策略與理論，而常規的管理只是其中的一個層面。另一方面，以「經營」的角度來看待班級生活，其蘊含的意義則有待進一步的思考。從對 "Classroom Management" 的譯文由「**教室管理**」轉變為「**班級經營**」，可以察覺到台灣的學者對班級生活的關注層面與方式都有變化。語詞的變化顯示學者的關注層面**從教室**（物理空間與環境），**轉**

成班級〔由人構成的社會組織以及這些人（師生）在不限定於教室內的場域進行的活動〕；把原文帶有控制與要求服從之涵義的「management」（吳清山，民79，頁4）從「管理」改譯為「經營」，也顯示班級生活已較不被認定為是由權威與服從的關係所構成，而是：「教師或師生遵循一定的準則，適當而有效地處理班級中的人、事、物等各項業務，以發揮教學效果、達成教育目標的歷程」（吳清山，民79，頁8）。吳清山（民79）對班級經營的定義，顯示班級這個社會文化體系的成員要共同承擔經營的責任，而不是成為一方經營、另一方接受經營的情況。重要的是，師生是不是能夠理解與接受班級經營實際措施（如各項規則的訂定）背後的理由與目的。老師在學習活動中的適時與適度介入是必要的，規則的訂定對團體與個人而言都是重要的。不過，如果老師是唯一的經營者，而維持秩序和要求學生遵守互動規則的用意是為了要有效達成教育目標，我們應該想想，互動形式與內涵都以遵守規則為重點的互動，有效達成的教育目標究竟是什麼呢？

　　教室團體互動的改變不是只有教室裡發生改變就可以達致；在教室裡發生的改變，影響所及也不僅止於一個班級。

㈠以社會文化系統的角度整體創造互動環境

　　教育改革從最根本的互動著手，仍是一條重要之路；只是在進行任何改變之時，必須同步進行班級文化的變革，乃至學校文化的更新。

1. 從學校文化的層面來看

　　文獻裡早已提及行政人員與老師雙方對互動之重要性的體認，如盧美貴（民 82b）以問卷調查行政人員與老師對幼小銜接相關措施之看法，結果發現「**百分之八十五認為學校行政人員參與幼稚園教學會議與園務會議是需要的。其理由是：瞭解需要才能減少隔閡，做最好的支援**」（頁 4）。行政人員與教師間必須認清互動的目的，以及這種互動在決策上的實質意義。從這個研究來看，這樣的互動應可以幫助一年級的陳老師和幼稚園的老師用不同的態度來面對她們對互動聲浪的憂慮。擔心教師專業自主性不夠的校長，與擔心兒童帶領討論能力不足的幼稚園老師，如果能夠對這項議題進行討論，或許能使雙方更有信心地對學生提供支援。

> 我：校長口中自覺滿開放，給老師很多自主權，看來也像是嘛，
> 張老師：也很親切啦。
> 我：～我對照這樣，是不是說這個學校文化就這樣，說，校長說要開放，讓老師自己說話啊，可是有些事我就覺得，我自己決定就好了，你還沒那個能力自主啦（章老師輕笑，接著張老師也笑了），那我覺得是不是跟我們老師說，
> 章老師：跟小朋友一樣。
> 張老師：對啊，對啊！
> 我：說要給小孩子聲音啊！可是有些事情老師幫你們決定就好了，因為你這個根本就不懂或是怎樣，我沒有在批判什麼，我只是說，看到很類似的一種擔憂。
> 張老師：對對對，你看到的事實。
> 章老師：對，我們可能只是說，老師可能只對學生，或者教學上；校長她還有行政上的考量。那一樣的（笑），～這樣舉例，我是覺得說很貼切啦（笑）。

其次，幼稚園老師和一年級老師間的互動與討論應成為一種必要而且定期進行的活動。同樣地，上述盧美貴（民82b）的研究裡，也有七成以上的老師認為幼稚園老師和小學老師需要彼此參觀教學、共同研究課程與定期舉辦座談會（頁3）。第二章裡提及幾所分享課程發展歷程的幼稚園，它們共享的特色之一便是：園內老師之間、老師與園長之間的討論是工作內涵的一部分。因著這個研究，這兩個班級的老師才有互動的機會，彼此也認為這樣的互動對她們而言是有幫助的。例如，在這種溝通過程中，章老師對小學生活的種種認定就可能因為聽到不同於某位同事的聲音而得到再思的機會。老師們如果能親自經歷討論，或許更知道如何幫助班級發展討論的風氣。

2.從班級文化的層面來看

(1)以實際的行動鼓勵並省思班級文化的重塑

我的建議雖然是針對教室團體互動而發，但必須強調的是，團體互動在班級文化裡並不是一個獨立的現象，它與教室內外發生的各種其他類型的互動（如前述學校內的互動，以及教室內師生間個別的談話，同儕間私下或在教室外的互動等）當然都有某種程度的聯繫。學校文化的革新當然不是一、兩位老師能夠做到的事，但是老師可以先從班級這個文化體系著眼。討論應該是時時都有可能發生的，不見得是在面對全班學生的時候；而團體討論和其他情境的討論常常也會相互影響。思考如何運用發生於各種情境中的互動來幫助學生學習之前，我認為老師應該先考慮班級文化之內涵的議題。

如果老師肯定討論的價值，願意藉著改變互動形式使討論

漸漸地成為班級文化的一部分，在改變互動形式的同時，老師們必須思考「強調規則」的班級文化是不是有重新形塑的必要。規則是必要的，但是當規則嵌置在各類互動中，成為互動時最重要的關注點與談話內容，本身成為目的時，它便反客為主，對學習造成重大的牽制。這樣的思考可以繼續延伸，幫助老師檢視自己在互動中（包括名義上由學生掌控局面的活動）扮演的角色、班級獎懲制度的意義和說話權利如何交給學生的議題，這些層面的實際做法需要由老師們自己依照自己的價值觀、學生的需求與永遠在變動中的教室現象來決定，提出抽離脈絡的建議並不適切。根據我在這個研究中的學習，教師對互動中任何一種細微改變的反應，常是班級文化這個文本被改寫的最佳契機。老師應該認真看待由學生提出的改變建議，如果真的產生了改變（如研究中的發問方式、上課說悄悄話的規定），老師可以引導全班一同探討這種改變對班級生活的影響，除了聽到不同的聲音，對班級文化的改變進行進一步的協商，也是形成共識的一種過程。**協商與討論過後，或許不一定會有「共」識，重要的是師生能對某項改變建構出合理的「認識」**，也能瞭解影響每人權益的規定是為了什麼而定，是如何產生的。

　　老師積極回應學生的提議，這種態度也會助長所有班級成員都能夠參與班級經營與學習的文化，在這樣的文化裡，**規則不是管理策略**，而是使班級活動能更順暢進行的共同約定，連帶地，討論就更可能發生了。陳麗霞（民 85）也認為「以對等的關係來討論，這是討論時最重要的前提」（頁 7）。如果老師願意支持討論文化的形成，那麼，在這種信念支持下，或許在面對「吵鬧」時，能更有信心地等待，而不至於因為把情緒和

精力投注在使全班立刻安靜下來的事務上而感到疲累不堪。許
玉真（民88）提到自己在研究初期觀察一個一年級班級的心境：

　　　　觀察一年級的班級，很有挫折感，因為班上常常
　　是吵鬧得讓我聽不清楚學生的對話，～我懷疑，這麼
　　吵的上課氣氛，學生能學到什麼呢？我也看到不少學
　　生上課時趴在桌上，或隨意走動，或大聲叫，在這樣
　　的氣氛下，我真的懷疑有效教學的產生會福利到多少
　　學生呢？（頁72）

　　這樣的擔憂也是很多強調秩序管理技巧的老師或研究者立
論的前提，即，在吵鬧的情境裡，老師無法忍受，學生也不可
能學習。這其實是從教室生活裡的某一個點來看，如果這個點
是在老師創造討論文化的進程上，長遠地看，就比較不會或不
應該有這樣的擔憂了。研究中的陳主任是這樣回應許玉真提出
的，「為什麼可以容許教室這麼亂」的問題：

　　　　我之前的經驗告訴我，一年級剛開始時一定會很
　　亂、很吵，我不願管制他們，因為一管制，多了限制，
　　學生可能會怕開口、怕老師、怕數學或怕上學。所以
　　我選擇目前的方法，讓他們在這個環境中感受到自由、
　　可以自由說話、自由行動。同時也慢慢感受到要有禮
　　貌、彼此尊重及遵循發表規則的文化。（頁72）

　　這位陳主任強調，過去的經驗讓她有信心，所以她願意等

候，她說：「與其抹殺了學生的潛力，我寧願讓他亂以等待討論、民主素養的出現」（頁72）。

除了懷著信心等候外，創造討論文化可以考慮以下的實際做法：

(2)示範討論或從結構式的討論做起

研究中的兩位老師都認為學生帶領討論的能力有限。就學生的年齡與經驗而言，帶領討論與思考討論的確是一項挑戰，但它並不是無法超越的挑戰。曾慧佳（民 87）在師範學院大三的教材教法課上實際運用所謂的「討論教學法」來幫助學生體會如何進行討論。她認為這種教學法，「成功的首要條件是要靠事先設計、規劃好討論的子題，循序漸進的引導，才能成功的進行」，她並且分享她的實際體驗：「討論時，倘若只靠臨場反應，討論通常會淪為意氣之爭或變成辯論而失去重心」（頁327）。這樣的研究結果提醒我，大學生進行討論都需要引導，何況是幼稚園和一年級的孩子？其實，這兩個班級裡的團體互動都已有一定的程序，老師也常常藉著發問來示範參與討論的方式。只是，活動雖有程序，問答本身卻沒有討論的程序，反而受制於既定的活動程序。從其間發生的問答情形來看，在一年三班裡，討論很少發生的另一個原因是學生提的問題多為「假開放性」的問題，因此在一個 IRE 序列後就結束了，學生判定對錯後也沒有討論的餘地。陳老師在最後提出兒童生活經驗貧乏做為學生談話無法延展的解釋，那麼，**其實可以先從讓學生分享既有經驗的討論主題開始**。這麼做，除了能瞭解兒童的經驗，也可以創造出較多未知的探索空間。在這個情境裡，無論是由老師或小老師來帶領活動，老師都可以藉由提問來示範討

論進行的方式，或者先以結構式的方式來進行討論。

　　第二章提到，Palincsar與Campione（1993）提出運用四種具體策略來幫助一年級的學生以對話方式建構知識的教學方式，這些策略包括：(1)提問、(2)摘要、(3)澄清、(4)預測。步驟與步驟間是參與者的討論，前三項由帶領討論者做統整的工作，最後一項則是帶領討論者邀請參與者提供意見。幾天後，研究者發現，這些策略的使用主要是因著言談內容和言談本身而出現，而不是固守原來的程序。此時即便老師在進行其他方式的閱讀，學生也會提出問題或預測（頁52）。Palincsar與Campione認為，這樣的轉變顯示，學生已經超越對討論策略做儀式化使用的層次，進而能夠掌握原則、主動地運用討論策略。

　　一年級的老師可以自行設計並示範類似上述的結構式討論，等到學生掌握了討論的原則，創意的運用它時，結構自然就會產生各種變化。幼稚園的孩子或許不適合步驟繁多的結構式討論，但是老師仍然可以把某次討論的內容，寫在大張的海報紙上，透過簡明的圖表與文字，讓孩子明白一次的討論如何多方向地豐富了我們對某事或某主題的瞭解（請參見下文中的「看牙醫」實例）。除了讓學生經歷討論，還要和學生一起對討論做後設的思考與討論。

(3)和學生討論「討論」的價值與實踐情形

　　這個研究裡的兩個班級互動中少見討論發生的理由，除了這一章裡已經討論過的各種限制，還有一個關鍵點，即討論的意義對這群師生而言究竟是什麼？如果學生不明白老師安排她們擔任小老師或分享者的意義，就很可能導致班級文化一再地在互動中重現的局面；而延展對話、深探主題的情形就永遠不

會出現。老師可以在討論活動進行後，引導學生思考討論的意義與價值。這樣的價值漸漸成為共識後，在討論活動進行後，老師和學生對活動進行後設思考，才能不斷地幫助學生認識不同的說話與行動方式。我相信已經具備後設溝通能力的幼稚園和一年級兒童，也慢慢地能思考團體討論的意義，將這種思考轉化在實際的行動上，明白此刻是整個團體一起在運用話語解決問題或分享資訊，或許就不再會只關心自己想說的話有沒有機會說出來。

對討論之意義與功能的認識如果是在上述由老師和學生共同訂定互動規則的班級文化中進行，學生便更容易由實踐與思考兩方面來體會：規則的存在是為了幫助討論的進行，並不是活動的目的，而規則也是透過討論而產生的。例如，在這種共同協商的班級文化裡，團體討論的空間安排就是一項師生可以共同決定的事。綿羊班的師生或許都曾經感覺到分享或討論的圈圈太大，小朋友的音量不足，使得很多幼兒因為聽不見而造成參與的困難。如果老師能提出這個困難處，小朋友或許能根據自己的分享經驗，提出適切的建議來解決這個問題。

㈡積極看待學生的個人經驗在課程中的位置

　　我們必須捨棄將某科目看成某種在兒童經驗外的、固定的、現成的東西這樣的觀念；不要再把兒童的經驗想成某種牢固、容易生成的東西；而是，將兒童的經驗看成某種流動的、正在生成的、有生命力的東西；…【那麼我們就會】瞭解兒童和課程只是界定同一過

程的兩端…【他強調】就像兩點決定一直線，兒童目
前的位置和要學習的事實與眞理就界定出教學。【教
學】是一種持續的再建構，從兒童的目前經驗向我們
稱之爲學習的、有組織的眞理體系表徵的那些東西移
動。（Dewey, 1902, p. 11，引自 Palincsar & Campione, 1993,
p. 55）

　　除了思考教室互動組織及其所在之各層脈絡所建構出的潛
在課程外，在這個研究中的學習也使我關注學生的個人經驗在
學校與學習中的位置。知識建構的社會性質啟發我們不斷地提
出這樣的問題：在互動中建構出的知識是否只是教師知識或教
師所詮釋之文本知識的再製？或是如同 Searle（1984）根據鷹架
的隱喻而問的：究竟是誰在建築誰的建築？（引自 Cazden, 1988,
p. 110）對於教給學生釣竿（學習方法）而不是給魚（知識灌輸）
的隱喻，我的想法是：如果學生不想釣魚，想做其他的事呢？
我們如何在老師界定為重要的事與學生想做、想談論的事上找
到一個雙方都樂於參與的點呢？
　　在這兩個班級裡，為了維持進度，為了因應作息時間的壓
力，老師常常中斷學生對個人經驗的敘述，或是選擇忽視某些
學生的發言，因為她們認為那是與正在討論的主題無關的話題。
老師們卻忽略了，在這種刻意控制學生發言的互動過程中，一
來一往的對話內涵大多是關於常規的提醒。在學校的正式課程
裡，學生即便有了發言的位置，發言內容仍然受到老師各種程
度的控制，學生的敘述不見得會得到老師的認可，也很少有機
會成為課程的一部分。這樣的狀況在互動內涵與參與結構預設

程度高的課程取向裡更是常見。就像杜威和其他學者一樣，我想，這個研究裡的老師也很努力地思索著「在追求預定的課程目標時，如何在容許探索、發現，和維持教師控制之間達到妥協呢？」（Dewey, 1902; Edwards & Mercer, 1987, cited in Palincsar & Campione, 1993, p. 51）。

從第一節的討論看來，在小學裡，課程進度的壓力並不是單靠老師一人就能因應的；但幼稚園裡的課程取向卻是四位老師可以自主決定的。**無論要不要面對家長與學校對課程範疇的要求，我認為老師都應該更積極地看待學生的個人經驗在課程中的地位。**相較於小學老師，課程決定自由度較大的幼稚園老師應該較有空間實踐這樣的想法，其實卻不然。在這個幼稚園班級裡，對當日偶發事件的討論、日記圖分享，照理說是以兒童經驗為基礎的團體時間，但是大部分的談話內容卻還是老師認為「應該做的事」，如常規、分享經驗的方式、以圖畫記錄生活的方式、處理爭端的方式等。

最後一次訪談幼稚園裡的兩位老師時，她們告訴我在課程上有一項「比較大一點的突破」：

> 以前我們是先把題目都定了，我這兩個禮拜我上什麼都固定了。這個學期我們就只訂三個主題，那這個主題大概，比如說「快樂的…」，好，那點點點下面是什麼，那各班妳去發展，總共有六個禮拜的時間。那我們班來講，我們就是跟小朋友來討論，你一個一個講出來，你認為最快樂的是什麼，那我們就挑出來，我們可以上的，可以在學校來進行的，比如有的是說，

她打水球最快樂，那有的是看書最快樂，這樣子的話，
我們就盡量往這方面去發展。（錄音，1998-4-23）

這樣的改變，章老師表示，是在研討會（1997-12-10）裡聽
到各幼稚園裡不同的課程取向提醒了她們嘗試「不是那一天才
接觸到」的方式。主要還是她們感覺過去的方式「我上起來覺
得很侷促，它都是每兩個禮拜一個單元，那上的非常，我自己
感覺很擁擠，覺得上一點點，馬上又要趕下面的。我想上學期
你們也有來拍，大概也會有這種感覺。那上起來感覺是說，老
師也覺得很趕，很快我上到這裡我就必須喀掉，那上起來是」，
小張老師接了話：「覺得就是上得不夠深度啦！」看來，這個
小張老師笑稱我「沒有參與到」的改變似乎在課程決定過程中
讓孩子的切身經驗有了更重要的位置。這樣的新方向，讓人精
神為之一振。

其實，幼稚園與小學的老師都常常以兒童已有的經驗為基
點來打開話題，運用各種方式來聯繫舊經驗與新知識，這並非
新的理念。但是上述杜威在這個世紀初就提出的洞見，仍然是
非常有力的提醒。在幫助兒童「從目前的經驗向我們稱之為學
習的、有組織的真理體系表徵的那些東西移動」的過程裡，老
師可以更積極地為孩子開闢分享並聯繫個人經驗的空間：

1. 給予兒童更多敘述個人經驗的機會，幫助兒童運用各種
   方式較完整地表達這樣的經驗。一次讓每個孩子都有機
   會說，不如讓孩子分次輪流做較長時段的分享。
2. 跨情境地延伸對兒童經驗的討論。如，在日記圖分享時

　　段裡提到的經驗，不見得就只在那個時段討論。老師的記錄與兒童的記錄都可以延伸到其他的時段。這樣的方式可以避免學習成為一個個不相干的點，幫助兒童在知識建構的過程中掌握意義的脈絡。第六章裡所描述的，陳老師在一堂課與一堂課間「移花接木」的做法，在沒有硬性節次規定的幼稚園裡，或許更容易實踐。這樣一來，或許我們更能幫助幼兒，像杜威所說的「持續地再建構，從目前經驗向我們稱之為學習的、有組織的真理體系表徵的那些東西移動。」

　　此外，老師也可以定期地以簡明的圖文，幫助學生看到自己的經驗和所建構的知識之間的各種聯繫。我相信，就像對討論的後設認知一樣，對各種經驗間的關係做後設思考，對兒童在自主學習的路上前行將有莫大的幫助。以下就是我提出實踐上述建議的一個實例。

(三)將分享式的團討看成經驗與課程之間的仲介活動：一個實例

　　在學校活動裡，我認為分享式的團體討論（如研究中的日記圖分享）正是仲介學生的個人經驗與學校課程的重要活動。在學校生活裡，分享式的團體討論是一個非常特別的互動情境，Cazden（1988）認為幼稚園裡的分享時段有以下三個特別之處：(1)它是「小朋友可以創造口說文本的唯一機會」；(2)它是「關於校外經驗的話語被視為相關的唯一時段」；(3)它是「製造個

人經驗之敘述的脈絡」（p. 8）。在課程預設程度低的學校裡，如第二章提及的幾所幼稚園，團體討論通常是發展主題、深化學習與決定後續活動的關鍵活動。對章老師和張老師而言，日記圖分享的目的是什麼呢？張老師說：「禮拜一的早上，本來就是一種收心操。我們禮拜一，不會說老師給你很多東西。我剛才說收心操就像是一個統整啦！到第二天才是正式要上到這個禮拜要上的東西。」（錄音，1999-3-11）

這樣看來，日記圖分享似乎與課程發展的關聯微弱？

我：所以，基本上，日記圖分享就是比較說讓他們把
章老師：生活經驗，
我：生活經驗分享出來。跟課程的話，不見得說會
章老師：一定很關聯。（錄音，1999-3-16）

章老師還提到，單元討論的談話常會影響孩子在生活中關注的事物，繼而也影響到日記圖的內容。例如，在單元主題是交通安全時，「我記得他們後來都很喜歡畫那個車子，他們就會比較注意那個車子，～那車子什麼牌子、什麼顏色啦，他們慢慢會有印象。以前畫的畫，他去高速公路上，可能只有他那一部車子，透過單元以後，他畫的時候，旁邊可能就會多畫些什麼。」（錄音，1999-3-16）

我認為在像綿羊班這種課程預設程度高的班級裡，容許兒童得以帶入自己的經驗、自行決定談話主題的互動情境顯得格外重要。原先的影響總是單方地由老師安排的課程影響到孩子的生活，而分享式的團體討論正好可以由孩子的生活來影響學

校的課程，並與其他活動發生聯繫。也就是說，**如果學校課程要成為兒童經驗的一部分，首先，兒童的經驗必須成為學校課程的基礎**。老師如果在這種團體互動情境中回應適切，將會使這個活動具有以下四種潛力：(1)聯繫個人經驗與學校課程；(2)幫助兒童認識討論如何深化、延展學習；(3)幫助兒童探索各種敘述與表達方式；(4)由預設程度高的課程漸漸轉型為以兒童經驗為基礎的課程。上文曾提到綿羊班的課程走向已發生小小的改變，章老師說她們「原本要走方案，但是大家會有一個困擾，這樣大的散下去的時候，怎麼做的一個問題」（錄音，1999-2-11）。從分享式的團討裡，她們應該可以找到方向。

以下我便用前言二中「看牙醫的經驗」為例，說明如何實踐上述的各項建議。

老師原先預設的主題是談論身體，牙齒的健康是其中的一個部分。老師可以在一個月中選取幾次另一位老師能夠在旁記錄的時間，以手寫筆記或錄音的方式記錄兒童的話語。經過像看牙醫之分享式的討論後，老師可以把兒童對看牙醫這件事的各種敘述摘要式地寫在長條紙上。接著，可以在一張大海報紙上，把概念相近的話語放在一起，以較大的字體寫出類目（如圖 48）。如：小明說：牙醫師幫我麻醉，曉蘭說：我嚐了像草莓果醬的麻藥，小華說：牙醫師先讓我的牙齒睡覺，再把牙齒拔掉，這三句話就可以構成拔牙程序之一的「麻醉」這個類目，而拔牙又是牙醫做的事之一。在海報紙上預留的空間裡，老師和小朋友隨時都可以為這張大網加上新的圖畫、文字或其他的物品。如，在牙醫診所這個類目下，兒童可以畫出對診所環境的印象或是貼上從診所帶回來的物品。老師可以不斷地把後續

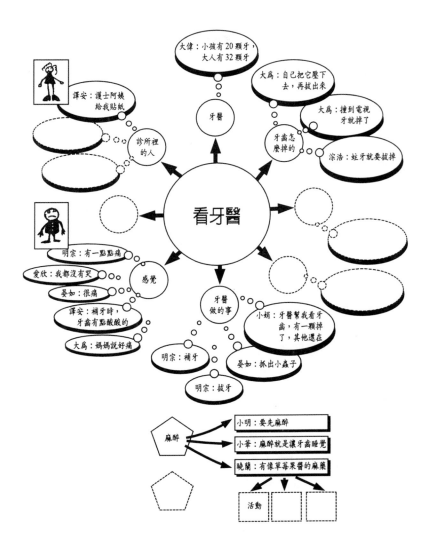

圖 48　由討論轉化與建構的主題網

討論或活動裡兒童的話語、圖畫或其他物件再加貼到網上。具體呈現的圖與文字，並不是用來記憶或念誦，而是幫助孩子看見自己的話對於團體討論的貢獻，看見別人說的話和自己說的話是有某種關係的。隨著討論活動的進展，孩子可以看見討論的內容越來越豐富，而某些類目則越想越細。

　　一般常用的主題網多由老師記錄而成，我的建議是**讓老師和學生都能實際參與主題網的製作**，這樣一來，平日不喜歡說話的兒童也能用其他的方式在網上表達自己的想法。具體地看到自己的話放在一群大家說出的話裡，兒童將更能體會什麼是討論、察覺話語間的關係、以及自己的經驗和每日的活動之間的聯繫。在兒童看到討論中的話語一段時間後，老師可以把原來的話語從網中拿去，留下主題下的次主題，以便邀請更多的學生參與網上的表達，添加更多自己的經驗。在過程中，老師如果在與全班的討論中，或是在其他情境裡察覺兒童對某種現象或話題格外感興趣、談得特別多，或許可以針對這些主題，對如何找尋更多的資訊（如參觀、查詢書籍、詢問相關的人等），或想要進行哪些活動（如扮演遊戲）再進行討論。在將想法付諸行動與不斷討論的過程裡，下一個主題可能就會出現了。也就是說，原先由老師預設的主題討論，透過兒童分享個人經驗的團討，將有潛力引發由兒童想到的新主題，展開新活動。

　　其實，在一些幼稚園裡，幼兒經驗分享已是排在課程中的一個常設活動，但是這樣的分享如果只是一種「收心操」，沒能和其他活動產生聯繫，就非常可惜。如前述，**經驗分享式的團體互動本身既是一種完成，又能仲介師生經驗與其他活動**。從這個研究裡可以看出老師對兒童話語的回應，的確很有潛力：

「在學校生涯的早期，把判定何謂適切的學校說話方式，甚至是合適的說話主題的新標準，灌輸在學習者身上」（Cazden, 1988, p. 16）。何謂學校、何謂學習、何謂知識其實也在師生互動中不斷建構出來。分享式的團體討論提供了一種難得的情境，於其中，兒童成為師生中擁有較多資訊的那一位，或許比較容易因為「較有資訊者」的角色互換，而發生說話者彼此地位較為對等的探索性言談。透過這種角色的經歷，看到自己的話語對班級活動的貢獻，兒童應該能夠漸漸明白：學習乃是師生都要進行、都能參與的事。

三、再思

㈠社會價值觀與教室互動：再看動機、規則與規範

　　在詮釋一年三班由小老師帶領的國語課時，我認為班級文化裡老師對互動規則的強調和訂定的獎懲制度影響了學生的慾望或動機，導致在上課時學生只看重獎卡，不顧他人發言的現象。對於社會價值觀對教室互動的影響，我只提到非直接衍生於班級的課業成就的壓力，導致學生也擔心時間和進度的問題。陳老師則是從社會的其他價值觀來解釋這種同儕互動的現象。她認為「真正的規範是無形的那種～是人跟人之間的親密與尊重」，而孩子雖然語言程度一屆比一屆強，但是社會上功利、自私、冷漠相待的風氣對學生心態造成的影響導致孩子的「心卻一年不如一年」，這是造成孩子對他人發言反應冷漠，上課常喊無聊，而老師不得不強調規則的主因：

陳老師：我跟你說，沒有老師願意用那種手段或願意很強調那個（指設法讓學生守規矩），如果說我們能夠基於人與人的尊重。我一直覺得孩子他不懂得去尊重人，～這在一個功利社會底下的時候，他們的心，你沒有一個東西去 push 的時候，他是不動的。他甚至常會覺得無聊，這是我跟另一個老師談話之間想到的，不是看到你這個（提到另一個男老師告訴她五六年級的孩子常說無聊）。我就說我們一、二年級就喊無聊，我們班一大早早自習就跟我喊無聊。那我就覺得說，一顆無聊的心，是因為他沒有專注，他沒有被激發，～因為他的心沒有一點說，看到青山綠水，看到一個小小東西，可以讓他喜悅，他不去尋找。

我　：我覺得這就是關鍵，我的意思是說，我看到的教育現場裡面，我覺得我們沒有機會把一個孩子養成說，他可以找到他的興趣，然後不覺得無聊。

陳老師：我覺得你們好像要探討的是知識性的一個結構學習，我的感覺是這樣，你好像沒有把一個人心理上的那種想法再去發掘出來。我覺得我看到的只是說：知識的建構零零落落，又用很權威的手段去限制，可是我覺得知識背後推動的力量我看不到。

我　：比如說，這個班級氣氛？

陳老師：對，它是為什麼可以讓一個孩子可以漠視於，不像我們以前真的是不敢，我們真的乖乖看著老師，看著發言者，

　　陳老師再次強調說：「就像一個班級氣氛，背後推動的力量，受整個社會價值觀的影響，其實老師也是滲在裡面的，我們跳脫不出來。」陳老師表示我的確說明了在什麼樣的脈絡下會讓老師選擇注重秩序，「但是我是覺得說，在人性上我們是不是都會那麼去在乎？這個社會規範讓孩子這麼一個行為的塑

造不只是在教室裡面，他一個聽話的態度，他對於別人發言時的那種漠視、冷漠的態度，其實這個社會，人與人之間，對面發生什麼事我們都不知道。」我表示雖然自己對台灣社會與台北生活有一定的體會，「但這種聯結要有根有據，不能說社會裡的某個層面就是和這個班的某個層面有必然的關聯。」

陳老師認為從學生之間的互動，彼此不願分享不願幫忙的狀況，就可以觀察出這種冷漠的心態。也就是說，她認為某些社會價值觀對學生的影響不必外探，因為已經在班級裡的同儕互動中體現出來了。**陳老師的回應的確提醒了我在描述班級文化時沒有適切著力的一個層面──師生關係和同儕關係。**在我的印象裡一年三班的孩子總是搶著要幫我收拾錄影器材，有時還自願幫我拿著機器，走過長長的走廊，問了好幾次我還會不會來，才說再見（回溯筆記，1997-5-13）。下課時也總是有孩子圍著老師，就是想和老師說說話。此外，我在訪談學生時，大半由孩子主動選擇一起接受訪談的夥伴，每次三人一組的訪談因而多半看到孩子間關係良好。我以為理所當然的師生與同儕關係卻成了無力再仔細深究的一個層面，因此對陳老師的觀察也無法提出具體的回應。

只是，這個回應還是回到這個研究原先的發想點：我們的教育讓孩子無法自主享受學習嗎？該怎麼辦？如果陳老師已經體會到社會的功利價值觀不但造成孩子冷漠，影響所及連老師**也跳脫不出來**，我認為她其實已經在跳脫的路上。挑戰文化不正是教育該做的事之一嗎？深知互動的力量之後，難道我們不能藉著互動形式的小小改變漸漸創塑出新的班級文化嗎？而陳老師所說的，**知識背後推動的力量**究竟是什麼？陳老師如果已

經察覺到互動發生前就存在的影響力，互動時不就應該往與這些影響力抗衡的方向走嗎？在一種由規則來界定參與方式的情境裡，兒童如何能夠發展出自主學習的心？如何能夠找到自己真正願意投注心力學習的事物呢？宋海蘭和林惠文（民 83）談論幼稚園教師與幼兒的溝通時，提到信任與需求要比實際進行的口語溝通更為重要。許玉真（民 88）研究中的陳主任在立意創塑班上的討論文化時，也非常看重師生間的信賴與親密感，努力塑造讓學生感到安全的互動環境。這又是另一個我的描述裡可能不夠明顯的層面。從學生對陳老師的描述和陳老師願意接受「眾花離枝」式的同儕談話現象來看，陳老師其實已經營造出一種接納的互動環境。

當我詢問陳老師，依照她對同事的瞭解，「其他老師來看這種東西（指研究報告）有沒有用？」時，她說：「對她的轉變很小。～就像是，我滿能接受不同的東西了，可是說真的，一個老師要做某種程度的改變，除非它是非常立即有效的，這倒是有可能，可是她願不願意去做，這意願是非常重要的，不管你方法多有效。」

　我　：什麼樣的東西會讓小學老師比較願意改變呢？
　陳老師：我說立即有效，而且是最大的利益。現在為什麼老師不願意做改變？因為安於現狀對她是最舒適最安全，她可以掌握教室更大的權力。不是說物質的那個利，～，就是說，可以讓她說，我老師在這裡可以獲得最大，學生又可以進行的很好、學得最多，我又可以最輕便、最有效的方式，我

又不要那麼累，我覺得人都是從這個方面來考量，
不是嗎？

　　如果我們在對現狀不滿意的情況下，仍然尋求最便捷、快
速的方式（如設法運用規矩或技巧來壓制吵鬧的聲音）來解決難處，
在這樣的想法與做法下日復一日進行的教室互動不是會使孩子
更沒有機會重塑學習的意義嗎？不過，我想陳老師敘述中所指
的一般的老師應該沒有包括她自己。她的教學常常都不是使用
對自己而言最「不累」的方式，而是她認為對學生最有幫助的
方式。

㈡小改變造成的可能性：再看討論

　　相對於陳老師對改變的看法，幼稚園的老師卻表示這個研
究對她們而言是有用的：

我：像妳有參與這個研究，對你的教學或是說，有沒有用？
章老師：有啊，當然會有幫助啊，就像剛開始，我也跟您
　　　　提過說，沒有看錄影帶，不知道自己的盲點在哪
　　　　裡，那看了以後，當然會，多少會有一點省思嘛，
　　　　會覺得說，哪一方面真的是說，自己比較，好像
　　　　說，比較傳統式的，比較權威式的，雖然是說，
　　　　我們下意識裡面不想這樣子，但是我們從傳統裡
　　　　面走出來就是這個模式，就像您跟校長的比喻一
　　　　樣的。我很想開放出來，但是有某種侷限，有某

種顧慮，我還是會這樣子做。尤其，我從那麼傳
統的教學這樣子過來，

　　章老師認為自己的教學和過去自己擔任助理時並沒有很不
一樣，她認為過去的影響還在，「尤其我們上一代自己所受的
教育下來的，我覺得都是一種影響。」有時候，「需要一些實
驗精神啦，去配合」，她笑著說。接完電話回到我們中間的張
老師問：「誰啊？」

　　我　　：我在問大章老師說，這種研究有沒有用啦！
　　章老師：會有改變啊！
　　張老師：對啊，我看了我都自己要檢討。
　　我　　：檢討嗎？
　　張老師：我會想說，ㄟ，我有很多的，方式喔，還有我的
　　　　　　說法，就是我說話的方法，我有時候覺得都要修
　　　　　　正。～～～

　　我又問她們如果沒有參與這個研究，讀了這個報告「會不
會有一點用？」

　　章老師：我想就是說，就像她剛剛這個角度這樣子。她看
　　　　　　到上面雖然記的是我的，她會反省她是不是有這
　　　　　　樣子。那記得是她的時候，我也會想說，我有沒
　　　　　　有犯這樣子的問題。我這個是不是做的一樣好，
　　　　　　或者說我哪裡做的不夠（張老師說 um），我想多

少都會有這樣子的作用啊。

討論帶來的改變常常不是立即可見的。1997-12-10 我在任教的師院一場幼教老師的研習會上以「從幼稚園的教室互動談教師的角色」為題,分享我對教室互動的看法時,章老師在中場休息時,走到我身邊告訴我:「原來想站起來證實一下,確實是給我們很好的理念。」改變是長程的,就像Cazden(1988)所說的,「面對不同的、另類的想法時,無論這想法是來自成人或同儕,我們都不能期望這樣的面對能引發立即的改變」(Cazden, 1988, p. 128)。這樣看來,即便是「眾花離枝」的談話現象裡,就像陳老師認為的,學生可以聽到多元的想法然後自行取捨,也有創造想法改變的可能性。不果,如果不能從建議中提及的層面來考量,這些想法的命運仍然只是隨風而去。

表面上看來,我和三位老師之間的討論有很多地方都沒有共識,但卻都大致明白了彼此的立場與想法。這個研究企圖引發的改變好像沒有立刻達到某種理想的境地,但也不是全然沒有後續發展力。改變不但是長程的,而且是由小及大的過程。某些情境之互動方式的改變可能引發行動者看到環境中其他模式與這種改變背後之理念的衝突,而力思突破。不過,就像Cazden(1988)對差別對待的觀察,某種教室現象如果對老師具有一定的功能,它就很難改變(p. 95)。陳老師所說的「舒適、安全、最大的權力」,就是使得某些老師不想改變的因素之一吧。章老師和張老師所描述的課程模式的改變雖然不見得和這個研究的進行有關,但是其走向和討論的精神是類似的──為老師和學生從實際的互動中建構出的課程留下越來越多共同探

索的空間和彼此學習的機會。

(三)對研究者角色的省思

1. 研究目的

　　關於研究的第四項目的，玉玲閱讀時用鉛筆在空白處輕輕地問了：「是否進入研究現場前就預期看到的互動會不太理想？」我預期看到需要改變的現象嗎？在某個程度上是的，我在進入現場前已有參觀或長期觀察小學及幼稚園的經驗。但是玉玲的提問也是適切的，我不能因為過去的經驗就假定這個學校裡的互動現象必然是需要改變的。再說，一種互動情境是不是理想，也不能在一、兩次的觀察後就下斷語的。不過，我原先的企圖並不是要改善不理想的互動，而是想要看到更多互動地位較對等的討論。但是，這個企圖的展現卻令陳老師感到不太滿意。

　　陳老師讀了初稿之後，再三強調：小老師帶領的活動，「之所以會提前，也不純粹是配合你的研究，所以我覺得說改變，我沒有什麼改變」（錄音，1999-1-29）。我對陳老師的澄清表示感謝，但也告訴她，我的詮釋除了是根據她在三方會談時說出的話外，也因著我認為「提前」也是一種變奏。事實上，任何一種改變都不可能有單一的因，是不是因為研究而起，並不是重點。陳老師強調自己並不是因為研究而做了改變，可能是由於她對研究目的第四點的質疑。她認為「在那個過程當中，你好像也不會刻意引導我們去思考說，另外一種改變是不是有可

能。」我對陳老師說，我認為自己已經清楚地表達看法，也的確提出了建議，但陳老師認為那樣是不夠的。陳老師好像在抗議：可是你並沒有告訴我們怎麼做。但這正是我選擇的位置呀——我不想刻意告訴老師們該怎麼做，而是，我想和老師討論可以怎麼做。就像第三章裡提及的，我不想以師院教師的身分來干涉老師的教學，而想以同為教師的身分進行討論。我向綿羊班的兩位老師分享這樣的困境，並說明「我一般教學或什麼，我都不太願意給人家一個清楚明白的綱領，而希望看說，怎麼玩，怎麼走出來，」章老師笑著說：「按照教育上來講，應該是這樣子最好。」我自認並沒有教育這些老師的企圖，也不覺得自己有這樣的能力，但是的確也懷著某種企圖涉入這兩個教育現場。我以為讀過研究計畫的陳老師應該知道我的企圖。雖然在我的說明之後，陳老師笑著說「我瞭解這也是妳的風格」，對於我的總結：「可能是我的企圖表達的方式就是這個樣子」，她也表示：「我可以理解。」（錄音，1999-1-29）。不過期望使研究過程本身也成為一種討論的我，似乎還是應該更明確的告訴其他的討論者，我想採取的姿態與角色，或許她們會對這樣的做法提出更能幫助彼此的建議。

2. 研究倫理

　　幾位研究生幾乎都對我進入現場，得到老師與家長的允許，卻沒有事先詢問兒童是否願意接受觀察感到質疑。我坦承：沒有得到兒童的許可就進入教室觀察是一項錯誤。我其實可以和孩子說明我要在教室裡做些什麼，得到允許之後，或許會從她們的反應裡瞭解她們被人觀看的感受。不過，對兩班的孩子進

行訪談前，我們都先詢問她／他們願不願意和我們談一談，一年級的孩子爭先恐後是因為要逃避午睡；而幼稚園的孩子總是說：「好啊！」分享這個錯誤提醒自己和其他研究者，只徵詢成人同意就進入教室觀察，其實是片面地剝奪了孩子拒絕被觀看的權利，也顯現成人對孩子被觀看這件事過於視為理所當然的霸權心態。我雖然自認觀看的動機單純，也確信不會對孩子造成負面的影響，因為沒有事先詢問，還是不能規避不尊重孩子之意願的罪名。

四、對後續研究的建議

根據我在這個研究裡的領會與經歷，我提出以下的建議：

㈠對研究主題的建議

在這個研究裡，有些現象雖有觸及，但卻因人力與時間的因素無力深究，希望我自己或其他感興趣的研究者能繼續開發對以下這些議題的探討：

1. 兒童的個人經驗在實際的課程與課程發展過程中的角色
2. 同儕私下互動在教室互動中的社會與認知功能
3. 互動形式與學生參與對國小一年級學生語文認知的影響

上述三個主題，第一個我已建議國北師院課程與教學研究所的研究生王瑞馨進行研究，她對社會科教學較感興趣，因此暫擬的研究方向是：兒童的個人經驗在國小社會科課程中的角

色①。第二個主題是我在這項研究中原先想探討的層面，但因為人力不足（助理皆為兼任），以及試了幾次讓兒童佩戴無線麥克風，發現這個做法對教室活動造成干擾後，只好放棄對這個層面的仔細探討。

　　第三個主題是我在閱讀資料時發現的現象。二年級的學生造句時，同學常針對文句指涉的實質意義提出質疑。如，有小朋友造出「弟弟覺得很奇怪」的句子，同學便舉手質疑：「你又沒有弟弟！」陳老師便說：「小朋友，你不要挑剔小朋友寫的或畫的東西，你要針對她的文字上看不懂的地方去問她。因為這是造句，有時候她造的是個假設的狀況，你不一定要去追問她喔！我是說，她的文字上，詞語上你看不懂的再問。」（錄影，1997-11-7）。我在訪談陳老師時，詢問她自己有沒有注意到這樣的情形。陳老師的詮釋是，這仍然是在進度下她不得已的做法，她害怕一直爭辯下去，一堂課造不了幾個句子，而且評論自己的做法是「比較規範性的」。我向她分享我透過Vygotsky的論述對這種現象的解釋：我認為她正把兒童的注意力轉移到文字本身，要孩子注意文字與文字的關係而不是文字傳達的內容。就像是 Vygotsky 所說的，在學校教育裡有一種特別的溝通形式，在這種溝通形式裡，字的功能和字在其他形式之溝通裡的功能是不同的。Vygotsky 認為在學校某些形式的教學裡，兒童學到「字義」（"word meaning"）並非透過對事物或現象的直接經驗；而是透過其他的字。Minick（1987）指出：「在這些溝通

────────────────

① 　王瑞馨的研究已於民國八十八年完成，論文名稱為《國小一年級兒童之生活經驗在國小社會科課程中的角色》。

情境裡，字的功能不再是溝通的媒介；而是溝通活動的目標；兒童的注意力被明白地導向字的意義，以及字義與字義之間的關係。」（p. 27）。透過此種形式的活動，字有了新的功能，這樣的功能則促成「字義」的形成，也就是 Vygotsky 所說的「科學概念」之形成。陳老師對於我的分享十分贊同，也感到驚訝，她說：「妳好細心喔！我都沒有想到這樣的問題。」（錄音，1998-4-30）。這個部分是在我的研究和所閱讀理論交會之後，意外跳出來的點。我無法深究，但是，Vygotsky 將「字義之新形式的萌現」與「兒童在新形式之社會實務中的參與」聯結的分析架構（Minick, 1987, p. 27），應該是教室互動研究可行的方向之一。

此外，職前訓練對準教師及其對學習與知識的認定有何影響（如，章老師提及過去經驗對她的深遠影響）、師資培育機構裡的教室互動（如，陳老師提及在研究所裡少見真正的討論）、角色暫時逃離等議題在這份報告中雖有觸及，但卻沒有深入討論，這也是其他研究者可以專題探討的現象。

□對研究方法的建議

質性研究方法裡，永遠有創造的空間，它是一種藝術，我對於各種蒐集與分析資料的方式抱持審慎但開放的態度，並不打算在此提出建言。基於在這個研究裡有一個星期因為資料的處理不夠有效迅速而受困的情形，我希望再次提醒質性研究者：無論使用何種方式來蒐集資料，務必立即處理與管理。像這種歷時較久的研究，資料的囤積（哪怕只是一天）不但是一種心力

與時間的浪費，而且在研究的進程中似乎像一種「罪惡」般，帶來恐懼與焦慮。因為自己辛苦度過這種不盡理想的處境，所以再次提醒閱讀這份報告的研究者：千萬不要在還沒有將已有的資料初步消化與處理之前，就為了怕錯失訊息，急著再步入現場。藝術的基底，其實是很多細瑣的技術性工作，處理與整理資料雖然相當耗費時間，但如果這些工作沒有做好，詮釋的力量與美將只會是一種夢境與幻覺。

　　資料的處理與管理，具體的說，就是 Walsh（1998）所說的，「建立資料記錄」（"Constructing a data record"），包括將手寫、速記的資料寫成較完整可辨的資料，將錄音帶、錄影帶轉寫成文字，或如我在第三章裡所提到的，寫出每次現場工作產生之手寫、錄音、錄影資料等的大事記，以做為進一步轉譯的參考。真如 Walsh（1998）所說：「面對成堆的原始資料，就算是有經驗的研究者也可能為之喪膽。」（p. 131）但願我自己和其他研究者認真記取這樣的提醒，不必踏上喪膽之路。

　　此外，我也建議其他研究者不但要在研究歷程間，和現場行動者分享自己暫時的詮釋，在報告初稿完成後，也要請她／他們再提供意見。讀者可以從這個文本中看到，現場行動者閱讀整份報告和過程中對訪談稿或觀察筆記的閱讀是不同的。人的話語與溝通無可避免地還是會受制於當下的脈絡，整份報告初稿將使行動者能夠從跨越多種脈絡的文本整體來檢視詮釋，她／他們的質疑、贊同或延展，將使研究中的互動更具實質，更能發揮深化詮釋的力量。不過，要求老師在繁忙的生活中抽空閱讀長篇報告實在心有不忍，陳老師、章老師和張老師或許是因為參與了這個研究，不忍拒絕我的請求。關於我對她們與

班級生活的描述，三位老師都表示能夠接受，如陳老師：「這篇是我讀得很高興的論文，而且我看得非常快速，～不純粹說因為它是描寫我，而是你那呈現的方式是我滿想呈現的東西。」（錄音，1999-1-29）；章老師也說：「還好啦，我覺得這是一種，等於是一種記錄嘛！」（錄音，1999-2-11）。孩子對研究者的詮釋會有什麼樣的回應呢？如果研究者期望和兒童分享自己的學習、和更多的老師對話，較實際的方式應該是將篇幅較長的報告，改寫為語彙和現場師生更接近的、篇幅較短的文本。在本書出版之際，我也希望呼應自己在兩年多前提出的呼籲「多方開拓教育質性研究報告的書寫風格」（蔡敏玲，民85），繼續嘗試建構出更能有效而深刻地與讀者（特別是幼稚園與小學教師）溝通的文本。

暫時的結語

> 我不是辯證論者。
> 辯證法認為：
> 樹葉現在不會掉落，
> 但它以後會飄落；
> 不過在這樣的過程中，
> 你自己會發生變化，而且不會再提同樣的問題。
> （羅蘭‧巴特，汪耀進‧武配榮譯，1994，頁173）

　　在電腦螢幕上打下「結語」兩個字後，旋即加上「暫時的」三個字。做了這個急促的動作，一方面是因為認清詮釋是永遠開放的變動歷程；另一方面，也因為聽了三位老師對初稿的想法後，在改動文稿的過程裡，又不斷地察覺新的詮釋角度，提出不一樣的問題。

　　對於教室互動這個繁複的文化現象，我在這個研究中的學習使我更深刻的體認到，「教育進行所憑藉的訊息交換媒介—

—語言，永遠不會是中性的」，透過師生和同儕互動，語言使用不但顯示了觀看世界的方式，也提示了運用心智的方式（Bruner, 1986, p. 121）。各種表徵系統總有其極限，但言談的力量驚人，卻也不容否認。就像 Gee（1990）所說的，它是說、做、想、感覺和價值觀的綜合體（p. xix）。教育現場裡的言談如何建構出學生與教師的角色？如何建構出學習的意義？對於這些議題，我仍然深感興趣，需要不斷學習。

回顧過去這三年來為了「討論」而進行的種種凝視與談話，真如方莘的詩句：「每晨令我踏上一程痛楚的忻悅」（引自羅青，民 73，頁 187）。

雖有這樣的體驗，我對於在教育現場裡透過語言使用來和既有文化進行協商或角力的可能性仍然懷抱著希望。確定的是，我和現場三位老師的討論，因著這個文本的寫就，又要展開。我也期待讀者和我自己在接觸這些紙上的詮釋時，不斷提出挑戰、質疑或其他的回應。一片葉子落下，是為了更清楚思索與提問的新方向。討論若能不斷展開，言談也才有持續成長的契機。而畢竟，就像劉康（民 84）對 Bakhtin 的理論所做的解釋：眾聲喧譁原本就是文化過渡和轉型時必然而健康的現象（頁 16）。

附錄一：訪談工作簡表

時間	對象	訪談者	地點	方式	重點
1996 9-29	麗淑（新任一年級教師）	敏玲	我家	筆記	初任教師組織教室互動的困難
1996 10-28	陳老師（一年三班教師）	敏玲	國北師院教室	筆記／錄音	經歷、對教室互動的看法
1996 11-15	（大）章老師（幼稚園教師兼園長）	敏玲	幼稚園教室	錄音	求學及工作經歷、描述一天的教室生活、對教室互動的看法
1996 11-15	（小）張老師（幼稚園教師）	曉雯 敏玲	幼稚園教室	錄音	求學及工作經歷、描述一天的教室生活、對教室互動的看法
1996 11-22	陳老師和章老師	敏玲 曉雯 淑萍	陳老師家	錄音、錄影（以錄影資料為討論重點）	對教室互動實況的詮釋與討論
1997 3-14	陳老師和章老師	敏玲 曉雯 淑萍	章老師家	錄音、錄影（以錄影資料為討論重點）	對教室互動實況的詮釋與討論
1997 3-18	一年三班三位小朋友	敏玲 曉雯	圖書室	錄音，給小朋友看她們上課時的影帶	喜歡上的課；喜歡陳老師或同學帶領的國語課，理由；上學的意義
1997 4-29	一年三班四位小朋友	敏玲 曉雯	圖書室	錄音，給小朋友看她們上課時的影帶	喜歡上的課；喜歡陳老師或同學帶領的國語課，理由；上學的意義

（續下表）

（承上表）

1997 5-8	幼稚園小朋友兆恆	敏玲	托兒所辦公室	錄音，給兆恆看他在日記圖分享時的情形（影帶）	請兆恆說明：這是什麼時候？大家在做什麼？你在做什麼？老師在做什麼？可以做什麼？
1997 5-13	幼稚園小朋友怡瑾	敏玲	托兒所辦公室	錄音，給怡瑾看她在日記圖分享時的情形（影帶）	請怡瑾說明影帶裡的活動、互動規則與她說話、摺紙的理由
1997 5-13	一年三班三位小朋友	敏玲	午休時間；圖書室	錄音	喜歡上的課；喜歡陳老師或同學帶領的國語課，理由；上學的意義
1997 5-19	幼稚園六位小朋友	敏玲	點心時間；桌旁	錄音	乖和不乖的意義 認真和不認真的意義 喜歡的教室活動
1997 5-20	一年三班三位小朋友	敏玲 曉雯	圖書室	錄音	喜歡上的課；喜歡陳老師或同學帶領的國語課，理由；上學的意義
1997 5-27	一年三班三位小朋友	敏玲	午休時間；圖書室	錄音	同上
1997 6-3	一年三班三位小朋友	敏玲	午休時間；圖書室	錄音	同上
1997 6-17	一年三班三位小朋友	敏玲 曉雯	圖書室	錄音	
1997 6-23	一年三班六位小朋友（一次三位）	敏玲	午休時間；圖書室	錄音	同上

（續下表）

（承上表）

1997 6-24	一年三班 三位小朋友	曉雯	圖書室	錄音	喜歡上的課；喜歡陳老師或同學帶領的國語課，理由；上學的意義
1997 6-26	一年三班 六位小朋友 （一次三位）	敏玲	午休時間； 圖書室	錄音	同上
1997 6-27	一年三班 七位小朋友 （一次三位，一 次四位）	敏玲	午休時間； 圖書室	錄音	同上
1997 6-28	一年三班 五位小朋友 （一次三位，一 次兩位）	敏玲	午休時間； 圖書室	錄音	同上
第二年					
★1997 10-15	幼稚園的四位老師	敏玲	午休時間	錄音；錄影	旁聽兩班老師進行教學研討
1997 10-20	幼稚園小朋友 （五位）	敏玲	點心時間	錄音	「乖」是什麼意思
★1997 11-5	幼稚園的四位老師	敏玲	午休時間	錄音；錄影	旁聽兩班老師進行教學研討
1998 2-11	校長	敏玲 瑞馨		錄音	1.簡單地說明研究在做些什麼。 2.對班級秩序的想法 3.對老師的期望

（續下表）

（承上表）

					4.對學校文化的感知 5.與老師溝通的情形
1998 2-19	校長	敏玲 瑞馨		錄音	接續上次訪談
1998 4-23	章老師和張老師	敏玲	午休時間		1.每學期要填的表格 2.教學模式的議題 3.榮譽章制度，教室管理 4.取消孩子參與權的理由 5.與家長聯繫的方式 6.關於資料的詮釋
1998 4-30	陳老師	敏玲	下午 2:00-2:30		1.小老師的議題 2.語言教學的議題
1998 5-6	訓導主任	玉玲 瑞馨	上午 9:20-10:20		1.訓導工作的內容 2.和老師的溝通方式 3.對常規的看法
1998 5-19	教務主任	玉玲 瑞馨	下午		1.教務工作的內容 2.和老師的溝通 3.學校文化
1998 6-24	幼稚園綿羊班的小朋友 （分三組）	玉玲 瑞馨 敏玲	午睡後的點心時間	錄音	1.上學的意義 2.在教室裡可以做什麼，不可以做什麼 3.在學校裡喜歡做的事

（續下表）

（承上表）

第三年					
1999 1-29	陳老師	敏玲	下午 1:00-2:00	錄音	閱讀初稿後的意見討論
1999 2-11	章老師和張老師	敏玲	上午 10:00-12:00	錄音	閱讀初稿後的意見討論
1999 3-12	張老師	敏玲	午餐後	錄音	再談各活動的目的
1999 3-16	章老師	敏玲	午餐後	錄音	再談各活動的目的

註：標示★的那兩次並非訪談，而是在獲得同意後旁聽並參與幼稚園四位老師的教學研討。

附錄二：觀察資料整理表（以 1997 年 10 月為例）

1997 年 10 月份錄影帶資料大事記要與工作狀況

日期	星期	原標示大事（加上敏玲對資料的疑問或評論）	資料蒐集者	大事記要	工作狀況
* 1997 10-6	一	討論玩玩具的規則 畫日記圖 9:33 李雲跑來問二年 17 班的教室 吃點心 *要改變模式，兩班老師要換班教學。 10:17 孩子來看攝影機 10:27 大章老師說，常規都還沒有建立好 日記圖分享	敏玲	8:50．玩玩具 9:10．開始畫圖 9:35～9:50 ．小張老師寫日記圖 9:58．點心 10:33 ．大章老師要孩子回家問，你是怎麼生出來的 10:42～10:52 ．日記圖分享	
1997 10-7	二	剛吃完點心 彈琴唱歌 討論課	敏玲	10:09 ．唱歌、比動作 10:12～10:40 ．討論「出生」 10:40—．畫數字	☆請玉玲轉譯討論的部分
1997 10-8	三	小熊班的老師和綿羊班的孩子	玉玲		

（續下表）

（承上表）

| 1997 10-8 | 三 | 【綿羊班的老師和小熊班的孩子】
玩「抓孩子的遊戲」？？？
小張老師講故事（小種籽）
小朋友畫圖
*小熊班老師問我會不會拍後面；「後面很亂，還沒有整理好」
*小張好像比平常放的開，參與結構比較有彈性，較多變化，孩子們非常有反應。
* 9:13 注意一位孩子的回應：「太陽，太陽也對花很好」
*很大的聲音，令人害怕嗎？ | 敏玲 瑞馨 | 玩「抓孩子的遊戲」？？？
小張老師講故事（小種籽）
小朋友畫圖 | |
| 1997 10-9 | 四 | 討論課：出生
「我覺得老師對我們很好，很喜歡她們」（孩子對小熊班老師的看法，玉玲非正式訪談兒童） | 玉玲 瑞馨 | 10:42．預備聽故事
10:44．小張老師講「辮子」的故事
10:45．有人來訪，小張老師離開
10:46．大章教做燈籠
10:49～11:20
．故事結束，準備「吃午餐」 | ★玉玲寫了大事記和觀察報告
★敏玲寫了初步分析記錄 |

（續下表）

（承上表）

1997 10-13	一	◉凍結畫面：8:55:11一對一互動 ◉凍結畫面：9:22:16聊天的孩子 ＊「你們四個屁股黏在椅子上」 ＊「被叫進來還不知道自己要做什麼」	敏玲	畫日記圖；戶外景；比較日記圖	★玉玲已轉譯比較、討論日記圖的部分。
1997 10-14	二	玩玩具；收玩具 9:41大章老師說血的故事 ＊跑遍教務處、總務處，借不到錄影帶。後來從教具處借到一捲，可惜攝影機又沒電了，只好以筆記的方式記錄 ＊8:41:56敏玲問彥軒:「你怎麼知道現在要做什麼？」	敏玲	8:51～9:01 ・唱遊 9:01～9:03 ・討論關於牙齒的事 9:17・大章說著涼的故事 （9:22:24影帶用完）	
1997 10-15	三	瑞馨的記錄與心得有幾處值得注意： 1.孩子說話的慾望被打消的情形 2.老師忽略兒童求救信號的議題 3.兒童的認知方式：家中的人數	瑞馨 玉玲	8:55 小張討論班級整潔事項 8:58 發資料讓小朋友帶回家 9:14 國北師學生講明太祖和三國志的故事 9:32 肢體檢查	★瑞馨已轉譯討論班級整潔的部分 8:54-8:57。 ☆看討論班級整潔和師院生說故事的部分（敏玲）

（續下表）

（承上表）

		4.老師壓抑兒童做主要填問卷的行動 5.大章老師略帶威脅的口吻		9:34 畫圖：煙火； 10:36 討論「何謂反綁架」 10:50 玩氣球傘 11:30 午餐	☆詢問小張老師為何選擇不處理孩子說：「我沒看過煙火乏！」
1997 10-15	三	旁聽兩班四位老師進行教學研討：針對 10-8 交換教學的心得進行分享與討論 瑞馨回溯（1997-10-24） 1.林、王兩位老師認為和家長談孩子的「特殊表現」是沒有用的。 2.林、王兩位老師認為小熊班的孩子「較不守規矩」 3.王老師曾在小學教過書。 4.王老師希望聽到我的看法。	敏玲 瑞馨 玉玲		☆訪談林、王兩位老師，詢問她們所謂的規矩有哪些，為何將它看得重要？ ★瑞馨在 10-29 有針對未錄音部分的回溯。
1997 10-17	五	小熊班老師在綿羊班	玉玲	8:56 林老師帶唱歌 9:01～9:25 張老師上課 （說了一個長長的故事） 9:30 王彈琴，小朋友唱歌 9:37 王講另一個故事 9:40～9:50	★玉玲已寫大事記、回溯筆記，並寫出綿羊班小朋友自由分組時的組群情形。 ☆如果有機會，讓玉玲直接問林老師為何帶

（續下表）

（承上表）

				王問小朋友問題 9:54 王討論規矩的事 9:56 排隊拿點心 10:15 林彈琴，複習歌 10:22 將小朋友分組 10:25 解釋遊戲規則 10:50 簡解釋遊戲之意義	活動時只把注意力放在某一組。 ☆敏玲看帶子：王老師說故事和問問題 ☆問玉玲期待教室裡該有的「秩序」
1997 10-17	五	綿羊班老師在小熊班 大章老師帶討論： 看牙醫的經驗	敏玲		★敏玲已寫回溯筆記，提到綿羊班老師對交換教學的一些評論，也提到要考慮自己的涉入程度問題。 ★敏玲已轉譯大章老師帶領討論「看牙醫的經驗」
1997 10-20	一	日記圖分享 榮譽章 點心時間；我問小朋友什麼是「乖」	敏玲		★瑞馨已轉譯日記圖分享；我問小朋友的部分

（續下表）

（承上表）

| | | 「這麼好騙！只是說要蓋榮譽章，就都不敢說話了。」
為了他們這樣被騙，我的心裡也有受騙的難過情緒。或許我不該這麼快地下這樣的感覺判斷。 | | | ★敏玲已寫回溯筆記
－滿室的安靜
－要送到輔導室的孩子
－「好騙」的孩子
Q：兩位老師需要書寫哪些學校要的資料？ |
| | | | | | Q：大章老師也有預期的模式，每位老師都有的，程度上的差別而已吧。我想和她談談這個議題。
Q：這樣的方式（以小禮物做教室管理）長程地看來，兩位老師以為如何？或是這樣的處理是為了處理寫不完的報告嗎？ |

（續下表）

（承上表）

| 1997
10-21 | 二 | 瑞馨的心得要注意之處：
1.瑞馨整理了小張老師處理孩子不乖、不專心、講話與插嘴的方式
(1)以那位小朋友來舉例
(2)中斷活動
(3)表明不悅，告訴孩子再講的話就要終止活動
(4)不讓那些孩子參與遊戲
(5)晚一點吃點心 | 瑞馨 | 9:03 因孩子的話隨機討論「心靜自然涼」；
9:04～9:29
·小張老師說骨頭的故事；
9:31 唱唱跳跳
9:40 吃點心 | ★瑞馨已寫大事記、觀察報告，並已轉譯小張老師說故事（最好打字）
◎要做的事：
1.訪談時詢問兩位老師以「取消參與權」來處理孩子出軌的方式。
2.和瑞馨及兩位老師討論孩子暫時不參與的問題．
3.看帶子：小張老師說骨頭的故事（敏玲） |
| 1997
10-22 | 三 | 玉玲的回溯筆記中要注意之處：
1.玉玲比較了說故事時，張老師和小張老師不同的空間安排。
2.玉玲的觀察和去年類似之處： | 玉玲 | 8:48 說日期與唱歌問好
9:00 小張老師說＜鼻孔的故事＞
9:37 小張問問題（答對者可蓋三個榮譽章） | ★玉玲已寫大事記、回溯筆記，並已轉譯小張老師說故事的部分。 |

（續下表）

（承上表）

		「如果時間允許的話，我覺得小張老師可再給小朋友思考的時間，甚至暗示一些線索，或許小朋友的答案會更有趣呢。」 ★注意玉玲使用「答案」的字眼。		9:44 示範作畫方式 9:50 準備吃點心 9:55 發點心 9:59 開動，吃點心 10:13 做吸管畫 （用吸管、廣告原料與水彩筆畫圖）	◎要做的事： 1. 問小張老師說故事說三十分鐘會不會太長？ 2. 看帶子：小張老師說故事的部分（敏玲） 3. 和玉玲談：認為的教師角色；所謂「秩序」；看到孩子集體做事、說話的激動心情。
1997 10-23	四	瑞馨的視框： ─瑞馨也用「上課」、「複習」等字眼來描述幼稚園的活動。 ─非常正向偏視地描述老師對兒童之回應的處理方式。如：當孩子說自己的眼睛是方形時，小張老師的反應是「瞪大眼睛說他的眼睛好特別，並沒有當場糾正他」。關於這樣的	瑞馨	8:49 大章彈琴，和小朋友玩躲「五官之一」的遊戲 8:56 大章談有位小朋友上石膏的事 8:57 談不要回家和家長告狀的事 9:04～9:19 眼睛的故事（因為學校要替小朋友做視力檢查）	★瑞馨已寫大事記、回溯筆記， ☆請瑞馨轉譯說故事的部分． ◎要做的事： 1. 和瑞馨談她的視框。 2. Q for 小張老師：為何選擇這樣回應孩子

（續下表）

（承上表）

		處理，瑞馨認為「小張老師開放、尊重孩子自身的感受，在如此安全而信任的環境中，孩子將較願意主動發表自己的看法」。相對於瑞馨的感受，我則認為小張老師錯過了理解孩子為何那樣想，以及深化孩子思考的機會。		9:32 大章與王老師談話 9:41 複習眼睛的故事 9:46 小張要教大家比方向因為學校要做視力檢查。 吃完點心後，將香菇圖畫上圈圈。	的話呢？很想知道她的想法。 3.問兩位老師關於告狀的事。——或許稍稍知道這個班級和家長聯繫的困難。
1997 10-24		研究小組會議： 敏玲請玉玲和瑞馨寫下對綿羊班的印象 玉玲對綿羊班的印象： －老師彈琴，孩子唱歌跳舞的畫面似乎是最深刻的腦中圖像，關於這個班「腦海中一直浮現的，就是老師們彈著風琴，大家精神抖擻地……」 －玉玲認為孩子有以下情形是「令人傷腦筋的時候」「如上課沒有舉手就搶著說話，或心不在焉，或和其他小朋友竊竊私語。這些行為難免會影響老師的教學，甚至老師的情緒。」		瑞馨對綿羊班的印象： 瑞馨對綿羊班的印象充滿正向的字眼：如溫馨、感動、可人等。 －對大章老師的印象： 「帶活動精力充沛、活潑有勁」 「對於遊戲規則的遵守，班級常規的掌控相當有原則」 －對小張老師的印象： 「耐心」、「具親和力」	★玉玲和瑞馨已寫出一個月的觀察後對綿羊班的印象。 我的想法： 多麼不同質的看見！也不能說全然不同；或許是我們的重點不同，就看見了表面上看來似乎全然不同的教室景致。

（續下表）

（承上表）

		－玉玲認為班上有「幾位較特殊的孩子」如「較活躍、好動的小朋友」 ◎必須問她的是，玉玲觀察到的老師處理方式「請他們舉手再說話，或忽略他們，給其他小朋友發言的機會」，玉玲認為這樣的方式如何呢？ 又如「上課時一直都很安靜的孩子」 ◎必須問玉玲這個孩子是誰。	－對綿羊班班級文化的描述：「孩子們的生活其實是與兩位老師深深緊扣著的……兩位老師的關愛與照顧，……朝夕相處，已成『生命共同體』，培養出他們之間默契十足的情感」	

註：☆表示待做的事，★表示已做的事，Q表示我的疑問。

附錄三：綿羊班教學單元活動內容的一個例子

台北市永慶國小附設幼稚園教學單元活動內容			
單元名稱	快樂上學校 第一、二週	日期	1997/09/01 至 1997/09/13

教學目標	一、知道開學的意義，並且喜歡上學。 二、輔導幼兒熟悉環境，設施和生活情況。 三、輔導幼兒開展社交活動，增進良好人際關係。 四、培養幼兒設計、創作、發表和獨立的能力。 五、指導幼兒養成良好的日常生活習慣。

活動內容闡述	
活動主題與綱要： 1.認識我們的幼稚園——園名、地點、班別、老師、環境設施、玩具、朋友等等； 2.介紹幼兒衛生用具的使用方法和清潔整齊的好習慣； 3.指導幼兒遵守遊戲規則並注意安全； 4.知道團體相處，要注意「對不起」、「請」、「謝謝」等禮節，能關心、愛護同學； 5.語文活動：故事、兒歌等； 6.測量身高、體重； 7.綜合活動：佈置環境。	兒歌：①開學了 開學了　開學了　幼稚園裡真熱鬧 見了老師敬個禮　見了朋友問聲好 有說有笑真快樂　相親相愛樂陶陶 ②開學了 告訴你　小秘密 幼稚園　真有趣 草地上　有滑梯 教室裡　有玩具 老師們　很和氣 小朋友　最歡喜
歌曲：永慶附幼園歌 C 4/4 1 5 1 5｜3 2 1 －｜1 1 1 3 5 6｜5 － － －｜ 永慶園裡　真美麗　我就住在這園裡 1 5 1 5｜3 2 1 －｜5 6 5 4 3 2｜1 － － －｜ 老師愛友　笑嘻嘻　唱歌跳舞做遊戲 2·2 2 2 3 2｜1 3 2 －｜3·3 2 2 1｜7 6 5 －｜ 拍拍手呀點　點頭　歡歡喜喜真　甜蜜 1 5 1 5｜3 2 1 －｜5 6 5 4 3 2｜1 － － －‖ 大家一起　到園裡　在一起呀在一起	備註： ◎請家長配合指導幼生～～～ 1.養成早睡早起的好習慣。 2.每天吃早餐再上學。 3.請孩子分憂解勞，教他們做些簡單家事 ◎另外，衷心期盼家長～～～ 1.每天撥出時間看看他，聽聽孩子說話。 2.陪孩子觀賞有益身心的電視節目。 3.和孩子多做有助健康的戶外活動。 ◎讓我們一起努力，共同為孩子營造快樂的觀點，並預約美好的未來。

後 記

並非意外

　　這個文本以三場「意外」的討論做為前言；而回頭一看，十年來，我投身於質性研究，專注於教室互動相關議題的思考，卻似乎是意料中事。前年（2000 年），有人請我說一說自己的學術路與研究生涯，彼時，博士論文作者介紹（vita）裡的幾句話突然回到心中來："Her first contact with English literature there [1] initiated her interest in exploring delicate ways to express her connections with, and perception of the world through words." 之後，又有這麼一句話，"Her interest in literature and her determination to understand children were combined wonderfully in doing the interpretive studies." 想一想，雖然是到了念研究所的時候，才知道了「質性研究」這個名詞；但認識她的實質後，立刻有那種「喔，人家說的原來是你啊！」的感覺，質性研究好像早就在生活裡了。到了選擇要和誰同行的時候，誰都看得出來我們會是一塊兒的。從博士論文開始，我們就這樣一路走來，共處了十年以上的歲

---

[1]　指師大英語系。

月。雖是老朋友了，但是每進行一項研究，我總又認識到她的新鮮、獨特與豐富。1993 年，我回台灣，在國北師院的國教所任教，質性研究是其中的一門選修課。回國後，我在各項研討會會場、論文口試的場合和教室裡，常常聽到有關質性研究的討論或辯論，那時的談話主題多半是，「質性研究算是一種研究嗎？」彼時，質性研究還在辨明自身之價值的階段，許多人為之喉舌，也有人不以為然。我後來才知道，就在我回國的前兩年（1991 年），台灣才有了第一篇以質性研究為方法論的博士論文。之後，質性研究在許多教育研究所裡由選修改為必修課。十年間，教育研究取向情勢漸轉，這一兩年，轉變的氣息濃郁到讓人都聞到了，據說，質性研究成了主流。質性研究「表面」看來容易接近，所以，會有這樣的局面，不致令人感到意外。不過，量增是事實，主流一說則並不真切。本書之前身[2]在接受審視的期間，歷經一段艱辛而漫長的旅行，旅途之艱辛程度與遭逢種種，倒真的是出乎我的意料之外。這似乎顯示，在教育界，質性研究雖逐漸被接受，但可能還在邊緣地帶奮鬥與掙扎——這算不算是一種意外呢？

那麼，我怎麼會對「互動」發生興趣呢？是因為自己的靜默、不擅於開拓新人際關係而補償性地想多瞭解「互動」嗎？或許有一些這樣的因素，但並不盡然。我在伊大求學時間，認識了 Vygotsky 的理論，這個機緣推促著在人群中不怎麼自在的我，超越自身個性上的限制，開始關注起教育現場裡的互動現象。Vygotsky 的理論使我領略到，話語使人自由，而社會互動

[2]　指的是民國八十八年，我提出升等教授申請時送審之版本。該版本與本書大體相近，而編排方式與頁數自是不同。

的確是文化裡的瑰寶。但是，走入教室的經歷卻使我深深體會到話語與自由之間十分弔詭的關係。常常，似乎是話語使學生和老師都失去了自由。在小學和幼稚園教室裡，學習如何控制學生的話語好像成了每位老師的必修課，而學習如何管制自己的話語則成了每位學生的始業式。有一次，我在觀察筆記裡寫著：「我們是要孩子學會控制自己呢，還是任由環境不斷地對她們吼叫：『別說話了！把你自己收起來，收到抽屜裡！』孩子們的腦袋或許真的就提早被放入棺材般的抽屜裡，關了起來。」1995 年，在台灣北部山區一所原住民小學的一年級教室裡，這樣的感受幾乎時時撼動著站在一旁靜靜觀察的我。一個只有六個孩子的班級，教室內極其凝重的寂靜，讓我不斷聽見教室外的風聲與鳥鳴。國語課成了段落清楚、旋律單調而節奏不變的曲子，孩子的唸誦聲和老師的責罵不斷地交錯、重複──不斷地重複又重複，觀察到昏昏欲睡的我，聽到自己心裡那個想「看到」變奏的聲音。

　　也就是在 1995 年，我開始使用「節奏與變奏」的隱喻來思考教室互動的議題。之後數年在幾個研究裡對教室團體互動的觀察與思考，造就了這本書。

確有企盼

　　1999 年 3 月，文稿就已大抵寫就，當時，心裡並沒有停歇下來的感覺。果然，它又被更動、整理。現在，讓這個文本公開地和世界接觸，似乎覺得更多的對話、互動與討論就要展開──這其實正是我的企圖與期盼。

　　讓這本書公開面世，至少有兩層用意，從書名就可以看得出來。首先，是分享我對教室團體互動的思考。從教育改革的角度來看，討論不但挑戰「學校教育等於上課」的傳統認定，也是實踐學生自主學習、師生共構課程之理念的方式之一。本書對於教室團體互動所做的描述與詮釋（特別是由學生來帶領活動的部分），以及書中呈現的學生、老師的聲音，期望可以幫助各層級教育工作者思考，在日日發生的教室互動裡，為什麼討論難以發生；而在教育現場裡「觀念鬆綁」，有哪些助力需要維持，有哪些阻力需要設法化解。從文化與言談的互構關係來看，這個文本期望讓讀者看見不同層次的文化如何穿透教育現場，影響教室裡的團體互動，以及連帶地，影響學生對知識、學習和師生角色所建構的意義。讀者應已清楚，這項研究原先的企圖是創造變奏；但變而不動的教室團體互動景象，使我不得不把「尋找」視為一種未完成的動作。正因為未完成，這個文本的分享如果能引起回應，這些回應都將成為繼續前行的動力。

　　另一方面，本書同時也是「教育質性研究歷程的展現」。展現研究歷程，對自己而言算是一種交代與反省，而文本的編排方式也表示了我對「討論」的看重與實踐。我將研究者的詮釋與現場老師對這些詮釋的意見並置交錯在這個文本裡，創造了一個討論可以發生的情境。讀者可能會從這些並置的話語裡看出：研究者的詮釋和現場老師的意見雖有共鳴處，但卻仍有歧異，並沒有全然的共識。這樣的呈現，削弱了研究的力量了嗎？我認為不然。尋求共識是團體生活必須的作為，但尋求「絕對的」共識並不是這項研究的目的，也不會是我日後研究的目標。如果把現場老師對研究者之詮釋的意見拿去，這個文本就

真的單薄了，而進一步的討論也就被封鎖了。對任何現象的詮釋都不會因為具象化為文字就自動停息，但在文本中只留下研究者的詮釋則必然窄化了對談的空間。雖然這些話語的置放不免仍是透過我來編排，但並置各種意見的做法卻較可能讓讀者（包括我自己和參與研究的助理與現場老師）因為聽見不同的聲音，採取較多的閱讀角度，來檢視某時各自以為「是」的說法，進而開發更多詮釋的可能性，甚或挑戰自己的認定。這樣的呈現方式能得到積極的回應嗎？能幫助讀者對教室團體互動現象與質性研究有更深的瞭解嗎？或是，能引發想參與對話的心緒嗎？

我屏息以待。

等待討論的時候

過去我自以為是害怕喧鬧的人，後來漸漸體會了，互動情境中的**全然靜默**更難面對。之後，在等待這個文本的前身被「審視」的漫長年日裡，我更清楚了，**無法互動**才是最難承受的一種負擔。

從 1996 年進入研究現場後，這個文本裡提及的探索，其實已經歷經多次的審視。第一年的研究寫成論文 Exploring possible variations of classroom interaction in kindergarten and first-grade classrooms，曾於 1997 年 NAEYC 年會發表，並刊載於 International Journal of Early Childhood Education（1998, V. 3, pp. 49-66），之後獲得八十七學年度國科會甲種研究獎勵。第二年的研究成果首先寫成論文 Student-led discussion in a kindergarten and a first-grade classrooms: Variation, diviation or distraction，於 1999 年 AERA 年

會的正式論文場次中發表。之後，又寫成本書的前身，獲得八
十八學年度國科會甲種研究獎勵。這些論文在正式的學術研討
會裡被討論並得到獎勵，於我而言是一種重要的**鼓勵**，這些鼓
勵使我有了勇氣，把研究歷程與成果寫成和更多人見面的書。
上述這些審視並非全面頌揚，但對於須改進之處的具體陳述卻
助我學習與成長。另一方面，也有些審視是打擊人的，像是只
給出判決而完全沒有說明理由，或是堅持以量化研究的標準來
檢驗質性研究的審查方式。這樣的審視令人意外與錯愕，可說
是全面封鎖了讓受審視的人與評論「對話」的可能性，受審視
的人也很難從中學習。「不留討論之餘地」應該不是學術審查
制度裡暗示的現實吧？這項打擊，以關閉討論管道的姿態體現
出來，反而更凸顯討論對學習的重要，也使得我心中那種想要
開拓討論空間、想和人分享質性研究歷程的念頭更為強烈，行
動更形迫切。

　　修改之前的文本，繼而出書，有這樣的背景──在等待討
論的時候。

看見光

　　在等待討論的時候，我看到一本童書③，書裡有個男孩，一
覺醒來發現──自己變成蟲了。在遭逢意外，繼續等待這個文
本被討論的時候，我非常能體會這個男孩的心情。
　　在這個故事裡，只有男孩的好朋友看得出來，男孩變成蟲

③　這本童書是《卡夫卡變蟲記》，譯者為郭雪貞，原作者為Lawrence David，畫
　　者是 Delphine Durand，2000 年由格林文化出版。

了；其他人則因無心而無法看見。對某人而言後果十分嚴重的
變化對他人來說卻是不相干的事，這種現象自然要看是何事何
人才能剖析；不過，這種社會現象或許也可看成一種政治議題
來探討，我無意在此處深究。值得一提的是，故事中的那位好
友不但看出男孩的轉變，也努力設法讓他變回人，而我，只是
想再次感謝在我的真實生活裡幫了類似大忙的高敬文教授、簡
楚瑛教授和吳毓瑩教授。高敬文教授在序言裡對本書的精細閱
讀與剖析，使我非常感動，遇到這樣認真而又非常願意鼓勵後
進的讀者，可能是許多人夢寐以求。雖然我實在是怕貓的，但
也不能不承認他在序言裡對我的說詞實在是提出了有力的理由。
謝謝簡楚瑛教授對本書前身的鼓勵，她的鼓勵使我在承受重壓
時還能有修改本書文稿的勇氣。謝謝吳毓瑩教授，耐心而高明
地為我逐字修改了與本書前身相關的重要文件，並提供睿智、
積極而快速的建議。謝謝這些朋友在關鍵時刻，以最適合的方
式幫助了我。我深信，這些及時的支持乃是上帝的美意，上帝
的安排讓我在無法討論的凝滯情境裡，看見了光，更知道感謝
支持，正視打擊。

　　這本書的問世，當然要感謝國科會多年來提供的研究經費
補助，尤其是建構本書主要部分的兩項研究經費補助。人力是
質性研究無可取代的資源，連續兩年的補助，開啟了我和很多
人共同學習與討論的機會。感謝研究助理余曉雯、江淑萍、王
瑞馨和鄭玉玲，在研究進行期間與之後的盡心協助，也感謝她
們提出了既幫助我又幫助研究的好問題。也謝謝不斷為我打氣
的家人，特別是我的妹妹和她的兒子——為這本書的章節頁畫
畫的周子恒。事實上，這本書此次由心理出版社出版算是**再度**

問世。它第一次和社會大眾見面的時間很短，因為原先合作的出版社自承在印務上有所疏失，使得合作關係突然終止。然而，讓這本書成為我和許多認識或不認識的人發生實質互動的橋樑依然是我未曾止息的盼望，因此我特別感謝心理出版社的許麗玉總經理慨然同意出版本書，也謝謝執行主編張毓如小姐耐心、細心地照顧它的樣子。

微聲盼望

　　教育質性研究歷程的展現，呈現的只是進行研究與研究書寫的「一種可能方式」。出書，一方面期望引起回應與討論，另一方面也提醒自己在研究與書寫之路上**繼續尋求**其他的可能性。我一直思索著：書寫是一種自我表達、自我建構與社會建構的歷程呢，抑或只是一種複製的動作？只是使得某些既有規範、權力更為鞏固的幫手？我在此處叨敘自己撰寫本書的經歷，理由之一便是藉此**檢視自己的書寫**，在力求兼顧學術規範與適切表達時，有多少毫無自覺的跟從，有多少充滿動力的創造。出書前夕，記錄上述種種，對於我個人、讀者和教育研究者而言，或許都有還在生成的意義。檢視與思索都將繼續，期望讀者能從我的驚喜、挫折與省思中得到幫助，也希望教育質性研究者真能形成相互討論、共同成長的社群。

　　在屏息以待討論的時候，我在光中微聲盼望。

參考文獻

《中文部分》

方淑（民86）師生關係與教學互動之民族誌研究：一個國小一
　　年級班級教室的觀察。國立屏東師範學院國民教育研究所
　　未出版碩士論文。

王文科（民79）質的教育研究法。台北：師大書苑。

王美文（民86）教師對成人學生的分類與互動策略：一個國小
　　補校班級的質性研究。社會教育學刊，26期，頁235-259。

王慶中（民82）為什麼不發問？大學教室內的師生互動探討。
　　輔仁學制，25期，頁233-258。

谷瑞勉（民78）幼稚園的常規管理──一個大班的觀察報告。
　　省立屏東師範學院初等教育研究，第1期，頁311-346。

宋海蘭，林惠文（民83）談幼稚園教師與幼兒溝通。國教月
　　刊，第40卷第9期，頁23-31。

李旻陽（民81）國中學生學業成績、師生互動與偏差行為關係
　　之探討。中國文化大學兒童福利研究所未出版碩士論文。

汪耀進，武配榮（譯）（民83）戀人絮語。台北：桂冠圖書公司。

林玉雪（民85）幼小銜接知多少：自編模擬小學活動課程。國教之友，第48卷第3期，頁28-31。

佳美、新佳美幼稚園老師（民84）與孩子共舞——佳美幼稚園主題教學的實踐歷程。台北：光佑文化事業。

林靜萍，許義雄（民82）國中體育教學師生互動分析。中華民國體育學會體育學報，第16期，頁79-98。

保心怡，柯華葳（民77）大班幼兒對幼稚園內規則的認知研究。家政教育，第11卷，第2期，頁58-63。

吳清山（民79）班級經營的基本概念。載於吳清山等著，班級經營，頁3-32。台北：心理出版社。

吳麗君（民75）另一種型態的以大護小，以小附大：國小附設幼稚園的問題及展望。現代教育，第1卷，第2期，頁50-54。

柯秋桂，陳玫月，張招，沈秀美，黃茹，與倪鳴香（民83）話說民國七十五年成長兒童學園的教學。收於高敬文與成長兒童學園教師（著），課程的誕生：成長兒童學園教師教學設計之心路歷程。台北：豐泰文教基金會。頁11-24。

高敬文（民85）質化研究方法論。台北：師大書苑。

高敬文與成長兒童學園教師（民83）課程的誕生：成長兒童學園教師教學設計之心路歷程。台北：豐泰文教基金會。

徐蓓蓓（民72）教師個人特質、師生口語互動與學生對教師行為的知覺、學生學業成就之關係。國立台灣師範大學輔導研究所未出版碩士論文。

陳立國（民 79）中國大學英語系學生在教室座談討論會中的互動模式研究。國立台灣師範大學英語研究所未出版碩士論文。

陳伯璋（民 79）*教育研究方法的新取向：質的研究方法*。台北：南宏圖書公司。

陳秋月（民 83）國小二年級兒童的言談世界：言談內容和參與架構的分析。國立台北師範學院初等教育研究所未出版碩士論文。

陳致嘉（民 83）國中學生性別、班級類型對師生互動、班級氣氛、學習態度、學業成就之影響。國立高雄師範大學教育研究所未出版碩士論文。

陳雅美（民 84）幼稚園實習教師團體活動秩序管理技巧分析研究。八十四學年度師範學院教育學術論文發表論文集。屏東：國立屏東師範學院。

陳雅美（民 86，11 月）幼稚園教師對於實習教師團體活動秩序管理技巧之評估研究。八十六學年度教育學術研討會。花蓮：國立花蓮師範學院。

陳麗霞（民 85）幼兒小組討論能力的訓練和指導——協助表達力貧弱的孩子。*親子教育雜誌*，第 71 期，頁 6-8。

張致平（民 80）高中英文閱讀課之師生互動：個案研究及建議。國立台灣師範大學英語研究所未出版碩士論文。

孫敏芝（民 78）*教師期望與師生交互作用：一個國小教室的觀察*。高雄：復文圖書出版社。

許玉真（民 88）數學科建構教室中班級文化之創塑。台北市立師範學院國民教育研究所未出版碩士論文。

許惠子（民 83）教學態度與師生互動——國小四年級一個班級

個案研究。國立台中師範學院初等教育研究所未出版碩士論文。

游淑燕（民83）幼稚園課程決定層級體系及其運作情形分析：兼論如何提升幼稚園課程決定之品質。**嘉義師院學報**，第8期，頁419-470。

游淑燕，林淑玲，楊淑朱（民84）幼稚園專家與生手老師教學表現之比較研究。行政院國家科學委員會專題研究計畫成果報告，NSC 84-2413-H023-004。

國立台灣師範大學附設實驗幼稚園（民86）**開放的足跡一師大附幼萌發式課程的實踐歷程**。台北：光佑文化事業。

黃明月（民83）成人教育教學互動行為之研究。**社會教育學刊**，第23期，頁81-107。

黃秀文（民84，11月）課文內容如何深究？教師與學生對話型式之研究。八十四學年度師範學院教育學術論文發表會。屏東：國立屏東師範學院。

黃政傑（民76）**課程評鑑**。台北：師大書苑。

黃政傑，李隆盛（主編）（民82）**班級經營——理念與策略**。台北：師大書苑。

黃瑞琴（民80）**質的教育研究方法**。台北：心理出版社。

單文經（民82）教學活動的組織與管理。載於黃政傑，李隆盛（主編），班級經營——理念與策略，頁75-103。台北：師大書苑。

曾慧佳（民87）討論法的教學模式：以「可不可以追別人的男、女朋友」的討論為例。**台北師院學報**，第11期，頁327-348。

楊昌裕（民75）人際關係訓練對國小教師人際技術與師生班級
　　口語互動效果之研究。國立台灣教育學院輔導研究所未出
　　版碩士論文。

廖鳳瑞（民86）萌發的課程，載於國立台灣師範大學附設實驗
　　幼稚園（著）**開放的足跡——師大附幼萌發式課程的實踐**
　　歷程，頁63-88。台北：光佑文化事業。

劉玉燕（民84）整體角落教學法——戲劇為主導。載於佳美、
　　新佳美幼稚園老師（著）**與孩子共舞——佳美幼稚園主題**
　　教學的實踐歷程，頁129-191。台北：光佑文化事業。

劉康（民84）對話的喧聲：巴赫汀文化理論評述。台北：麥田
　　出版社。

盧美貴（民 82a）幼稚園與小學課程銜接問題之研究。國立花
　　蓮師院學報，第2期，頁215-246。

盧美貴（民 82b）邁向未來的幼稚園課程活動設計——從幼稚
　　園與小學教學銜接談起。**國教月刊**，第39卷，第9.10期，
　　頁1-7。

歐用生（民78）質的研究。台北：師大書苑。

歐用生（民82）國小新課程標準的內涵與特色。**國民教育**，第
　　34卷，1.2期，頁7-11。

謝臥龍（民85）從課堂師生互動關係分析的觀點探討學前兒童
　　性別角色發展之研究。行政院國家科學委員會專題研究計
　　畫成果報告，NSC 84-2413-H037005。

蔡春美（民82）幼稚園與小學銜接問題調查研究。**台北師院學**
　　報，第6期，頁665-729。

蔡敏玲（民82）從「一堵無法穿透的牆」談起——簡介社會語

言學及其對初等教育的啟示。國民教育，第 34 卷，1.2 期，頁 15-19。

蔡敏玲（民 84，12 月）眾聲喧譁中，看誰在說話？——幼稚園及小學教室互動方式的節奏與變奏。現代教育論壇（三），台北：國立台北師範學院。

蔡敏玲（民 85，1 月）豈只是自言自語而已：維高斯基（Vygotsky）和皮亞傑關於「自語」的對話，皮亞傑與維高斯基的對話學術研討會。台北：台北市立師範學院。

蔡敏玲（民 85a）國小一年級原住民學童在校及在家互動模式之詮釋性研究 II，行政院國家科學委員會專題研究計畫成果報告，NSC84-2413-H-152-008。

蔡敏玲（民 85b）教育質性研究者請在文本中現身：兩項重要思慮。國民教育，第 37 卷，第 2 期，頁 21-30。

簡紅珠，江麗莉（民 82）國小成功、不成功經驗教師與初任教師的班級管理認知與內隱信念之研究。行政院國家科學委員會專題研究計畫成果報告，NSC 82-0301-H-134-001。

簡楚瑛（民 83）方案課程之理論與實務：兼談義大利瑞吉歐學前教育系統。台北：文景出版社。

簡楚瑛（民 85a）幼稚園教師教室管理困擾問題調查研究。幼兒教育年刊，第 9 期，頁 245-266。

簡楚瑛（民 85b）幼稚園教室常規相關因素之研究。行政院國家科學委員會專題研究計畫成果報告，NSC 85-2413-H-134-008。

錢清泓（民 85）在熟悉與陌生之間的一堂課：國小本土語言教學課之分析研究。國立台北師範學院國民教育研究所未出

版碩士論文。

羅青（民 73）從徐志摩到余光中。台北：爾雅。

《英文部分》

Au, K. H-P. (1980). Participation structures in a reading lesson with Hawaiian children: Analysis of culturally appropriate instructional events. *Anthropology and Education Quarterly*, 11, 91-115.

Bresler, L. (1993). Three orientations to arts in the primary grades: Implication for curriculum reform. *Arts Education Policy Review*, 94 (6), 29-34.

Bruner, J. (1986). *Actual minds, possible worlds*. Cambridge, MA:Harvard University Press.

Bruner, J. & Haste, H. (1990). Introduction. In J. Bruner & H. Haste (Eds.), *Making sense: The child's construction of the world*. New York: Routledge.

Cazden, C. B. (1988). *Classroom discourse: the language of teaching and learning*. Portsman, NH: Heinemann.

Corrsaro, R. L. (1985). *Friendship and peer culture in the early years*. Norwood, NJ: Ablex.

Denzin, N. (1984). *The research act*. Englewood Cliffs, NJ: Prentice Hall.

Denzin, N. & Lincoln, Y. S. (1994). Introduction: Entering the field of qualitative inquiry. In N. Denzin & Lincoln, Y. (Eds.), *Handbook of qualitative research*. Thousand Oaks, CA: Sage.

Edwards, A. D. & D. P. G. Westgate (1994). *Investigating classroom talk*. London: The Falmer Press.

Erickson, F. (1982). Classroom discourse as improvisation: Relationships between academic task structure and social participation structures in lessons. In L. C. Wilkinson (Ed.), *Communicating in the classroom*. New York: Academic Press.

Erickson, F. & Shultz, J. (1977). When is context? some issues and methods in the analysis of social competence. *Quarterly Newsletter of the Institute for Comparative Human Development*, 1 (2), 5-9.

Florio-Ruane, S. (1987). Sociolinguistics for educational researchers. *American Educational Research Journal*, 24 (2), 185-197.

Gee, J. (1990). *Social linguistics and literacies: Ideology in discourse*. New York: The Falmer Press.

Graue, M. E. & Walsh, D. J. (1998). *Studying children in context: Theories, methods, and ethics*. Thousand Oaks, CA: Sage.

Guba, E. G. & Lincoln, Y. S. (1994). Competing paradigms in qualitative research. In N. Denzin & Lincoln, Y. (Eds.), *Handbook of qualitative research*. Thousand Oaks, CA: Sage.

Haste, H. (1990). Growing into rules. In J. Bruner & H. Haste(Eds.), *Making sense: The child's construction of the world*. New York: Routledge.

Hymes, D. (1972). Models of the interaction of language and social life. In J. J. Gumperz & D. Hymes (Eds.), *Directions in sociolinguistics: The ethnography of communication*. New York: Holt, Rinehart, and Winston.

Janesick, V. J. (1994). The dance of qualitative research design: Metaphor, methodolatry, and meaning. In N. K. Denzin & Y. S. Lincoln (Eds.), *Handbook of qualitative research*. Thousand Oaks, CA: Sage.

Kamii, C. (1997, December). Basing early childhood education on Piaget's constructvism. Paper presented at「兒童發展理論與幼教實務」研討會。新竹：國立新竹師範學院。

Kozulin, A. (1990). *Vygotsky's psychology: A biography of ideas*. Cambridge, MA: Harvard University Press.

Lincoln, Y. & Guba, E. G. (1985). *Naturalistic inquiry*. Newbury Park, CA: Sage.

Litowitz, B. E. (1993). Deconstruction in the Zone of Proximal Development. In E. A. Forman, N. Minick & C. A. Stone (Eds.), *Contexts for learning: Sociocultural dynamics in children's development*. New York: Oxford University Press.

Minick, N. (1987). The development of Vygotsky's thought: An introduction. In R. W. Rieber & A. S. Carton (Eds.), *The collected works of L. S. Vygotsky Volumn 1: Problems of general psychology*. New York: Plenum Press.

Moll, L. C. & Whitmore, K. F. (1993). Vygotsky in classroom practice: moving from individual transmissions to social transaction. In E. A. Forman, N. Minick & C. A. Stone (Eds.), *Contexts for learning: Sociocultural dynamics in children's development*. New York: Oxford University Press.

Palincsar, A. L. B. & Campione, J. (1993). First-Grade dialogue for knowledge acquisition and use. In E. A. Forman, N. Minick & C. A. Stone (Eds.), *Contexts for learning: Sociocultural dynamics in children's development*. New York: Oxford University Press.

Philips, S. (1972). Participation structures and communicative competence: Warm Spring children in community and classroom. In C. B. Cazden, V. P. John & D. Hymes (Eds.), *Functions of language in the classroom*. New York: Teachers College Press.

Reason, P. (1994). Three approaches to participative inquiry. In N. Denzin & Y. Lincoln (Eds.), *Handbook of qualitative research*. Thousand Oaks, CA: Sage.

Richardson, L. (1994). Writing: A method of inquiry. In N. Denzin & Y. Lincoln (Eds.), *Handbook of qualitative research*. Thousand Oaks, CA: Sage.

Stake, R. E. (1995). *The art of case study research*. Thousand Oaks, CA: Sage.

Tsai, M. (1993). The unintelligible voices that make sense: Ting-Ting and Ying learning to become preschool students. Unpublished doctoral thesis. University of Illinois at Urbana-Champaign.

Tsai, M. & Garcia, G. (2000). Who's the boss-How communicative competence is defined in a multilingual preschool classroom. *Anthropology & Education Quarterly*, 31(2), pp. 230-252.

Vygotsky, L. S. (1978). *Mind in society: the development of higher psychological processes*. Cambridge, MA: Harvard University Press.

Vygotsky, L. S. (1986/1992). *Thought and language*. Cambridge, MA: MIT Press.

Vygotsky, L. S. (1991). Genesis of the higher mental functions. In P. Light, S. Sheldon & M. Woodhead (Eds.), *Child development in social context 2: Learning to think*. New York: The Open University.

教育研究 21

教育質性研究歷程的展現：
尋找教室團體互動的節奏與變奏

作　　　者：蔡敏玲
插畫作者：周子恆
總　編　輯：林敬堯
發　行　人：邱維城
出　版　者：心理出版社股份有限公司
社　　　址：台北市和平東路一段 180 號 7 樓
總　　　機：(02) 23671490
傳　　　真：(02) 23671457
郵　　　撥：19293172
　E-mail　：psychoco@ms15.hinet.net
網　　　址：www.psy.com.tw
駐美代表：Lisa Wu
　　Tel　：973 546-5845　　Fax：973 546-7651
登　記　證：局版北市業字第 1372 號
印　刷　者：翔勝印刷有限公司
初版一刷：2002 年 8 月
初版二刷：2004 年 2 月

定價：新台幣 450 元
ISBN 957-702-521-8

國家圖書館出版品預行編目資料

教育質性研究歷程的展現：尋找教室團體互動
的節奏與變奏 / 蔡敏玲著. － 初版. --
臺北市：心理, 2002〔民 91〕
　面　；　　公分. --（一般教育；42）
參考書目：面
ISBN 957-702-521-8(平裝)

　1. 教學法　2. 學前教育 － 教學法　3. 小學
教育 － 教學法　4. 教育 － 研究方法

521. 4　　　　　　　　　　　　91013416

讀者意見回函卡

No. _____   填寫日期：　年　月　日

感謝您購買本公司出版品。為提升我們的服務品質，請惠填以下資料寄回本社【或傳真(02)2367-1457】提供我們出書、修訂及辦活動之參考。您將不定期收到本公司最新出版及活動訊息。謝謝您！

姓名：_____　性別：1□男　2□女

職業：1□教師 2□學生 3□上班族 4□家庭主婦 5□自由業 6□其他____

學歷：1□博士 2□碩士 3□大學 4□專科 5□高中 6□國中 7□國中以下

服務單位：_____　部門：_____　職稱：_____

服務地址：_____　電話：_____　傳真：_____

住家地址：_____　電話：_____　傳真：_____

電子郵件地址：_____

書名：_____

一、您認為本書的優點：（可複選）

　　❶□內容 ❷□文筆 ❸□校對 ❹□編排 ❺□封面 ❻□其他____

二、您認為本書需再加強的地方：（可複選）

　　❶□內容 ❷□文筆 ❸□校對 ❹□編排 ❺□封面 ❻□其他____

三、您購買本書的消息來源：（請單選）

　　❶□本公司 ❷□逛書局⇨_____書局 ❸□老師或親友介紹

　　❹□書展⇨____書展 ❺□心理心雜誌 ❻□書評 ❼其他_____

四、您希望我們舉辦何種活動：（可複選）

　　❶□作者演講 ❷□研習會 ❸□研討會 ❹□書展 ❺□其他____

五、您購買本書的原因：（可複選）

　　❶□對主題感興趣 ❷□上課教材⇨課程名稱_____

　　❸□舉辦活動 ❹□其他_____　　（請翻頁繼續）

廣　告　回　信

台灣北區郵政管理局登記證

北　台　字　第　8133　號

（免貼郵票）

 心理出版社 股份有限公司

台北市 106 和平東路一段 180 號 7 樓

TEL: (02) 2367-1490

FAX: (02) 2367-1457

EMAIL:psychoco@ms15.hinet.net

沿線對折訂好後寄回

六、您希望我們多出版何種類型的書籍

❶□心理 ❷□輔導 ❸□教育 ❹□社工 ❺□測驗 ❻□其他

七、如果您是老師，是否有撰寫教科書的計劃：□有□無

書名／課程：＿＿＿＿＿＿＿＿＿＿＿＿＿＿＿＿＿＿＿＿

八、您教授／修習的課程：

上學期：＿＿＿＿＿＿＿＿＿＿＿＿＿＿＿＿＿＿＿＿＿＿＿

下學期：＿＿＿＿＿＿＿＿＿＿＿＿＿＿＿＿＿＿＿＿＿＿＿

進修班：＿＿＿＿＿＿＿＿＿＿＿＿＿＿＿＿＿＿＿＿＿＿＿

暑　假：＿＿＿＿＿＿＿＿＿＿＿＿＿＿＿＿＿＿＿＿＿＿＿

寒　假：＿＿＿＿＿＿＿＿＿＿＿＿＿＿＿＿＿＿＿＿＿＿＿

學分班：＿＿＿＿＿＿＿＿＿＿＿＿＿＿＿＿＿＿＿＿＿＿＿

九、您的其他意見

謝謝您的指教！　　　　　　　　　　　　　41042